U0044355

思想觀念的帶動者
文化現象的觀察者
本土經驗的整理者
生命故事的關懷者

Psychotherapy

探訪幽微的心靈，如同潛越曲折迂迴的河流
面對無法預期的彎道或風景，時而煙波浩渺，時而萬壑爭流
留下無數廓清、洗滌或抉擇的痕跡
只為尋獲真實自我的洞天福地

Freud
and
Beyond

a hlstory of modern
psychoanalytic thought

by Stephen A. Mitchell & Margaret J. Black

超越佛洛伊德：精神分析的歷史

瑪格麗特‧布萊克——合著
史帝芬‧米契爾

白美正——譯

目次

中文版編譯事項說明

1. 本書於內頁左外側（雙數頁）及右外側（單數頁）附上原文書之頁碼，以求更具實用及參考價值。

2. 關於注釋的編排，原書是在正文之後，分章節列出注釋；本書則採隨頁注，編排於每頁的下方。對於書中所出現，中文讀者可能不熟悉的事件或症狀，另有編輯補充的編注，為避免與原書注釋相混淆，編號方式採用英文字母，如a、b，亦為隨頁注的方式。希望這樣的做法，能更方便讀者對照和參考。

3. 中文版於附錄一完整收錄原書書末所附之〈參考書目〉，為求精確，〈參考書目〉中羅列的書名與原始資料出處，一律僅附原文。附錄二則將專有名詞編譯為〈英文索引〉以供讀者對照。

譯者序

　　還記得自己十四歲那年，在父母的書房裡發現佛洛伊德《夢的解析》的中譯本。那次的閱讀經驗令人難忘，不是因為書中精闢的論述，而是我雖然每個字都認得，卻完全看不懂書中的內容。因為不懂，我便以為它屬於那種「不適合小孩看」的禁書，但也下定決心非看懂不可；十幾年後，我終於看懂《夢的解析》，然而直到今天，那股「想知道」的力量仍不斷地在我的工作與學習中產生作用，因為病人的內心世界就像當年那本神祕而又難以理解的禁書一般誘人，而我則每天繼續試圖讀懂它。

　　隨著對心理衛生的逐漸重視，社會大眾和專業人員逐漸感覺到，我們需要一種思考方式看懂心靈的發展，尤其是心靈病態的發展，而形形色色的心理學就在這種需求中被一一引進。雖然華人世界早已知道精神分析的存在，而且幾十年前就翻譯了佛洛伊德的著作，但這顆種子直到最近才擁有成長所必須的環境。

　　過去十幾年間，精神分析在台灣及中國大陸引起越來越多人的興趣和重視，兩岸也各自組成精神分析學會，一方面正式和國際精神分析組織接軌，另一方面也同時致力於推廣精神分析的教學與訓練。然而這個任務，就像任何被引進的外國學科一般，立即面臨兩道必須克服的障礙，即一般語言的障礙，以及專業語言的障礙。

　　我選擇翻譯本書的重要原因之一，正是米契爾和布萊克兩位作者，在他們清晰而又引人入勝的書寫中，已然幫讀者排除了許

多專業語言的障礙，這不僅讓譯者的工作簡單許多，也讓想學習精神分析的讀者，可以不必花太多力氣在試圖掌握往往晦澀難解的專用術語和概念上。雖然適度的挫折能助長求知的欲望，但不得其門而入的無助感卻會耗損興趣，《超越佛洛伊德》這本清楚易懂的精神分析概論，提供我們一個絕佳的入門途徑。

精神分析是理解正常與病態心理的方法，也是治療的方式，兩位作者根據各個理論的創始者所面臨的病人類型、臨床問題，以及他們留意到的心靈發育的面向，逐一介紹精神分析理論。我接觸到的學生們有個共通的困擾，也就是都對如何跨越理論與臨床操作之間的鴻溝感到茫然，但本書每個章節都有活生生的案例，示範每個理論如何應用在對病人及臨床情境的理解上，以及在這個理解的引導下所使用的介入技巧。如此一來，讀者不僅知道精神分析理論是什麼，更得以一窺它的用處和如何使用它，本書可說是提供了一座架在理論與臨床實踐間的重要橋樑。

精神分析也是思想方式，但它不是「一種」思想方式，而是持續演進中的多元組合。影響精神分析思想發展的，不僅是診療室中的事件，在理論的形成中，大環境——時代、文化，甚至是科學與哲學的發展——也深刻影響著每位精神分析作者的心靈，因此也必然影響了他們發展出的觀點。本書作者以介紹每位理論創始者及他們之間的關係為引子，逐步追溯精神分析思想的變化，讓讀者瞭解每個觀點是在何種脈絡（個人、關係與大環境）下發展出，以及它如何也成為影響其他觀點發展的脈絡。由此觀之，《超越佛洛伊德》無疑是部細膩的精神分析思想史。

我很感謝那些讓我用這本書當教材試教的學生們，他們的反應讓我更確定，在現今這個大環境中，不僅精神分析的理論可以

被接受、應用，也會引起人們的求知欲。希望讀者們在讀完本書後有短暫的滿足，並對精神分析理論有更強烈的興趣，繼續深入這門精采十足的領域。

致　謝

　　本書源自於眾人對精神分析概念教學的共同熱情，我們已全 ^{xi}
心投入這個領域超過二十五年，一開始是以學生與被督導者的身
分，接著以教師和督導者的身分參與，並擔任顧問與教育行政人
員。

　　我們看過有人將精神分析的觀念教得很好，也見過這些觀念
被教得很差。有位剛從事教學的老師在第一堂課上宣稱：「無論
你做什麼，全是由心中那股完全無法被察覺到的力量所決定。」
這種教法使精神分析的思想顯得難解而怪異，也顯得精神分析理
論家所做的聲明傲慢而具威脅性。

　　教得好的時候，精神分析的觀念能豐富我們的經驗，而不是
使它變得空洞；它賦予這些經驗更多力量，而不是去削弱它們；
它使經驗變得更深刻，而不是去困擾它。因此，我們懷著這個理
想撰寫本書，希望讀者發現精神分析的觀念其實富有刺激性、挑
戰性，並且基本上是可以被理解的。

　　我們的主題非常廣泛，卻只能呈現現存理論的其中一部分，
而且只能探索這些理論之間相關連的某些地方。我們常常面臨難
以抉擇的處境：是要對某個特別困難的觀念做更多闡釋，讓它更
容易被讀者瞭解？還是要換成另一個我們認為對瞭解精神分析理
論有重要貢獻的人物？

　　我們知道自己永遠無法肯定這些取捨是否正確，但我們以這 ^{xii}
樣的希望安慰自己：如果能以一種夠吸引人的方式呈現所有被囊

括進來的概念，那麼本書將能帶領讀者進入精神分析文獻（在那裡應有盡有）的入口。

有許多同事們讀過這份手稿，並對不同版本的各個部分做出評論，這並不表示他們同意我們所寫的一切，畢竟在主題的選擇和呈現方式上仍由我們決定。對以下諸君的貢獻我們非常感謝：Neil Altman, Lewis Aron, Diane Barth, Anthony Bass, Martha Bernth,, Phillip Bromberg, Jody Davies, Sally Donaldson, James Fosshage, Kenneth Frank, Jay Greenberg, Adrienne Harris, Irwin Z. Hoffman, Frank Lachmann, Clem Loew, Susan McConnaughy, John Muller, Sheila Ronsen, Charles Spezzano。

我們最感激的還是我們慷慨的病人，他們允許我們一同探索他們的生命，而所有精神分析的思想及觀念都是由此發展出來的；但非常諷刺的是，礙於隱私權，我們無法以列出真名的方式感謝他們。

我們也深深感謝許多被督導的學員，不論是在絕望或者成功的時刻，他們對於這份工作的敞開、大方的態度，使我們能將精神分析理論對臨床實踐確實具有建設性的影響示範得更好。我們兩人都覺得十分幸運，能有機會在許多地方對深懷興趣的學生教授精神分析的思想，由於學生的反應與挑戰，我們選擇呈現的概念以及它們被發展出來的方式變得更加精準。人人都知道要學習任何東西，最好的方法就是鼓起勇氣去教它，而我們也非常感激那些和我們分享這種學習經驗的學生與被督導者們。

此外，我（布萊克）還想表達對國家心理治療研究中心（National Institute for the Psychotherapies）的感謝，我是這個機構的委員之一，同時也是專業進修教育的主席，能在這個培

育知識自由及創意思考的共同體中，密切參與精神分析的教育工作讓我感到非常榮幸，我有許多對於有效教導及有意義的學習的想法，都在這些經驗中逐漸清晰。另外，我也很榮幸作為以下機構：心理衛生研究所（Postgraduate Center for Mental Health）、主體性之精神分析研究學院（The Institute for the Psychoanalytic Study of Subjectivity），以及北加利福尼亞精神分析學院（Psychoanalytic Institute of Northern California）的一員，這些機構在傳授精神分析的思想上十分審慎，而且有可觀的成就。

　　而我（米契爾）想謝謝威廉·阿蘭森·懷特研究所（William Alanson White Institute）以及紐約大學課程（New York University Program），我在此執教多年，它們提供充滿活力的學術環境，以及允許我發展自己思想的學術自由。我也非常感謝有機會能在下列地方教學：國家心理治療研究中心、哥倫比亞大學博士班（the doctoral Program at Teachers College）、華盛頓精神醫學會（Washington School of Psychiatry），還有美國心理學會第39支會的許多地方分會：波士頓、丹佛、紐黑文（New Haven）、舊金山、西雅圖和多倫多。最重要的是，我要感激我的讀書會成員們，多年來我們在每週或兩週一次的會面中討論精神分析的思想，以及臨床工作上所面臨的各項挑戰。

　　在撰稿過程中，謝謝喬·安·米勒（Jo Ann Miller）給予莫大鼓勵與協助，黛博拉·羅森維格（Deborah Rosenzweig）鉅細靡遺的眼力則讓我們安心不少。

　　最後也是最重要的，我們想對女兒們表達感激：凱特琳（Caitlin）和莎曼珊（Samantha）的活力與幽默感總是我們的靈感泉源。

xiii

前　言

什麼是精神分析？

電影及漫畫往往如此勾勒：一個病人躺在沙發上，對著虛空漫無止盡的說話，而一個留著鬍子的蒼白年長紳士在一旁沉默地作筆記——許多對精神分析不熟悉的人對它心存恐懼，認為這是一種懦夫的逃避方式、承認自己被打敗，並把控制權及自主權交給另一個陌生人。

然而，那些受益於精神分析或是正在做精神分析的人會怎麼說呢？他們的聲音不常被聽見，因為精神分析的概念是從分析過程的經驗中發展出來的，基本上它和這個過程的經驗最相關，對參與過程的雙方而言都是充滿能量、強烈情緒，並且極為深刻的個人經驗。

在研究和實踐精神分析的人，以及曾經有過「成功的」分析（也就是對他個人來說有意義）的人眼中，精神分析的世界是個極為豐富並引人入勝的地方。對他們而言，精神分析的基本概念與模式充滿生動的經驗、清晰的概念，同時又能持續並實際地應用於日常生活中。精神分析的思想幫助他們把不同領域的經驗：過去和未來、清醒和沉睡、思考和感覺、人際之間的事件，以及他們最私密的幻想，全都編織在一起。

懂得精神分析思考的人認為，精神分析的概念提供了擴展、落實與豐富生命和人際關係的有用工具；然而要把這些傳達給沒有被分析過的人卻很困難。對尚未做過精神分析的人來說，精神

分析的概念可能看起來很古怪、抽象、疏離，而且也深不可測。
他們有時候很難相信，精神分析是從實際的人類經驗中衍生出來
的。

　　然而問題不僅止於此，不論在通俗或學術領域中，都流傳著
有關精神分析的四大迷思，這使得回答「什麼是精神分析？」變
得比實際上更複雜，甚至連精神分析師們也參與流傳這些誤導人
們的迷思。

【迷思一】廣義而言，精神分析是一個人的傑作

　　直到佛洛伊德於一九三九年去世為止，在精神分析思想史的
前五十年中，基本上精神分析可以說是他一個人出於天賦異稟的
傑作。佛洛伊德把精神分析視為一種治療方法，也把它當作科學
的新支派，他小心地照顧它，而它也在佛洛伊德身邊逐漸成長。
那些被佛洛伊德教導或分析過的人們，無不對他早期的發現感到
讚嘆，他們仰慕他也接受他的領導。此外，佛洛伊德也把精神分
析當作半政治性的運動，他成為非常強勢的領導人，對反對的聲
音提高警戒，並將他人的創意與創新的想法視為背叛與不忠。

　　阿弗烈・諾夫・懷海德（Alfred North Whitehead）宣稱西方
哲學是一連串對於柏拉圖的註腳，此一說法無異是詮釋上的大躍
進，而佛洛伊德的存在在早年的精神分析中無處不見，以至於許
多精神分析作者的文章，都以虔敬地細數佛洛伊德相信什麼、如
何說過，或是他當然會相信作者提出的想法等，作為傳統開場白
來背書。

　　即使是對精神分析極有創見的作者，也把他們的工作看成
只不過是佛洛伊德思想的注釋來呈現；而早期精神分析理論界

的重要人物如榮格、阿德勒（Alfred Adler）、費倫齊（Sandor Ferenczi）和蘭克（Otto Rank）等，都因為想法已明顯偏離既成的教條，而被佛洛伊德思想的主流排除在外。

但佛洛伊德過世後，再也沒有誰能對什麼才是「真正的」精神分析的爭議做論斷，因此精神分析的思想被解放，同時也更自然地流動：曾經只有一個管道，現在卻有許多；曾經只有一個傳統，現在卻有許多學派、許多技巧的術語以及許多形式的臨床實踐。精神分析已不再是一個人的曠世傑作。

【迷思二】當代精神分析無論在理論或臨床實踐上，幾乎和佛洛伊德的時代一模一樣

有時，精神分析看似自佛洛伊德的時代到現在，基本上並沒有任何改變。有些精神分析作者們因為服從佛洛伊德及精神分析的傳統，使得他們的文章彷彿卡在一種扭曲的時空當中，無視於正萌芽的其他精神分析理論與技巧的新文獻；有些人雖然比較能察覺到當代的發展，但仍舊維持著對傳統的忠誠，繼續提出不再適用於實際臨床實踐的精神分析版本[1]。除此之外，也有許多輕視精神分析的評論者相信，若是打倒佛洛伊德或攻擊他某些已不合時宜的論述，就等於推翻整個精神分析世界。

事實上，佛洛伊德當年對精神分析的理解與實踐方式，到如今只有很小的一部分還維持原狀，其理論的主要支柱，如本能驅

1　有關導致精神分析思考的革新被遮掩的原因，派恩（Fred Pine, 1985）曾提供一段令人印象深刻的記載：「身為開山祖師，佛洛伊德有著令人敬畏的勢力，再加上轉介的需要，導致許多人將理論公諸於世時不免更加謹慎。在這個領域中提出不同改革意見的人，他們的動機總是輕易地被曲解並遭受人身攻擊；『永恆的教學』則成為常態，也就是傾向於追隨並教導佛洛伊德所提出的論點，而非自己分析或研究出的想法與做法。」（pp.26-27）

力（instinctual drive）、伊底帕斯情結（Oedipus complex）的
中心位置、性，以及侵略性（aggression）在人類動機中所占有
的首席位置等都已受到挑戰，並在當代精神分析思想中有徹底的
改變。同樣地，佛洛伊德提出的基本技巧原則，例如分析的中立
性、對於病人的願望蓄意的挫折、退化到幼年神經症等，也被現
今的臨床工作者重新概念化、修改與轉化。

　　事實上，一個被孤立、躺臥著的病人正漫無止盡地自由聯
想，並且屈服於分析師優越的權威之下的普遍印象，已經進化為
修訂過的精神分析治療版本，其中包含了形式（躺在分析椅上或
坐著）與程序上的彈性空間。分析的影響力不再只仰賴分析師的
權威，而在於分析師與被分析者共同發展出尋求真相的合作關
係，今日的分析師們由於對經驗的主體性有更深刻的瞭解，已不
再天真地假設自己是現實的裁決者，反而是一個在相互承諾的旅
程中的嚮導。

　　有鑑於此，當代精神分析世界只能被有意義地描述為後佛洛
伊德學派（post-Freudian）。任何人若認為熟悉佛洛伊德的成就等
於瞭解精神分析，那他就落伍了，一如相信當代物理學是牛頓的
成就之一，或是將當代生物學劃入達爾文的創作。佛洛伊德的畢
生著作永遠代表西方思想歷史及文化中最令人敬佩的個人成就，
卻不能代表當今精神分析思想或臨床的實踐。由佛洛伊德所挑起
的革命，其持續衝擊已經被擴展、改變並演化成佛洛伊德和他的
同輩們無法想像的概念、方法與理解。

【迷思三】精神分析早就過時了 xviii

　　這個迷思乃是以部分事實為基礎。古典佛洛伊德學派的精神

分析的確過時了，因為傳統的精神分析與當今世界無法契合，其
方法與理解都是一百年前成型的。然而隨著精神分析所處環境的
變化，精神分析的本身也改變了，這種改變包括進行精神分析的
設置、型態，以及根據這些所形成的理解。

　　由於其他種類的心理治療與精神科藥物的快速成長，加上
保險公司和政府對於給付上越來越多的控制，導致較不頻繁且所
需時間較短的治療方式成為主流，而精神分析自然也失去它在心
理治療上一度享有的壟斷地位。雖然，無論是分析師的數量或
是前來尋求分析的病人數目都在穩定上升（Panel, 1978; Michels,
1988），但那些時間較短、問題取向和專門針對症狀的治療，對
許多人來說仍有非常大的吸引力。在現代的摩登世界裡，不僅改
變的速度瘋狂地快又如此強調成本效益，對於利益及生產力的要
求更是毫不放鬆，以至於精神分析這種慵懶而沒有時間性的深刻
思考，極有可能看起來就像佛洛伊德當年使用的，那張鋪上東方
地毯的維多利亞貴妃椅一樣過時。

　　與此同時，我們也看見在過去十年中，精神分析以令人驚訝
的比例擴展著。大多數正統精神分析之外的心理治療都是由精神
分析衍生而來，並持續受到古典與現代精神分析思想的影響，尤
其是精神分析中的客體關係理論（object relation）及自體心理學
（self psychology）對於今天臨床社工的個案管理，以及幾乎所有
其他類型的心理治療（家族治療、婚姻治療、認知及行為療法、
完形治療和短期動力式心理治療）都有最重要的影響。

　　此外，精神分析在臨床治療外的擴展更是令人讚嘆。在佛
洛伊德寂寞與好鬥的一生中，精神分析縱使是在最具影響力的時
刻，也只在社會和文化的大環境中占據一個被重重包圍的渺小位

置；然而，如今佛洛伊德的貢獻被廣泛接受，甚至被緊密編織在我們的文化及自我體驗中，因此廣義來說，我們都是「佛洛伊德學派」（Freudians）。

精神分析不僅是人類文化中的一種專業、一門科學的學科，更是一種思想、一種研究人類經驗的方法，它已經成為人類文化的構成要素，同時瀰漫在人們體驗自我與心靈的方法中。在佛洛伊德的貢獻裡，那些在當時備受爭議的主要特徵，現在卻是當今世界普遍被接受的想法，例如潛意識動機及意義、變化多端的性型態（sexuality）、早年經驗巨大的塑造力量、在家庭生活中伊底帕斯主題的中心位置、嬰兒和童年期經驗中的性與肉慾的層面，以及我們的心靈否認痛苦真相的速度有多快等。

以文學的觀點來看，英國文學評論家哈洛·卜倫（Harold Bloom, 1986）曾說過：「佛洛伊德的概念……已開始和我們的文化融合，並形成當代知識份子所共有的、唯一的西方神話。」無獨有偶，在相異但又同屬現代世界的人工智慧領域中，霍夫斯達德（Douglas Hofstadter）與丹尼特（Daniel Dennett, 1981）也指出佛洛伊德是一位先鋒，他對心靈的洞察引導我們走向他當年無法想像的方向：

> 當佛洛伊德最初假設潛意識存在時，他的提議備受否認與不解……佛洛伊德在人類的思考範圍上帶來擴展，並革命性地改變臨床心理學，也為後來發展的「認知」實驗心理學鋪路。我們已能毫無困難地理解和接受許多主張，例如關於複雜的假設測試、記憶搜尋和推論等，簡單來說就是資訊的處理——縱使在我們完全無法藉由自省察覺的

時刻，它仍然在我們的心中發生著。（p.11）

另一個適切的例子是：「當蘇俄蹣跚地步入現代西方文化中時，其知識分子覺醒最重要的訊號之一，就是重新掀起對精神分析的興趣。」（Barringer, 1988）

同樣地，精神分析對現代經驗與文化的貢獻，並未隨著佛洛伊德的死亡而結束：蘇利文（Harry Stack Sullivan）提出的參與者的觀察（participant observation)方法，以及人際互動理論（interpersonal field theory）都對當代所有社會科學的研究方法與社會建構派（social constructivism）的概念有極大影響；艾瑞克森（Erik Erikson）對生命週期所提出的漸層式（epigenetic）方法，還有對於身分認同所提出的概念則影響人類學、史學與傳記文學。

梅蘭妮·克萊恩（Melanie Klein）對嬰兒幻想提出了令人震驚的洞察；瑪格麗特·馬勒（Margaret Mahler）對於孩子的心靈如何從與母親的共生融合中誕生，做出有力而浪漫的描述，深深影響父母與研究者如何去思考我們的孩子、他們的掙扎和發育上的需求。約翰·鮑比（John Bowlby）提出令人佩服以及有完整引證的依附理論（attachment theory），引發對母嬰連結與親子分離方面蓬勃的研究，進而對有關兒童需要的政治性和社會性的討論有重要的貢獻。（參照Fraiberg, 1977）

xx

在主體性（subjectivity）的起源，以及母嬰關係中「支持環境」（holding environment）的重要性上，溫尼考特（Donald Winnicott）發人深省的創新理解為整個世代為人父母的經驗帶來全面性的（雖然有時不被承認的）衝擊；而他提出的「過

渡客體」（transitional object）和「過渡經驗」（transitional experience）概念，也都被幼兒教育學家、創作界、文化界和美感經驗領域中的思想家所採用。

此外，當代佛洛伊德理論修正主義者的方法，也在文學評論領域中有非常重要且戲劇性的影響：洛伊・薛佛（Roy Schafer）的「敘事」（narratives）概念在心理動力和精神分析中人生故事上的應用，以及拉岡（Jacques Lacan）使用當代語言學與結構人類學對潛意識所做的極具煽動力又難以捉摸的描述，兩者都經常被人引用；而寇哈特（Heinz Kohut）對於自戀與自我的變化所做的研究，也被文學、歷史與文化的詮釋者廣泛採用並繼續發展，例如克里斯多夫・拉許（Christopher Lasch）在他頗具影響力的著作《自戀的文化》（*The Culture of Narcissism*）中，就引用許多寇哈特與肯伯格（Otto Kernberg）發展出來的自戀理論。

精神分析及女性主義之間，也有非常豐富和複雜的相互滋養關係。許多早年的女性主義者，情有可原地把佛洛伊德對女人的父權式及高傲觀點當作攻擊的靶子；但就像本書第八章所提到的，女性主義者在精神分析領域之外對他所做的批評，和精神分析領域之內所做的關鍵性修正是平行的，可以說精神分析師／女性主義的作者，在對性別以及性（sexuality）的新思考中扮演非常重要的角色。

綜觀以上可知，精神分析思想中的後佛洛伊德發展，已滲入並深刻地塑造當代生活與思想，因此，將精神分析視為一個漸漸失去重要性的理論是極為不正確的。在當代精神分析著作和實踐中最關切的——主體性的本質、個人意義和創作力的產生；主體在文化、語言及歷史脈絡中的位置——事實上也都是我們這個時

代最關切的。

【迷思四】精神分析是一個冷僻的教派，必須改變信仰並經過 多年研習才能加入

佛洛伊德是一位了不起的散文作家，而且他出色的辯論方
式，使得任何一個願意理解他的人都能跟得上他的想法的發展，
但大部分後佛洛伊德的文本在書寫的風格上，無疑再度加強人們
認為精神分析是一個冷僻且無法穿透的封閉世界，它自許的豐富
性只有少數被選擇的人才能擷取，它所使用的語言是不透明的、
充滿專業術語和複雜的辨證；而瞭解它的前提是，必須對先前的
精神分析文獻以及臨床過程有相當程度的熟悉。

當後古典精神分析分裂為好幾個相互競爭的學派與傳統時，
任何著作在展現自己的洞察和貢獻上，往往充斥著派系式的分
裂。任何一名作者都可能在辯證中，反對一個或好幾個其他通常
不被直接指名的作者或立場；有時候，他們為了宣稱自己的原創
性而誇張差異性，因此發明新的語彙用來表達舊的想法；而有時
候，舊有的語彙被牽強地用來表達新想法，為的是用被誇大的熟
悉度來宣稱一種連續性。以上這些情況，使並未長期研究精神分
析思想史的讀者很難看懂不同的精神分析著作，並且理解它們的
貢獻。

讓精神分析的思想陷入如此難以靠近的情況，政治與經濟也
扮演相當重要的角色，縱使佛洛伊德極不願看到這樣的發展，如
今精神分析還是徹底地被醫療化，尤其是在美國。美國的醫學組
織獨占精神分析並將之壟斷，造成精神分析給人的印象就是難以
理解、需要高度技巧，同時只有正式入門的人才有資格瞭解；而

這也多少反應出政治菁英主義，以及因為精神分析而獲益——靠著將它維持在這是一種需要高度技術的醫學專科的印象——的人的經濟興趣。

過去二十多年來，我們在美國目睹和精神分析師的訓練與實務工作有關的改革。在許多城市裡，訓練心理學家與社工的新機構快速成長並蓬勃發展，它們的課程內容不再需要對佛洛伊德效忠，或是被醫療模式的派系所限制，反而更公開而直接地教導那些令人精神一振的分析理論與實踐的當代作者思想；此外更藉著對原先由醫學界掌控的美國精神分析學會的壟斷訴訟，迫使原本的醫學組織敞開大門，接受其他非醫療界的專業人員。這一切逐漸扭轉精神分析的傳統菁英文化，以及精神分析書寫的反啟蒙主義，精神分析正處於現代化的過程當中，它的思想需要讓那些有興趣的人能夠理解。

本書《超越佛洛伊德：精神分析的歷史》是根據以下這個信念而完成的：我們認為從佛洛伊德開始，直到當今許多不同並相互競爭的流派，精神分析的思想可以、也應該要讓未經過長期正式訓練的臨床工作者，以及任何有興趣的讀者理解。這個信念是 xxii 從多年來，我們對各種程度的學生教導精神分析的思想中發展出來的，因為有效的教學包含找到一種方式，幫助學生們超越專業術語與政治包裝，使他們能獲得理論概念中的經驗性要點。

每個精神分析的構思都是為了理解並描繪某一種人的經驗，以及人類心靈運作的某個面向；每個構思都和真實的人物有關，都和他們如何整理自己的經驗有關，也都和他們人生中所遭遇到的困難，以及他們在和他人關係中形成，並在維持自我中所經歷的掙扎有關。

　　在這本書中，我們呈現的是對當代精神分析最有貢獻的一些人的中心思想。我們的目標不是無所不包，若想完整地論述每位主要貢獻者的理論觀點，那麼得為他們每個人寫一本書才辦得到；我們的目的也不是完整而詳細地追溯每種概念的來源和影響、發展順序和演進，描述當代精神分析流派之間在歷史上的關係是非常不一樣並且浩大的工程，這個工程需要對這些流派的內部運作有相當程度的理解。

　　我們所提供的歷史性觀點，主要是為了比較的目的，也就是檢視這些當代精神分析思想的主要潮流與其模式之間的關係。本書從佛洛伊德開始介紹，不只是因為他在歷史上的重要性，也因為他的思想仍舊是新觀點的主要參考，而要理解這些觀點之間關係的關鍵，就是理解每一個理論家與佛洛伊德之間的關係。

　　本書的目標是介紹每一個系統，我們並未預設讀者都熟悉這些系統，只是想藉由選擇性地解釋每個理論傳統的基本意義，讓讀者對它們都有基礎的認識，而理論概念企圖協助我們理解的人性掙扎，則透過臨床案例呈現出來。本書舉出的臨床案例大多不是這些理論家所治療的案例，我們認為他們所示範的案例（通常是為了爭論的目的而呈現，並已充分被其他學者審視過），往往讓現在的學生與讀者感到過時與遙遠；因此，本書提供的案例都是從我們自己的臨床工作，或是被我們督導及教過的學生所做的臨床案例中找出來的。

　　有些案例，例如第二章的安琪拉、第六章的愛德華和第九章的哈維的案例，都在描述一位剛入行、沒什麼經驗的分析師所面臨到的臨床問題，而這些章節中所討論的新的理論對這些問題極為有用；另外一些比較長的案例，則是由好幾個案例所組成，並

為了兼顧病人的隱私而做了一些匿名與修改。

　　雖然精神分析的理論來自許多不同國家的作者、在許多不同　xxiii
的歷史時間點與文化演進的過程當中發展而出，然而我們想強調
精神分析的思想在當今世界裡，對那些帶著真實的問題、過著真
實生活的真實人物仍舊是很適切的。

　　有個故事這麼流傳著：後佛洛伊德精神分析最重要的改革
者之一有個習慣，每次他到一個比較傳統的精神分析學院中進行
報告時，一定會帶一把槍。他不做任何說明，直接把槍放在講桌
上，並開始進行他的研究報告，而不可避免地，總是有人會問這
把槍有何用處。此時，這位改革者會用一種非常愉快的語氣回
答：「這把槍會用在第一位不討論我提出的想法，反而質問這些
想法是否『真的是精神分析』的人身上。」

　　不管這個故事是不是真的，它都捕捉到當今精神分析世界中
的趨勢：在這個世界，精神分析努力想擴展並重新定義自己。在
本書中，我們思考了非常多的想法，這些想法有時相互競爭、有
時互補，但是它們都是「真的精神分析」，因為它們都出自於對
人類經驗有深度、有組織及詳細的精神分析探索。

【第一章】佛洛伊德及古典精神分析的傳統

> 過去的源泉是如此之深……因為我們越往深處探測、越向那過   1
> 往的世界底層逼近刺探，我們就越能找到人性最早的基石、它
> 的歷史文化，並揭露它們深不可測的身分。
>
> ——托馬斯・曼（Thomas Mann）

一八七三年，當年佛洛伊德十七歲，德國考古學家謝里曼
（Heinrich Schliemann）將他從不完整的歷史與文學資料中所找到
的線索拼湊在一起，在今天土耳其的海岸平原上找到了古城特洛
伊。這件事強烈激發出佛洛伊德的想像力，他開始喜歡從古代英
雄如摩西與漢尼拔身上找到啟示，日後，他的診療室也像考古學
家的辦公室一樣，充滿了原始的雕塑與遺物。

佛洛伊德挖掘的場所不在地下，而是病人的心靈；他使用的
工具不是圓鍬或刷子，而是精神分析的詮釋。然而，快樂的感覺
是一樣的。佛洛伊德覺得他發現了一個重要的遺址、創造出必要
的技術、揭露人類心靈的基本結構，並且，挖掘出個別病人以及
全人類的古老歷史。

佛洛伊德理論的發展史極為錯綜複雜，由於本書著重的不   2
是思想史，而是說明、解釋佛洛伊德留給當代精神分析師們的概
念，因而在此不對發展做詳細敘述。不過，大略勾勒出佛洛伊德
主要概念的發展順序仍是必要的，這讓我們能領會這些概念的起
源是來自病人呈現的臨床問題中。謝里曼知道他要找的是什麼，

佛洛伊德和他不同，他是在企圖討論病人當下及表層的困難時，偶然發現了通往「過去的源泉」的路徑，他邊走邊發現通往深處的方法。

從頭腦到心靈

佛洛伊德從醫學院畢業時，正值腦部生理結構研究的萌芽階段，個別神經細胞、神經元才剛被分離出來，追蹤神經傳導路徑的技術才剛開始發展，人們也才首度感受到腦的複雜性。

一開始，佛洛伊德是神經生理學的研究者，當他轉到臨床實踐時，他所治療的病人們的病痛往往被當成是神經性的問題，也就是肇因於受傷或衰弱的神經。某次在法國時，他目睹著名的神經學家夏考（Jean-Martin Charcot）和貝恩海姆（Hippolyte Bernheim）非常戲劇化的示範，此事激發他對潛意識想法的興趣，並決定性的將他的焦點從腦部轉移到心靈[1]。

舉例來說，「手套麻痺」（glove anaesthesia）是一種手部失去感覺的症狀，在神經學上毫無道理，因為手的神經延伸到手臂上，一旦神經受傷了，麻木的感覺絕對不會只限於手部。然而，手套麻痺的症狀在心理學上是合理的，病人對手的想法（idea）是它功能喪失的關鍵，並非神經的本身受傷了，而是病人對於手的想法被扭曲。病人也許沒辦法直接知道這些想法，這些想法也或許不存在於病人心靈的意識部分，但它們卻有非常強大的影響力，並能造成生理現象。

1　許多佛洛伊德時期和在他之前的哲學家、詩人及心理學家，都曾描述過在意識之外運作的想法與感覺（參考Ellenberger, 1970）

　　夏考示範的不僅是手套麻痺症、歇斯底里癱瘓，以及失明等由想法而不是由受損的神經所引起的情況，同時還示範了「念頭」也能夠使病人痊癒（一般而言只是暫時的）。他將病人催眠後，經由催眠的暗示引發本來並不存在的歇斯底里症狀，例如告訴病人：「當你醒來之後，你將無法看見也無法走路。」而更令人震驚的是，他也能藉由催眠的暗示暫時除去一些症狀，像是讓歇斯底里失明的病人能再次看見、歇斯底里癱瘓的病人又能再度走路。 3

　　問題並不存在於肉體中，因為病人的手、眼睛和雙腿都很健全，問題是一個念頭，一個在意識之外的念頭。這個念頭使病人不能感覺、不能看見、不能走路；而現在這個製造病態的念頭受到另一個念頭的反對，那就是催眠師告訴病人要感覺、要看見、要走路。由催眠師帶進病人心裡的念頭，能夠控制病人的經驗與行為，雖然事實上病人本身完全不知道、也無法掌握這個念頭。

　　在佛洛伊德之前，歇斯底里症患者——也就是那些雖然沒有明顯的真實生理問題，卻苦於身體殘障的病人——往往被視為以裝病來逃避責任，他們是在道德上被質疑的偽裝者，或者是神經衰弱的受害者，這個衰弱的神經系統讓病人飽受隨機且無意義的生理痛苦。

　　佛洛伊德也在夏考、貝恩海姆和其他使用醫療催眠術的工作者之後，向人們證明歇斯底里症是心靈的，而不是頭腦的疾病。問題的源頭不是神經，而是念頭，為什麼在我們的心中，有一些念頭變得跟其他普通的念頭不一樣，為何它們變得如此難以靠近？那些念頭又是怎麼發展出製造眾多問題的能力？

　　第一位與佛洛伊德成為合作夥伴的布魯爾（Josef Breuer），

針對這些問題提出嶄新的見解。他是維也納一位備受敬重的內科醫師，於一八八〇年時治療一位極為傑出的年輕女士帕芃罕（Bertha Pappenheim），她後來成為社會工作學的先鋒。帕芃罕在照顧生病的父親時，逐漸出現各式各樣非常戲劇化的症狀，包括癱瘓與語言功能障礙；布魯爾試著催眠她，並採用夏考及其他人用過的實驗性程序，試圖經由催眠的暗示來移除症狀。

雖然這個方法最後無效，不過帕芃罕被催眠後卻開始談論自己的各種症狀，此時布魯爾展露出往後成為精神分析師必備的特質，也就是好奇心與追隨病人引導的意願──讓病人講話。

在布魯爾的鼓勵下，帕芃罕的聯想會回溯到症狀最初發生的時刻，而這些時刻都是一些讓她不安和緊張的事件。帕芃罕和布魯爾發現這種談話方式，以及當最初困擾病人的事件記憶浮現出來時，所產生的情緒釋放具有一種療效；透過這種帕芃罕稱之為「清掃煙囪」（chimney sweeping）的過程，症狀消失了（Freud & Breuer, 1895, p.30）。

例如有一次，帕芃罕發現自己沒辦法喝下液體。她不知道為什麼，但是液體忽然令她感到厭惡，她因此脫水並且身體極為不適。布魯爾將她催眠後，又一次使用他們共同發展出的這種方式，鼓勵她談談厭惡的感覺。起初她不想討論這種感覺因何而來，但布魯爾很堅持；在克服強烈的抗拒之後，她回憶起不久前走進臥房時，發現一位她很不喜歡的英國女伴的狗正從杯子裡喝水（p,34）。她非常生氣地重述這個情境，但當時她為了禮貌所以沒有表現出憤怒。當她脫離催眠狀態後，立刻要了一杯水喝。

布魯爾把這些經驗告訴求知若渴的佛洛伊德，並在一八九三年與他共同發表第一篇精神分析的論文〈初步的報告〉（*Preliminary*

Communication），這篇論文提到「歇斯底里症患者主要受到往事的困擾」（Freud & Breuer, 1895, p.7）。他們認為，歇斯底里症是由被困住的回憶，和與這些回憶相關的感覺所引起的，由於這些回憶和感覺從來沒有以正常的方式被經歷過，因此便與心靈其他部分分裂，從而造成痛苦，或以一些看似無法解釋並令人驚慌失措的症狀型態浮上表面。如果我們追溯這些症狀的起源，它們的意義就變得顯而易見，而且這些感覺會在情緒宣洩中得到釋放，接著症狀就消失了。

在那之後，佛洛伊德及布魯爾添增了更完整的理論章節，並延伸案例的歷史[2]，隨後以《歇斯底里症之研究》（*Studies on Hysteria*）為書名於一八九五年發表。

或許，這些最初的臨床發現挑起的最重要問題是：為什麼某些經驗所產生的感覺會解離，並和心靈其他的部分分割開來？在這本最早的精神分析論述中，佛洛伊德與布魯爾事實上分別撰寫不同的理論章節，反映出兩種不同的假設。布魯爾認為，解離並造成問題的經驗，是那些在被切換的意識狀態下所發生的經驗，他稱這種意識狀態為「似催眠狀態」（hypnoid states）。

例如，當帕芃罕因為照顧生病的父親而精疲力竭、過度緊張時，那些困擾她的事件無法被納入正常的心理程序，因為它們被歸於另一種心理狀態中，也就是說，她已經不是「她自己」；當她被催眠並被鼓勵釋放這些記憶時，這個分裂就癒合了，正常的

2　包括帕芃罕的歷史，這位病人在文獻中被化名為安娜・歐（Anna O）。布魯爾對她的治療，到他與佛洛伊德合作發表有關歇斯底里症的研究，之所以相隔很長一段時間，有部分是因為治療在兩敗俱傷的情況下結束。帕芃罕對布魯爾發展出情慾的移情，並透過歇斯底里的懷孕表現出來，這使得布魯爾相當震驚，因而導致他放棄這個領域，並重新專注於內科工作上。這些事件在多年後，當精神分析對移情與反移情（參考第九章）的想法，已進步到足以使這種發展能被理解以及能被處理時才被揭露，不過對布魯爾而言為時已晚。

情緒處理過程就能發生，讓她的心靈再度變為完整一體。布魯爾認為，也許某些人比較容易進入這種似催眠狀態，因而成為歇斯底里症患者的可能性較大。

佛洛伊德則提出非常不一樣的假設：病態的回憶與感覺之所以解離，並不是先切換了意識狀態，而是這些回憶與感覺令人困擾、無法被接受，也與當事人其他的想法及感覺相衝突。他認為，並非這些回憶及感覺正好被不同的方式記錄下來，因而落入病人心靈中不同的區域；而是這些感覺與回憶和其他的意識狀態互不相容，所以被積極地排除於意識之外。

布魯爾與佛洛伊德在早期觀念上的差異，突顯出日後佛洛伊德整個理論體系中如何理解心靈的特點。布魯爾認為，歇斯底里症患者是容易發生意識狀態改變的人，也就是那些容易「失神」的人；佛洛伊德則認為，歇斯底里症患者是那些由於衝突而分裂，並且不僅對別人也對自己隱藏著祕密的人。

從催眠到精神分析

從一八九五到一九○五年間，佛洛伊德提出許多在思想史上無人能及的理論創作，以及創新的臨床技巧。他的理論來自於臨床工作的刺激並扎根於此，這些理論往往導致技巧上的更新，這些更新又催生出新的臨床材料，進而刺激更多理論上的改進。在這十年間，精神分析擺脫催眠，成為一套系統性的方法論與治療方式，許多至今仍引領精神分析思考的基本概念，正是在此時建立的。

與此同時，佛洛伊德逐漸感覺催眠術在接近製造病態的回憶

上，不如最初他與布魯爾所想的那麼有幫助。當他的臨床經驗漸漸增加，佛洛伊德明白永久移除症狀的關鍵，是讓那些被討厭的潛意識材料變成正常的、有意識也能夠知道的，例如對帕芃罕而言，潛意識的念頭可能是「我討厭這女人噁心的狗，而且我很氣她讓這隻狗從我的杯子裡喝水」。

令人煩惱的「往事」（reminiscences）在催眠狀態中浮現出來，但當病人脫離催眠狀態後又變得遙不可及。病人的心靈中有一種抗拒的力量，佛洛伊德稱之為防衛（defense），它們積極地讓這些記憶被排除在知覺之外，例如在帕芃罕所處的時代與所屬的社會階層，讓她認定有教養的女人不會對一條狗有這種不合宜的憤怒。

催眠狀態以人為的方式繞過了防衛，讓分析師能靠近製造痛苦的祕密，雖然病人才是那個需要知道祕密的人，卻因為抗拒特定的記憶（以及其他在聯想上相關的記憶）所以無法知道。然而抗拒在催眠狀態結束後又會再次重新建立，在催眠狀態中由分析師說出的祕密，只不過使病人有一種理性、而非經驗性的覺察。帕芃罕憑著對分析師的信心，或許能知道原來自己恨那條狗，而且有可能也恨牠的主人，但她無法感覺到那個恨與嫌惡。

地域學模式

6

由於佛洛伊德努力解決臨床上的問題，因此理論及技巧都有十足的進展。在理論上，他開始想像地域學模式（topographical model）的心靈，並區分為三個不同的區域：一個是潛意識（unconscious），包含無法被接受的念頭與感覺；一個是前意識（preconscious），包含可以被接受、能變為有意識的念頭與感

覺；以及有意識（conscious），包含隨時都存在於知覺中的念頭與感覺。

地域學模式理論的發展，帶動了技巧上的創新。臨床任務從分析師發現病人被催眠後洩露的祕密，轉為移除在病人心靈中用以對抗這些祕密的防衛。佛洛伊德試圖找到一種能卸除或消除這些防衛的方法，而非像催眠術那樣，只是暫時地讓防衛入睡。就在二十世紀初，他決定了「自由聯想」（free association）這個方法，自此之後，它便成為精神分析技巧的穩固支柱。

自由聯想

自由聯想保留某些催眠術的手法：病人在安靜且平和的環境中，舒服地躺在躺椅上。設計這種情境的用意，是讓病人的心靈介於正常清醒的意識狀態與催眠狀態之間；而分析師坐在躺椅後面，也就是在病人的視線外。不論什麼念頭浮現，病人都得把它說出來，不能過濾或選擇；同時分析師也鼓勵病人把自己變成有意識的被動觀察者：「把自己當成旅人，你正坐在火車廂靠窗的位置，並且對車廂裡的某個人描述窗外的景觀變化。」（Freud,1913, p.135）

自由聯想這個戰略性的手段，協助分析師辨識出病人的祕密，以及潛意識中的願望；同時防衛仍然維持在活躍的狀態，也能被注意到。藉由鼓勵病人講出所有閃過的念頭，分析師藉此帶領病人繞過那些過濾衝突材料的正常選擇程序，同時因為病人是完全清醒的，分析師能讓他看見在意念之外的念頭中，還包含了一些他試圖擋在知覺之外、經過偽裝的想法及感覺。

移情及抗拒

　　佛洛伊德發現，自由聯想無法持續太久。與被壓抑的祕密連結太緊密的念頭，會被防衛阻礙而無法浮現，此外，構成病人困難核心的衝突性想法與感覺，也會很快就被轉移到分析師身上，分析師變成病人強烈的渴望、愛，或是恨的對象。病人會拒絕談論讓他覺得尷尬或看似瑣碎的想法，特別是那些往往和分析師有關的，也因此，病人會說自己完全沒有任何想法。

　　於是，佛洛伊德開始推測抗拒自由聯想的力量，正是當初將原始記憶趕出有意識的同一股力量，也正是這個移情（transference）與抗拒（resistance）需要被揭露、辨識與解決。藉由分析病人的自由聯想，以及對自由聯想的抗拒，佛洛伊德相信他找出了造成病態衝突的兩方：一是那些祕密的感覺與回憶，二是防衛，也就是用來抵制祕密的感覺與回憶的想法及感覺。

　　我們可以在葛蘿麗亞（Gloria）這則個案中看見這種衝突。她是一位二十多歲的律師，在一個西部大城市的中上階層家庭中長大。因為無法決定是不是應該嫁給同居一陣子的男朋友，前來尋求精神分析的治療。她說：「我就是沒辦法知道他是不是適合我。」

　　透過精神分析的探索，揭露了婚姻並非葛蘿麗亞唯一猶豫不決的事。雖然她從沒明白地表露出，但她生命中所有重要的部分都籠罩在懷疑的陰影下，幾乎所有的活動都像是將她暴露在潛伏的危險當中。她很難允許自己在任何情況下順其自然地行動，因此生活變得狹隘且充滿煩惱。每一步她都做最壞的打算，然後在自己的世界裡到處搜尋和這個可能性一致的線索。

　　進行分析的最初幾個月裡，這些懷疑、反覆思考及恐懼，全

都逐漸被追溯到童年經驗。她想起自己曾經非常擔心，某種災難會降臨在父母或其他親人身上，並發明一些想像性的預測遊戲：如果在接下來的兩分鐘裡，有偶數數量的汽車轉過這個街角，那麼一切都會沒事；如果是單數的，表示災難一定會降臨。

如同佛洛伊德當時的病人一樣，葛蘿麗亞同意在分析中坦承當時所感覺到的一切，但這很快就成了問題，她變得不知道自己到底「應該」談些什麼，而為了避免無話可說的恐怖可能性，她會在會談前先詳細準備要說什麼。有時候，她會突然沉默，在分析師的勸誘下才說出她開始感到焦慮，因為覺得自己很難理解及應用分析師給予的回饋。對她而言，分析師所提的問題及說明似乎很複雜，而且令她困惑，換句話說，分析師的回應讓她感覺「太大」了，但她的心靈卻感覺像是太小。

8　　　佛洛伊德最重要的觀察之一，是病人在分析時遇到的困難（抗拒及移情）並不是阻礙治療的障礙，反而是治療最重要的部分。好幾個月之後，我們清楚看見葛蘿麗亞對自由聯想及分析師詮釋的恐懼，是由主宰她的童年，並造成成年生活焦慮與抑制的同一個恐懼衍生而來。她相信一旦允許念頭自由地流動，危險及衝突的念頭就會浮現出來，也相信她的感覺、身體的經驗和想像都是危險的，並且很可能失控，因此無論如何都得控制住它們。她在自己都不明白的狀況下，持續地監督及檢查自己的經驗，並且抑制心理歷程。

佛洛伊德發現，對葛蘿麗亞這種類型的病人，不該經由催眠術繞過她的防衛以求發現祕密，反而應該探索這些在分析情境中浮現而出的防衛。此時，精神分析程序最主要的焦點，變成對移情的分析（病人衝突的感覺與願望轉移到分析師身上），以及對

於抗拒的分析（無法自由聯想的障礙）。

夢

在佛洛伊德的病人說出的各式聯想當中，包含了他們的夢。佛洛伊德把夢和其他的聯想相提並論，認為它們可能都包含著一些隱藏的想法，並且和早年經驗也都相關。

佛洛伊德本身就是個多夢的人，身上也有一些令他困擾的精神官能症症狀，因此不久後，他便成為自己最重要的病人。他埋首於自己創造的新技巧中，對自己夢境中的所有一切做聯想，並將他的發現用異常狂熱的口吻，寫信給一位在柏林的醫師朋友威爾海姆‧弗里斯（Wilhelm Fliess），在當時，這位住得相當遙遠的朋友就像佛洛伊德的分析師一樣。

到了一八九五年，佛洛伊德認為他已經破解夢形成的祕密。他堅信，夢是帶有衝突的願望在經過偽裝後的自我滿足（Freud, 1900）。一般來說，被禁止的欲望會由一股動力（防衛）阻擋，無法進入有意識，但在睡夢中，防衛處於鬆懈狀態，就像在催眠狀態中一樣；然而，若直接地在夢中呈現願望，睡眠很有可能被打斷，因此這兩股力量──這邊是推動願望進入有意識的力量，另一邊是阻礙願望進入有意識的力量──各退一步達成妥協：願望只能以一種經過偽裝的型態進入夢中，就像一個不速之客把自己打扮成像是他屬於那裡一樣。

夢的真正意義（夢的隱意〔latent dream thought〕）在 9
經過繁複的扭曲過程後，產生我們所經驗到的夢（夢的顯意〔manifest content〕）。夢的工作（dream work）透過濃縮

（condensation）、置換（displacement）和象徵（symbolism），將不被接受的夢的隱意轉化成無意義又不連貫，卻可以被接受的影像，而這些影像又再度經過次加工（secondary elaboration）被串連成一個故事，因而使作夢的人更加遠離真相（也就是夢的隱意）。

詮釋夢的技巧，是由夢的形成概念中發展出來的，在此，夢的顯意中的每個元素都會被分離出來並對其聯想，而對於各個元素所做的各個聯想會導入不同的方向，經由凝縮、置換及象徵化的機轉，進而揭露造成此元素的不同回憶、想法及感覺；到最後，不同的聯想路線匯集在一起，引出夢的隱意。夢的詮釋逆轉了夢形成的過程，從偽裝過的表面回溯到被隱藏於底下的祕密。

佛洛伊德在夢的理論中所描繪出的形式，成為他用以理解所有其他重要精神現象的主要結構模式，他認為精神官能症症狀的結構、失言（freudian slips）、有原因的錯誤等，都和夢的構造一樣，是不可接受的想法或感覺，與對抗它的防衛之間所達成的妥協。被禁止的材料只有以偽裝的形式，才被允許進入有意識的經驗中。

葛蘿麗亞在治療早期所作的一個夢，正可以由這個觀點來分析。

她夢見自己只有五歲，很興奮地等著父親下班回家。當他到家時，她發現父親的鞋子上沾著一些非常噁心的東西，可能是狗屎之類的，但不管他帶回來的東西是什麼，感覺都像是一種惡兆。這個夢結束在令她毛骨悚然的不安感中（很像電影「天外魔花」〔Invasion of the Body Snatchers〕中，異形莢給人的感覺）。

　　就像所有重要的夢一樣，新的聯想及意義不斷在治療過程中浮現。在葛蘿麗亞的聯想中，和佛洛伊德夢的形成理論特別相關的是這一個：當她五歲時，弟弟出生了。她記得當時她已隱約瞭解，父親在母親受孕這件事上扮演什麼樣的角色；最後她終於想起，她對於父親給了母親，而不是給她一個嬰兒感到非常嫉妒。她有許多關於洋娃娃的回憶，同時非常重視這些娃娃，另外也有許多小時候與弟弟相關的不快回憶，並認為弟弟的誕生是一種災難。

　　以佛洛伊德夢的形成理論觀點來看，我們可以用以下方式理 10 解這個夢：當葛蘿麗亞還是一個小女孩，甚至當她成為女人後，她對父親及父親的陽具都有強烈的依戀（與父親的關係中，性的興奮被凝縮成急切盼望父親回家的影像，而她對父親陽具的興趣，被父親的鞋子這個象徵所取代）。她相信弟弟是狗屎，而且他的來臨破壞了她與父親的情慾（erotic）關係。

　　由於她無法在這件讓她極為憤怒的事件中直接責怪父親，於是企圖把它當作是父親無法控制的意外事件。這個夢的顯意，是讓人困惑又感到奇怪的故事，它隱藏了夢的隱意：童年的願望、憤怒與恐懼。這個夢是她最深層的童年願望與對抗這些願望的防衛，在經過偽裝之後的複合體，並經由次加工被編織成一個離奇的故事。

童年的性慾

　　在佛洛伊德確立夢的重要性的那幾年間，同時還有另一個重大的發現，那就是有關從心靈挖掘中所找到的回憶，以及造成

問題的祕密的種類。當他的臨床經驗逐漸增加，佛洛伊德發現他本以為已經由宣洩方式（採自布魯爾對帕芘罕的治療）除去的症狀，往往又再度復發。當他更深入探討這些症狀時，發現原來他認為是這些症狀緣起的事件，事實上隱藏了另一個更早期的痛苦經驗。除非症狀能被回溯到更早的事件，否則還是有可能復發。往往一系列在聯想上相連的片斷，它們的起始點都在童年早期，而這一系列聯想所有的片斷都需要被挖掘出來。佛洛伊德開始假設，眼前所看見的衝突及症狀一定和幼年的經歷有關。

　　佛洛伊德察覺到，不只是歇斯底里症患者，許多病人也都苦於早年經驗中痛苦的回憶。如果把每個被挖掘出來的回憶都檢查看看，是否隱藏了更早的原型，那麼所有的症狀都會回溯到在幼年（六歲之前）所發生的一些創傷事件。更令人驚訝的是，這些事件往往都和過早捲入性有關。

　　葛蘿麗亞和分析師逐漸發覺早年與父親關係的重要性，父親同時讓她感覺又興奮又害怕。在治療的過程中，許多有關父親炫耀自己半裸身體的回憶逐漸浮現，父親的陰莖讓她感到又著迷又厭惡，他的陰莖看起來是這麼巨大，又像是惡魔；當小時候的她試著理解那些有關性行為及生育的資訊，她根本無法想像，自己這麼小的陰道如何容下這麼大的陰莖？

　　所有和性有關的事情，尤其是父親，都讓她感覺非常興奮卻又極為危險，就像她人生中其他所有非常重要，卻又引起焦慮的區域一樣。進行精神分析時的情境（在移情中）也圍繞著這個關鍵性的創傷形式：分析師的詮釋就像父親的陰莖，感覺上很巨大，同時令人興奮但又非常危險，而她的心靈就像童年時的陰道，很小而又脆弱——她非常渴望能夠接受這些詮釋，卻又恐懼

它們會摧毀她。

佛洛伊德早年臨床上的發現中，最後一項令人更加震驚：只要有系統的分析童年時期性的回憶並進入造成困擾的中心，會發現它一定和某種實際上的性接觸有關。這個發現使佛洛伊德提出引起莫大爭議的幼兒誘惑（infantile seduction）理論：所有精神官能症的根源，都是性太早被帶入孩子的經驗當中[3]。

由於孩子天真無邪，使他們無法處理這些經驗，而當性慾自然地在青春期出現時，他們便再度因為這些早年經驗而受創。這些在青春期出現的強烈感覺，重新啟動了被困在孩子內心深處未經處理的早年記憶及感受，造成了強大的壓力，進而產生精神官能症的症狀。

這個理論可能會分析葛蘿麗亞對父親的感覺及恐懼的回憶，一定隱藏了實際上被父親誘惑的情況。的確，葛蘿麗亞有許多類似的記憶，雖然並不是明顯的性騷擾，但她感覺得到父親對她有可怕又強烈的興趣，例如父親會不顧她的隱私闖進她的房間，並以一種讓她感到極為不舒服和尷尬的方式，注意並評論她逐漸發育成熟的身體。

即使遭受醫界同事強烈地批評，佛洛伊德依舊擴展這個幼兒誘惑的理論，同時他也藉由對自己的夢的詮釋，努力地試著瞭解自己的過去。當佛洛伊德的父親在一八九六年去世後，他作了一連串的夢，揭露自己對父母的感覺，此事令他也非常驚訝。佛洛伊德曾假設自己在童年時有過性接觸的可能性——如果所有的精神官能症都以誘惑作為開始，而他自己又有精神官能症的症狀，

3　布魯爾和佛洛伊德的合作關係，在《歇斯底里症之研究》出版後不久即告終止，有部分原因正是佛洛伊德在探討歇斯底里症的起源時，引起爭議地將研究方向轉為性。

那他是否也一定被誘惑過？

　　然而，他卻沒有挖掘出任何類似的回憶。有關於父親的夢似乎有別的意義：當他還是一個小男孩時對母親有性的渴望，並把父親視為危險的對手，而父親的死亡讓他有種勝利的感覺。這表示，佛洛伊德並沒有在童年時實際受到誘惑，而是渴望被誘惑！

　　佛洛伊德令人驚訝的自我發現，讓他對幼兒誘惑理論的懷疑逐漸增加。精神官能症症狀十分普遍，難道真有這麼多維也納中上階層的兒童們，都被照顧他們的人性侵害嗎？諷刺的是，佛洛伊德累積越多支持這個理論的資料（越多病人回憶起看似童年性經驗的回憶），這個理論就顯得越荒謬。

　　將這些線索歸納統整後，佛洛伊德做出一個極為重要的結論，並將它在一封於一八九七年寫給弗里斯的信中宣布：許多這類的性接觸大都沒有真正發生，那些被當成真實事件的回憶，事實上是對願望及渴望的記憶（Freud,1985, pp. 264-266）[4]。

　　佛洛伊德獨特的特質之一，正是能將挫敗轉化為更深入探索的機會，幼兒誘惑理論的瓦解，迫使他必須以另一種方式分析臨床材料。他也曾相信當時對孩子的普遍看法，認為倘若不加以干擾，孩子在性方面是天真無邪的，而性被當作是青春期賀爾蒙改變時才浮現出來的東西。幼兒誘惑理論令人如此難以抗拒，是因為它解釋了性是由成人誘惑者帶入孩子天真無邪的童年。

　　然而，如果誘惑並沒有真的發生，如果分析後挖掘而出的並非真實事件的記憶，而是對願望與渴望的回憶，那麼對於童年天真無邪的假設就必須被重新思考。幼兒誘惑理論的瓦解，導致

4　但杰佛瑞・麥森（Jeffrey Masson）於一九八四年攻擊佛洛伊德拋棄誘惑理論，他宣稱這一定和佛洛伊德下流地試圖掩飾父母對於兒童的虐待，以及醫療對於病人的傷害（尤其是弗里斯造成的）有關。

一八九七年幼兒性慾理論（infantile sexuality）的出現：佛洛伊德
在病人的精神官能症狀底下所挖掘出的衝動、幻想與衝突，並非
來自外在的污染，現在，他認為這些來自孩子自己的心靈。

佛洛伊德越來越相信強烈而又衝突的性，不僅支配日後變
為精神官能症患者的童年，而且支配所有男人與女人的童年。另
外，隱藏在精神官能症症狀背後的性，並不限於傳統異性戀的性
交，反而更像是性倒錯（perversion）的性，包含了性器官之外的
身體部位，例如嘴巴和肛門，以及除了性交之外的身體行為，例
如吸吮、排便，甚至觀看也都牽涉在內。

佛洛伊德認為精神官能症，以及性倒錯的性中特有的廣泛愛
好與活動，都能回溯到童年自然的性。然而，為什麼造成生命困
境的強大動力竟是性呢？佛洛伊德從臨床上所觀察到的，讓他重
新思考性的特性以及在心靈所扮演的角色。

本能驅力理論

13

接下來的數年，佛洛伊德根據「本能驅力」（instinctual
drive）的觀念，發展出有關於性的理論（1905b），此後驅力理論
成為佛洛伊德所有理論形成的基礎。

佛洛伊德推論，心靈是負責卸除衝擊刺激的器官[5]。刺激分
為外在的（例如具有威脅性的掠奪者）與內在的（例如飢餓）；
外在刺激能被避免，內在刺激卻不斷增加。心靈的構造是為了涵

5　這個心理模型具有佛洛伊德那個年代科學的特性，它廣泛地引用牛頓的物理學與達爾文的
　　生物學，就物質、力量及運動，建構出對生物與無生物的理解。佛洛伊德的本能理論通常
　　被分為兩個鮮明的部分：一部分是性、自我保存及侵略性的心理學，另一部分是有關心靈
　　能量和動力的分布與調節的後設心理學。至於這兩個部分到底有多獨立完整，還有許多爭
　　議（參考Gill & Holzman, 1976）。

容、控制，並在有需要時卸除內在刺激。

內在刺激中，最重要的就是性的本能（sexual instincts）。佛洛伊德相信這些刺激以來自不同身體部位的各種張力表現出來，而且必須由實際行動來釋放，例如口慾（oral libido）在口腔（來源）中產生，製造了對吸吮（目的）的需要，而需要的目標指向某個可以滿足這個慾望的東西（通常是當事人之外的事物）並與之連結，例如乳房（客體）。

佛洛伊德相信，來源及目的是驅力與生俱來的部分，對象則是藉由經驗被發現的。在上面的例子中，因為自我保存（self-preservation）的目的，孩子在被餵食的過程中偶然發現乳房是性樂趣的來源，因此乳房變成第一個性慾的客體（libidinal object）。

某些器官由於布滿密集的神經末稍，奠定了它們成為性驅力來源的基礎。佛洛伊德認為這些「性感帶」（erogenous zones）具有性興奮的潛力，但在童年的不同時間點上，某個區域會是最主要的，而和此區域有關的活動則成為孩子情緒生活的組織核心。他提出「性心理階段」（psychosexual stages）的順序，在這些階段中，某個身體部位及伴隨的性慾活動占有主要位置，分別是口腔（oral）、肛門（anal）、陽具（phallic）及生殖器（genital）[6]。

若將精神分析整體視為一種考古式的挖掘，那麼佛洛伊德對人類性行為觀察的發展與詳盡說明，則具備了早期探險家在搜尋尼羅河的發源地時，所擁有的熱情和興奮。佛洛伊德從主流——

6　　「陽具」階段仍然是前生殖期，雖然孩子的性是以生殖器為中心，但佛洛伊德認為三到四歲的孩子對於兩性的差異，以及男性和女性生殖器能相互結合的設計沒有任何概念，因此假定孩子在這個時期認為陰莖和陰蒂是一樣的，並且相信所有人在生理構造上沒有不同。在本書的第八章，我們會繼續討論佛洛伊德對於性別發育的想法，以及這些想法後來的修訂。

也就是成年人的性，以及性在人類經驗中核心又顯而易見的角色——開始，但它的起源在哪裡呢？它的起源看起來又像什麼？

佛洛伊德的病人們對當下經驗所做的聯想，以及聯想所揭露的越來越早期的回憶，讓他可以深入探索更早的經驗、幻想與願望。主流不斷的分支，性並沒有單一的起源，它並非始於突然的醒覺或某個特定的創傷（如早期誘惑理論所推論的）；性有很多支流，佛洛伊德稱之為本能成分（component instincts），它並非 14 由生殖的性啟蒙，而是從一個人最初幾年的生命中，由許多不同的活動所激起並發生在不同身體部位的模糊感覺開始。

童年的性衝動在經過偽裝後（化為精神官能症症狀），或是沒有偽裝（例如性倒錯）地繼續延續到成年期。有些性衝動被納入最終的性交目標，以前戲的方式被保留下來，但大部分早期性經驗的片段，都被已社會化的成年心靈視為洪水猛獸；在最好的情況下，它們被導入昇華（sublimation）並且目的禁制（aim-inhibited）的滿足型態中，但許多驅力的衝動太過令人嫌惡，以至於無法得到任何滿足，因此繁複的防衛被設立，使這些衝動被壓抑或是轉向無害的活動。可以這麼說，成人的經驗有如河流，由許多幼年的經驗源頭不斷流入所組成，這些源頭在合併、偽裝過後混合，看起來就像一個明晰的整體。

以肛門情慾（anal eroticism）為例，因為密集的神經末稍，以及在如廁訓練期間所扮演的重要角色，肛門成為非常重要的性感帶。孩子有非常強烈的欲望要在他想要的時間和地點大便、讓排泄所產生的肉體樂趣達到最高、用手去觸摸與刺激肛門、想弄髒並製造大便的味道等。對於這些願望，需要有一套複雜的禁制與約束來使之社會化，因此排便必須被規範及控制，只有在某些特

定情況下才會被允許，同時必須符合某種程度的整潔，並且接受訓練以保持基本的身體衛生原則。

肛門情慾衝動在社會化之後，會變成怎樣呢？根據佛洛伊德做出的結論，源源不絕的肛門、口腔及陽具衝動不斷匯入成年人的經驗，而成年人有許多功能的建構都是為了提供偽裝後的滿足、有效的防衛，或者最常見的滿足與防衛的複雜組合。

例如，有些人是傳播混亂的專家，他們無法忍受整潔，整潔令他們感到被壓抑及窒息；當這種客人離開你家後，你家一定比他們來之前更髒亂。以佛洛伊德的幼年性理論來看，這些人不斷在為他們想要弄髒跟弄亂，但稍微偽裝過的肛門情慾衝動找尋出路。

和這些人相反的是那些無法忍受髒亂的人，他們把生命奉獻給秩序與整潔，認為每樣東西都有固定的位置，「這個要放哪裡？」是他們不斷在問的問題；在食物都還沒被消化之前，晚餐的餐具早已經被他們洗好、擦乾且收得不見蹤影，所有東西都被擦得一乾二淨。這種客人離開時，你的房子一定比他們來之前更加整齊，那些本來沒有固定位置的東西，也都已經找到一個家。以佛洛伊德的幼兒性理論分析，他們非常專注地維持對抗肛門情
15　慾衝動的防衛，認為偏離紀律是危險的，只要稍微容許任何一點髒亂，意謂著排便再也無法被限制於廁所裡進行，接著爆炸性的惡夢就會來臨。

伊底帕斯情結

佛洛伊德的發展理論中，最中心的是伊底帕斯情結。他相信大約在五、六歲時，性的各種不同元素聚集在生殖組織（genital

organization），前生殖期的本能成分（例如口慾及肛慾）都被納入生殖器的領導權之下；孩子所有慾望的目的都成為與異性父母之間的性交，同性父母則成為危險且令他恐懼的對手（後來佛洛伊德於一九二三年提出反向伊底帕斯情結〔negative Oedipus complex〕的概念，認為孩子把同性父母當作性慾客體，並將異性父母視為對手）。

就像索福克里斯（Sophocles）筆下的伊底帕斯一樣，每個孩子注定聽從他的慾望，因而被困在一場無法輕鬆解決、強烈而又熱情的劇碼中。孩子們的伊底帕斯情結色彩不盡相同，有相當大一部分取決於較早期的前生殖器組織（pregenital organization）進程，對一個有強烈口腔固著（oral fixation）的孩子而言，生殖期會帶有口腔期的主題（性充滿依賴〔dependency〕）；而對一個有強烈肛門固著（anal fixation）的孩子來說，生殖期會帶有肛門期的主題（性瀰漫著主宰與控制的想像）。

佛洛伊德相信，透過閹割焦慮（castration anxiety）的威脅，可以解決伊底帕斯情結。男孩想藉由閹割對手除掉他帶來的威脅，同時假設他的父親也會用同樣的方式懲罰他，正因為害怕被閹割，使孩子放棄了伊底帕斯的野心。

一九二三年，佛洛伊德提出超我（superego）的觀念，超我的關鍵性成分之一就是理想自我（ego-ideal），它成為「伊底帕斯情結的繼承人」。佛洛伊德以此概念說明，為何隨著伊底帕斯的掙扎被解決，父母的價值觀會被孩子內化，同時幼兒的性也受到控制；但他卻難以解釋女孩的伊底帕斯情結如何被解決，以及超我如何被建立，因為對女孩而言，閹割並不是太大的威脅（在本書第八章，我們將更詳盡地討論男孩和女孩發育上不同的路徑）。

伊底帕斯情結的細節與質感，受到每個人的天生氣質及經驗因素影響，所以因人而異。佛洛伊德認為，每個人童年的性的主旋律，會在伊底帕斯情結中組織成形，而該組織成為未來生命中的基礎結構，一如精神分析學者葛林伯格（Jay Greenberg,1991）說的：

16

> 對佛洛伊德而言，伊底帕斯情結不僅是正常發育的中心點，也是精神官能症的核心衝突；無論是心理健康或是病態情況下的精神力量之相互作用，都可以在這個脈絡中被理解。這是一個非常了不起的分析發明，這個架構讓我們能概念化家庭動力，以及這股動力在孩子精神生活中的殘留物。（p.5）

伊底帕斯情結是最常被拿來和佛洛伊德的精神分析做連結的概念，葛林伯格認為這個概念的意義，在精神分析理論發展的數十年間已有顯著改變（Greenberg, 1991）；佛洛伊德對於性的範疇與競爭的想像也被極大的擴展，囊括許多不同的動機以及家庭動力的組合。然而一般來說，「佛洛伊德學派」這個身分意謂著將不同理論與技巧上的創新，整合成對伊底帕斯情結更為擴展的想像，因此即使是薛佛這位對古典驅力理論極為批判的專家，都曾說過：

> 對我們來說，複雜而又令人驚奇的伊底帕斯情結，還是所有故事中最適合、最可靠、最完整、最可支持以及最有用的。（1983, p.276）

內心衝突（psychic conflict）

佛洛伊德在呈現潛意識理論時，所提出的專有名詞如幼兒的性、本能的驅力等，於今都變得尋常可見，以至於我們很難體會當時他對心靈的理解多麼具有革命性，以及這些理解到今天仍有多麼重要。佛洛伊德認為，我們所體驗到的心靈只不過是它的一小部分，其餘的部分對我們微弱的有意識而言，是完全不透明的；我們的思想、感覺與行動的真實意義，是在知覺之外的潛意識中被決定的。

我們的心靈有繁複的機制，用來調節本能的張力，這些本能的張力是所有動機的來源，並持續地形成一股想獲得釋放的壓力。看似明晰的心靈其實不過是種幻覺，我們的心靈與個性是由一層又一層錯綜複雜的本能衝動、這些本能衝動的轉化型態，以及對抗這些衝動的防衛機轉所編織而成。佛洛伊德寫道：

> 我們所說的「性格」，有相當大一部分是由性興奮的材料堆砌而成，它是由自童年就已固定的一些本能所組成，並以昇華和其他的結構來建構，用以有效控制那些被認為沒辦法使用的倒錯衝動。（1905, pp. 238-239）

對佛洛伊德而言，性格正是由衝動及防衛編織而成。在葛蘿麗亞的分析個案中，我們清楚看見她童年的主要議題包括對願望及衝動的衝突，而這些衝突後來以不同的方式嵌於成年性格中。　17

在治療的最初幾個月裡，葛蘿麗亞的童年越來越鮮明的浮現，她開始明白自己的精神官能症狀是在十一、二歲時首度出現，那時各種反覆的強迫式思考越來越困擾她，並且演變成一種惱人的強制行為。在晚上，葛蘿麗亞會清醒地躺在床上，反覆思

考冷與熱的組合模式，然後到浴室裡以不同的順序轉開冷熱水龍頭：熱冷熱冷、熱熱冷冷、熱冷冷熱。令她困擾不已的是，她不知道該如何結束這個儀式，才能有一種終結的感覺；每個順序看起來都沒有自然的終點，每個順序都可以無限制地重覆延伸。她會一直不斷這麼做並試著找到一個結束的點，直到自己在不安的疲憊狀態下放棄這麼做。

葛蘿麗亞的症狀與青春期的到來同時發生，當時她的身體、反應及感覺都以令她感到害怕的方式在變化。正在發育的胸部及首度來潮的月經，都讓父親非常感興趣、興奮且不斷地祝賀和討論；增長的性興奮能力也讓她極為困擾，因為對她而言，性與屈服在更大、更強壯、具有威脅性的男性形象之下的情境綁在一起。

水龍頭的水流，可能代表爆發的女性氣質以及性，而水的冷或熱則代表感覺的冷熱。佛洛伊德認為症狀是偽裝過的妥協結構（compromise-formations），而葛蘿麗亞與水龍頭的搏鬥是一種置換，是想被激起興奮的感覺，和關掉自己感覺之間的衝突在經過偽裝之後的行為。她想屈服在身體洶湧的自然變化下，卻又迫切地企圖控制並主宰它們。

這個關鍵性的衝突—被禁止的衝動，和對抗這些衝動的防衛之間的鬥爭，在她逐漸長大後會如何發展？她認為性通常毫無樂趣可言，而且有時還會帶來痛苦；成年的性經驗是根據童年的幻想所組成，而身體真實的不適使她盡可能避免這種經驗的發生。然而，性令她興奮的特徵仍包含在自慰的幻想中，包括被綁架、強迫以及控制。性這種痛苦的降服在真實情況中令她太過於害怕，以至於無法交出自己，但在她可以控制的幻想中（在此她能

18

打開及關閉自己），性卻安全到能允許非常強烈的快感發生。

　　但是，我們不只在葛蘿麗亞的成年性生活中發現童年衝突的痕跡，她的整個人生都能被視為一場戰役，她將自己初露頭角的智慧、才華、自我表達及活力都用來和試圖控制一切的努力搏鬥。有關於這個具有中心位置卻又無處不在的掙扎，最鮮明的例子就是她在種花上遭遇到的困難。剛從齣圊買種子回來時，她會非常有效率地照顧它們，但當植物開始發芽時，她卻沒辦法抗拒一種強制的衝動，非用手剝開這些新苗不可，因而阻礙了所有的發育。同樣地，在她的生命中，幾乎所有領域都受到同一種信念的限制，那就是她相信自己必須監視，並警覺地控制所有身體及情緒自然地表達，以免它們失控並危及到她。

侵略驅力（aggressive drive）

　　從佛洛伊德放棄幼兒誘惑理論直到一九二〇年，他都認為性的驅力是所有衝突及病態的來源。雖然除了性之外，他也論述過其他的驅力（例如自我保存的本能），但他仍認為那些是從性的驅力衍生而來、複雜而又急迫的衝動及願望造成自我分裂。在一九一〇年代，佛洛伊德的臨床描述中有關於侵略性、施虐狂和權力等議題占了越來越重要的地位；然而在理論上，他仍然把侵略性及施虐狂當作性的驅力的一部分及成分（例如口腔期施虐狂〔oral sadism〕，或肛門期施虐狂〔anal sadism〕）。

　　一九二〇年，佛洛伊德提出「雙本能理論」（dual-instinct theory），在此他給予侵略性和性同等的地位，使它成為驅動內心運作的基本本能能量來源。這可不是一個無關緊要的改變，一位

理論家如何理解在行為目的底下的動機，透露出他所勾勒出的心靈及人類活動樣貌。在早期如一九〇八年的著作中，佛洛伊德喚起的想像是，人在願望及衝動——因為與性有關的社會規範而被禁止——間的搏鬥，其中有些規範其實是不必要的嚴厲與壓迫；他想像成功的精神分析是個體能有建設性地擺脫壓抑，並能透過包含許多成分的性本能獲得樂趣及滿足。

19　　然而漸漸地，佛洛伊德對於人類本性的觀點變得越來越黑暗，尤其是在一九二〇年之後[7]。他相信人們壓抑的不只是無害的性的願望，還有由「死亡的本能」（death instinct）衍生而來的強大又野蠻的破壞力。隨著佛洛伊德在本能想像上所做的關鍵性轉變，他和許多早期的精神分析師們對於個人與社會之間關係的理解也有重要的改變：壓抑並不是由一個限制性的社會不必要地強加於民眾身上，壓抑是一種社會控制的型態，它使得人類有可能共處，而不需要不斷地互相殘殺及剝削；理想的心理健康不用做到毫無壓抑，而是維持和緩的壓抑，它能允許滿足，同時防止原始的性與侵略性的衝動接管一切。

　　佛洛伊德對本能的想像變為更加黑暗的轉變，帶來更確認社會控制之價值的態度，現在他知道這些控制是把人從自己的手中解救出來所不可或缺的，因此他的著作從早期隱含盧梭學派（Rousseauian）色彩的政治哲學，轉變為較為黑暗的霍布斯學派（Hobbesian）色彩。在他最暢銷的有關文化的《文明與其不滿》（*Civilization and Its Discontent*, 1930）中，描繪出一幅人類必須要有文化才能生存的圖畫，然而，因為文明包含著對於本能的否認，

7　許多評論家都認為，第一次世界大戰中恐怖的事件、佛洛伊德自己與癌症長期搏鬥的開始，以及最摯愛的女兒蘇菲（Sophie）的死亡，都造成他的悲觀與日俱增。

所以人一定會在某些根本的形式上感到不滿足[8]。

從地域學到結構學

一九二三年，佛洛伊德提出另一個與將經驗的不同片斷，分配到幾個基本範疇中有關的主要改革。從最早和布魯爾在被壓抑記憶的起因上產生分歧時起，佛洛伊德就一直認為衝突是引起所有心理病態最中心的臨床問題。關於心靈（以及精神分析的過程），他最愛用軍事來比喻：心靈的一部分和另外一部分在打仗，而症狀就是這個隱藏的根本鬥爭下，直接卻又經過偽裝的產物。佛洛伊德的心靈理論模式，無非是為了描寫精神分析治療中病人最核心的衝突所做的努力。

到了一九二○年代初期，地域學的模式（也就是潛意識以及其無法被知道的、被壓抑的願望、衝動與記憶，和那些比較能被接受的有意識及前意識之間的對抗）已經不足以瞭解衝突。漸增的臨床經驗與概念上的漸趨完整，使佛洛伊德推論潛意識的願望與衝動是和防衛起了衝突，而不是和有意識及前意識起衝突；同時，防衛不可能是有意識、或是意識能覺察到的，要是我們知道自己在防止自己知道些什麼，我們一定也能知道，到底是什麼東西要我們防止自己知道。佛洛伊德的病人非但不知道自己的祕密，也不知道他們有祕密，因此並非只有衝動和願望是潛意識的，看起來，防衛也一樣是潛意識的。

佛洛伊德在潛意識中還發現其他東西：罪惡感、禁令與自

20

8　　後來的社會評論家，例如馬庫色（Herbert Marcuse, 1955）及布朗（Norman O Brown, 1959）等，都在他們對於社會習俗的批判中引用許多佛洛伊德的概念，此舉強調出佛洛伊德較早的本能理論中，少許壓抑是有建設性的，而非破壞性的。

我懲罰，例如葛蘿麗亞對於父親被虐式的渴望就和自責的感覺有關，因此認為幻想中施虐者給予的懲罰是她應得的。她的潛意識所包含的不只是被禁止的願望，也包括了對抗這些願望的防衛，以及因為這些願望而產生的自我控訴及懲罰。

隨著佛洛伊德對於潛意識越來越複雜的看法，所有有意思的東西——當然包括所有牽涉到精神動力衝突的東西——都可以在此找到一個位置。當佛洛伊德開始意識到，在心靈基本衝突中，兩方的裂縫並非存在於有意識及潛意識之間，而是在潛意識裡面的時候，一個新的結構模式（structural model）變成解釋心靈基本組成的必要模式。

結構模式把所有自體（self）的主要成分都放在潛意識裡，並且重要的界線是介於本我（id）、自我（ego）及超我之間。它們並不是區域，而是三種非常不一樣的審級（agency）：本我是一個「充滿了沸騰興奮的大鍋」（1933, p.73），這些興奮是野蠻、沒有章法而又衝動的能量；自我是眾多管理功能的集合，這些功能控制本我的衝動；超我是一套道德的價值觀及自我批判的態度，它主要是根據被內化的父母形象所組成。

佛洛伊德大量採用盛行於當時的達爾文式隱喻，將人類描繪為是不完整的進化，因為獸性的動機和文明的行為舉止之間的衝突而被撕裂，並因為動物的天性與對文化的渴望之間的衝突而不得安寧。社會化的過程包含遠離及欺騙自己，和佛洛伊德對於動物天性的理解（源自當時的動物學與動物心理學）一致的是，他認為人「被驅策」（driven）著以一心一意、貪婪的方式尋求樂趣。為了能被自己與其他人接受，一個人必須也對自己隱瞞享樂主義的動機。

　　為了在充滿其他人的世界中保護自己，自我與超我中被內化
的父母形象同心協力，壓抑並規範本我中如同野獸般的衝動，造
成心靈有很大一部分是連自己也無法知情的、充滿了祕密以及被
否認的性與侵略性的衝動。在「被壓抑物的再現」（return of the 21
repressed）理論中，衝動的壓力形成精神官能症的症狀，此時佛
洛伊德認為自己已破解症狀的密碼。

佛洛伊德的遺產

　　佛洛伊德一直認為，發現夢的意義是他最大的貢獻，因為隱
藏在夢背後的是有關人類主體性（subjectivity）的祕密。其後的精
神分析學者也都證實，所有我們告訴自己有關於自己的故事，都
是以過去和現在精神生活中的各種片段、願望及渴望、幻想及感
知、希望及恐懼加以編織而成。

　　佛洛伊德密切地監督、控制精神分析這個半政治性的運動及
科學（Grosskurth, 1991），在早期，他和好幾位相當重要的理
論家決裂（或是他們與佛洛伊德決裂），這些人包括阿德勒、榮
格（Carl Jung）、蘭克以及費倫齊。他們的概念雖然是在佛洛伊
德學派的主流之外所發展的，數十年後卻又回到精神分析的思想
中，但往往這些反對的先鋒們並未得到應有的肯定。

　　例如阿德勒很早就提出侵略性與權力的首要位置，後來被
佛洛伊德用以提出侵略驅力，此外，阿德勒對社會及政治因素
的強調，也先於一些「文化擁護者」如蘇利文、佛洛姆（Erich
Fromm）與荷妮（Karen Horney）等人的重要發展。

　　榮格早年對自體的關注，也在過去幾十年間的自體心理學

（self psychology，本書第六章）與客體關係（object relations，第四、五章）等領域中被保留下來。另一個他甚為關切的主題是靈性，但因為佛洛伊德對宗教的反感，致使這幾十年間它在佛洛伊德學派的理論中被惡言相向（1927）；但之後又以整合心理動力與靈性的當代精神分析理論型態復甦（Sorenson, 1994）。

蘭克在意志力上的突破性發現，則遙遙領先當時在審級上所做的探索（第七章）；而費倫齊的激進思想與臨床實驗，預示並實際影響近期在人際關係分析（interpersonal psychoanalysis，第三章）及客體關係理論上的發展（第四、五章）。

宇宙論者相信，在大爆炸之後的最初片刻，物質在極為壓縮的密度中發生微小的變化，若是沒有這些變化，宇宙必定會很一致並且平均地分布，但這些變化使物質凝結後成為不同的星系，22 而這些星系又發展出不同的世界。就像大爆炸產生了我們所存在的宇宙，佛洛伊德個人的發現完整地擬出精神分析的宇宙，他的貢獻非常豐富且扎實，可以說十分了不起。其後，第二代的理論家繼續發展其他不同的部分，雖然這在當時只是微小的變化，但很幸運的是，這些差異演進為多產而又豐盛的當代精神分析思想學派，我們將在後續的章節中繼續討論[9]。

---

9   在接下來的章節中，我們將介紹在精神分析理論建構中，引進重要創新路線的理論家，有些人（例如佛洛伊德學派自我心理學家）保留了佛洛伊德基本的模型，卻又顯然地與他分裂；有些人（例如溫尼考特、費爾貝恩〔Fairbairn〕）保留佛洛伊德的語言，卻改變他的基本前提；有些人（例如婁沃〔Loewald〕、薛佛與拉岡）對佛洛伊德理論的某些面向做大幅地發展，但縮減了其他的部分。重要的貢獻也來自那些讓佛洛伊德已建立好的基本架構變得更清晰與廣泛的作者，其中最重要的是雅各‧亞羅（Jacob Arlow, 1985, 1987）、查爾斯‧布雷納（Charles Brenner, 1976, 1982），以及威廉‧格洛斯曼（William Grossman, 1992）。

【第二章】自我心理學

孩子是人的父親。

23

——威廉・華茲華斯（William Wordsworth）

人可以被定義為能說「我」的動物，並能察覺到自己是一個個別的存在。

——埃里希・佛洛姆（Erich Fromm）

　　佛洛伊德將自己視為先前未知世界（潛意識）的發現者。他得穿越一大片複雜的心靈領域，去揭露那些令他著迷又興奮的，潛意識中極為重要的幼年願望及恐懼。佛洛伊德想發現祕密，而不是隱藏這些祕密且較為平常的精神生活層次。就像謝里曼的目標是挖出被埋藏已久的城市，佛洛伊德在探索的過程中也注意並辨識出各種較為平常的發現，但是他對於發現古老、奇特遺跡的熱情，終究還是把他的注意力拉回挖掘的工作，驅策他越過這些平常的發現，進入到人類經驗中更深刻而又原始的隱密深處。

　　然而當佛洛伊德繼續他的調查時，有些聚集在遺址邊的追隨者，開始對他在尋找更黑暗的幼年祕密時挖出來並放到一邊的，較平凡的精神生活特徵感到好奇。佛洛伊德的發掘，戲劇化地開啟了對心靈內在結構、發育層理的橫面剖析觀點，這些剛曝光的領域讓許多人開始研究早期的人類心靈歷史及其功能。自我心理學（ego psychology）就是在一九三〇年代於維也納開始萌芽，經由戰爭傳播到英國，最後在美國落地生根。

24

　　一九二三年前，佛洛伊德以一種鬆散而沒有系統的方式使用「自我」這個名詞，用來指占優勢的、且主要是有意識的念頭的集合，壓抑念頭就是從這裡分裂而出；當他於一九二三年發表《自我與本我》（*The Ego and the Id*），才開始使用自我這個詞來代表（除了本我與超我之外的）心靈中的三個審級之一。自我的主要功能是代表現實（reality），藉由樹立防衛，在面對現實時（包括社會風俗與道德加諸於人們的要求）疏導並控制內在驅力所造成的壓力。

　　自我心理學家認為的重要問題，都是自然地延伸自佛洛伊德對於心靈是以驅力、衝動及防衛所建構的想法：在達成自我的防衛任務上，是否存在某些能力的進展階段？進展是先天就決定好的過程，而且一定會顯現，還是環境的因素會協助或壓抑？雖然自我的發育早在關鍵性的伊底帕斯階段前就開始，它是否也像超我一樣，會受到與照顧者的接觸，以及照顧者被內化的部分所影響？雖然佛洛伊德認為性與侵略的驅力在作用上與自我對立，並且受到自我的控制，但它有沒有可能在自我能力最初的發展上扮演了某種角色？

　　對於心靈這些較為「平常」之特徵的興趣，也包括更加瞭解在發育過程中，驅力在組織與表達上的差異、超我如何被鞏固，以及它的建設性功能是如何建立的。到最後，對這些問題的關注與研究，讓分析師對正常心理功能與心理病態有更廣泛的瞭解，並進而為精神分析理論帶來修正與活力，同時擴大了精神分析治療的範圍。

　　自我心理學家與其他精神分析學派的思想有許多共同的關切焦點，例如人際精神分析、客體關係理論與自體心理學。所有從

佛洛伊德著作中分支而出的理論傳統，都開始以某種方式談論正常發育，以及環境對早期關係的衝擊；而自我心理學和其他學派的不同之處，在於它小心地保存了佛洛伊德的驅力理論。

安娜‧佛洛伊德：防衛理論的基礎

25

佛洛伊德早年的地域學理論裡，描繪了有意識與潛意識間的衝突，在衝突中，本我衝動衝撞著自我為了控制它們而樹立的防衛。精神分析治療能不能成功，端看本我衝動固有的壓力是否能在病人遵守自由聯想的「基本規則」而暫停防衛功能時，把握機會來表達。

到了一九二三年，他所提出的結構模式理論，描繪出一個更複雜的心靈，它包含三個內在審級——自我、本我、超我——之間的鬥爭。根據這個模式，精神官能症就是這些對立的部門間，所達成的潛意識妥協結構：本我不斷想滿足幼年願望；超我努力地不讓這個在道德上被禁止的願望得到滿足；而自我則在本我、超我及外在世界的要求間協調。

由於自我有些同情本我，因此發展出一種策略，允許本能有某種程度的滿足，不過，這種滿足得通過非常繁複又巧妙的防衛系統才能得到，於是自我偽裝本我衝動的外觀，藉此防止社會的譴責，同時保留審慎監管下的衝動。對精神官能症患者而言，這些被禁止的衝動與防衛之間的妥協，造成了複雜而又不舒服的症狀，以及在功能上的限制（往往牽涉到性的抑制，或是工作與競爭上的失敗）。然而，縱使以偽裝過的型態，只要想保有並追求社會無法接受的幼年渴望，我們就得付出代價，而這項懲罰會由

自我去協商,以滿足超我的要求。

安娜‧佛洛伊德(Anna Freud, 1895-1982)是佛洛伊德摯愛的女兒,同時也是兒童精神分析的先鋒,更是更進一步探索自我上的關鍵人物。當安娜仔細研究父親於一九二三年提出的心靈結構模式時,她發現一個戰略性的技巧問題:如果內心衝突的前線,不在潛意識的衝動與有意識的防衛之間,而是介於三個心靈的審級之間,而每一個審級又大多是在潛意識中執行它們的功能,那麼勢必得重新評估用來揭露病人精神生活中潛意識部分的臨床做法。

地域學模式已解釋過,本我衝動會為了得到滿足而在治療中尋求表達,但是造成衝突的另外兩名貢獻者——自我及超我——有什麼理由要讓自己在分析的情境中被意識到?

26　病人的自我或許會遵從分析師叫他自由聯想的指示,同時抑制有意識對於把所有浮現出來的念頭都報告出來的反對;但自我也包括為了滿足精神官能症的妥協,而發展出複雜的潛意識防衛安排,用某些思考方式讓被壓抑的衝動能繼續被排除在有意識的知覺之外。

在分析中,本我的衝動也許能藉由讓自己的存在被感覺到,而得到解放或熱切的反應,但潛意識的自我防衛不同,它暴露自己並得不到任何好處。病人可以完全接受自我防衛在內心低調而又天衣無縫的存在(也就是自我和諧〔ego syntonic〕),它們往往成為病人性格結構中最重要的特性[1]。

1　參閱大衛‧夏畢羅(David Shapiro)撰寫的《神經質的類型》(*Neurotic Styles*, 1965)。他對這個議題有更仔細的研究,此書對於性格、感知、認知風格,以及生活的普遍態度如何與一個人偏好的防衛運作相關,提供了卓越的分析。威廉‧賴希(Wilhelm Reich)在他頗具影響力的著作《性格分析》(*Character Analysis*, 1936)中,更進一步地發展安娜‧佛洛伊德在防衛機轉上的研究;其後則因為發展「原動力」(orgone)能量理論,而偏離精神分析的主流。

例如反向運作（reaction formation）這個防衛方式，自我藉此將不能接受的敵意衝動轉成相反並可接受的，因而隱藏了這股衝動，比如很憤怒的人因此變得過於和善，同時往往過於堅持，甚至以一種令人窒息的方式幫助他人，而他可能被許多人（包括他自己）視為社區的棟樑。

藉由揭露病人和善外貌下的防衛，可以讓這種精心設計的詭計失效，使病人瞭解自己的和善事實上只是對憤怒的聰明偽裝，這不僅將本我衝動從自我巧妙的防衛限制中釋放出來，也會威脅病人的生活方式。自我被賦予一個極為困難的任務，它得在幾個交戰的審級間維持和平，同時保護那些社會所接受的功能，因此在暗地裡進行會使它工作得更有效率。

因為分析師的興趣在於將潛意識的經驗帶到意識層面，因此潛意識的本我衝動會渴望藉此得到解放，但對深陷戰場的自我以及潛意識中特有的防衛而言，這麼做卻是一個威脅。如果我們仍把精神分析視為一場戰役的話，它已經變得比較不像解救俘虜的營救任務，而是對於一個文化的全力攻擊。

佛洛伊德放棄了催眠術，因為他發現將防衛減弱成暫時不活動是不夠的，必須要能直接且有意識地與防衛交戰，並對它做出詮釋才有用。不過，安娜‧佛洛伊德在對於自我的探索中密切注意防衛的運作──從特定、有範圍並可清楚辨別的症狀，到注入整個性格──也就是說，一個人性格運作的基本風格是以防衛的運作為基礎。

安娜‧佛洛伊德認為，如果這些潛意識的防衛運作無法公開的話，會嚴重降低精神分析的療效。只把本我的衝動帶進有意識中，就像在冷戰期間搶救了幾個東柏林人民，卻完全不理仍持續

存在的柏林圍牆以及其他錯綜複雜的安檢系統。解放了一些人，對於其他接近邊防的人的命運沒什麼影響，一定得說服守衛、解散防衛的機構才有效。

27　　安娜‧佛洛伊德對於自我的複雜性，以及其特有的防衛所做的研究，重新定義了分析師在治療過程中的角色與焦點。自由聯想逐漸被視為妥協的行為，充其量只能成為分析程序的目標，而非如先前天真地認為是可立即使用的工具。縱使病人試圖合作，並且選擇暫停自我的敵對態度及有意識的反對，潛意識的防衛模式與相對應的潛意識超我敵對態度，仍舊在病人的知覺與控制之外繼續運作著。

這項對理解潛意識內心活動的修正，使精神分析師的角色必須改變，一如安娜‧佛洛伊德所說的：

> 分析師的工作，就是將那些在潛意識中的東西帶進意識，不管它們屬於哪一個心靈審級。他必須將注意力公平並客觀地放在這三個心靈審級的潛意識元素……當他著手這個啟蒙工作時，他站在和本我、自我與超我等距離的點上。（1936, p.28）

對於防衛，與其等到病人的自由聯想受到阻礙後，才去詮釋防衛底下的本我內容，分析師需要更積極地分辨出在自由聯想**裡面**隱微的防衛運作，這些運作連累並扭曲了自由聯想。因此，分析的焦點必須從追蹤本我衝動，轉向自我在知覺之外的運作，但區分防衛性與非防衛性的溝通並不容易，安娜‧佛洛伊德觀察到：「只有當我們很明顯地感覺到有什麼東西遺漏之後，我們才會察覺到。」（1936, p.8）

在**情感隔離**（isolation of affect）這個防衛中，意識層面允許衝突的念頭以理智的形態進入，與此念頭有關卻讓人困擾的感覺則被阻擋在外。自我也許能允許看似「自由」聯想的念頭流動，但它們卻與對應的感覺是分開的，例如病人可能會以冷靜且不帶情感的方式，談論非常強烈的性經驗；或者以**投射**（projection）這個防衛為例，病人可能否認他有任何生氣的感覺，卻對身邊其他人的憤怒非常敏感。病人或許看起來是很自由地在說話，但是事實上，是潛意識防衛所造成的衝擊加上本能的壓力，共同塑造了言語表達。

安娜‧佛洛伊德的著作《自我與防衛機轉》（*The Ego and Mechanisms of Defense*, 1936）回應了這個問題的某些部分，成為精神分析師的手冊，她記錄並說明自我的各種潛意識防衛策略，讓臨床工作人員能警覺到防衛在病人心靈中運作的警訊。安娜‧佛洛伊德為原本專注於追蹤本我衍生物的精神分析重新定向，她將恰當的分析態度定義為「中立」（neutral），並將注意力公平地分給精神官能結構中的三個審級：本我、自我與超我。

來自診療室的回饋，肯定了這個新理論的價值。克利斯（Ernst Kris, 1900-1957）畢業自維也納學院，於一九四○年搬到紐約，成為對新興的自我心理學最敏銳和細心的發展者之一。他公布一份對某位年輕人所做的分析，這位病人先前曾接受較為傳統的精神分析治療。在那次的分析中，分析師僅對揭露本我的面貌做出詮釋，也就是探究在病人的精神官能症掙扎中，那些固有的、潛意識的幼年渴望。這次的治療有些效果，卻沒有明顯改善那些在病人的工作中，產生影響且令他癱瘓的限制。

這名病人是位三十出頭的科學家，因為無法發表研究深感困

28

擾，畢竟這會阻礙他在專業上的發展。在第一次分析中，他發覺
恐懼及罪惡感讓他無法完全發揮才能，但也開始能察覺到，自己
有想把別人的想法據為己有的持續性壓力，尤其是他相識已久的
傑出科學家朋友的想法。

　　第一位分析師藉由發現和揭露驅策他幼年的本能願望，做出
對這個問題象徵意義的詮釋：在此，剽竊的渴望象徵著病人想竊
取並侵略性吞下別人想法的隱祕願望。最後，分析師揭露了這個
潛意識本能最早及最被防衛的型態：原始的口腔期侵略驅力。

　　克利斯很滿意這位分析師辨識出的本我部分，因而將注意
力轉向自我的潛意識防衛運作。既然病人工作上的問題還沒有解
決，會不會有一些潛意識的自我防衛仍然在運作？會不會病人對
於自身遭遇的描述，受潛意識防衛運作的影響而扭曲了，因此使
得事情看起來和實際情況不一樣？

　　克利斯開始進行「擴大的詳細檢視」（extended scrutiny），
詢問這位病人擔心自己會剽竊的文本內容、瞭解他的研究想法，
以及與傑出科學家朋友的談話內容。最後，克利斯發現令人吃驚
的事：這位病人絕不可能是剽竊者，事實上，是病人自己在和科
學家討論時提出了這些想法，而那位科學家急切地將它們據為己
有地發展並發表，最後卻絲毫未歸功於原創者，也就是這位病人。

　　之後，當病人閱讀科學家的著作時，由於不知道這些想法其
實是自己先提出的，因此產生錯誤的印象，以為他是看過書才有
類似的想法，但這些想法又在他的研究上占有關鍵地位，他苦惱
著要是公開自己的研究，勢必被安上剽竊的罪名。然而真相是，
他不是剽竊者，而是原創者！

　　克利斯在病人複雜的防衛扭曲背後，發現了童年存留下來的

29

願望：病人想欽佩事實上令他失望的父親，並向父親學習，如此一來卻阻礙自己在專業領域上有所成就。病人在潛意識中努力想補救童年的失望，因此創造出一個令人讚賞且值得欽佩的父親，並把自己的研究成果送給較年長的朋友，但最後犧牲了自己的事業。換言之，病人使用投射這個防衛機轉，將自己的能力當成是他朋友的，然後再對朋友感到敬畏與欽佩。

之後的伊底帕斯衝突，讓病人的生活變得更加複雜。他企圖藉由放大他的父親的能力，達成從一位值得佩服的男人那裡獲得某些東西的願望，而這個做法挑起了競爭的感覺，還有想竊取父親陰莖的潛意識伊底帕斯願望。然而，只要這個願望仍殘留著，縱使只是透過象徵性的行為，病人也得遭受懲罰，於是充滿罪惡感的病人不可避免且痛苦地被判刑——他會在和朋友的關係中經驗到某些事，這些經驗讓他的想法枯竭，並製造出令人倍感羞辱的偷竊控訴危機，藉此有效地阻止自己發表研究成果並取得成就。

克利斯（1951）提出這個使他成功探究出原因的新技巧。除了揭露先前較為傳統的佛洛伊德學派所挖掘出的本能衝突外，他還加入對病人的自我運作與表面行為的詳細分析：

> 第二套的詮釋……用來更具體地執行（第一次分析的詮釋），由於納入大量的行為細節，因而打開一條連結當下與過去、成年症狀與幼年幻想的通道。然而，關鍵點還是「對於表面的探索」，問題在於確定「我處於剽竊的危險中」這個感覺是如何產生的。分析的目的，並非直接或快速地藉由詮釋進入本我……（而是）必須小心地研究行

為的各個面向。（p. 86）

在第一章曾提到，佛洛伊德在後期也對防衛越來越有興趣，而且不僅是對它們保護的祕密有興趣而已。安娜·佛洛伊德藉由
30 記載與研究自我的各種防衛運作，大大地延伸了這個關注焦點，她沿著發育的進程（developmental continuum），依據防衛何時出現與運作的精密程度，解釋了防衛的運作方法和範圍。她的調查對先前被忽略的防衛功能有非常有趣的觀察，雖然從內在升起的衝突，以及接踵而至的超我罪惡感，曾被視為是刺激自我防衛活動常見的公式，但她試圖澄清，防衛（例如否認〔denial〕）也可能由源自外在世界的痛苦啟動。

她也觀察到，雖然防衛常和嚴重的心理病態（例如精神病的妄想）相連結，但在對兒童的治療中顯示出，這種防衛機轉也會出現在正常的早期發育中。兒童常會藉由否認一些經驗，單純地「擺脫掉不受歡迎的事實」（1936, p.83），而同時維持完整的整體現實感。她的研究認為，在成年出現的否認、投射與內射（introjection），往往標示出童年發育早期的病態根源。

安娜·佛洛伊德描述自我過程（ego processes）在人格功能（personality functioning）所有區域中普遍存在的狀態，確定在精神分析的探索中，「自我」非常值得研究。同時，她將可以運用精神分析觀念的範圍從症狀擴展到性格風格，更從病態擴展到包含各種正常的性格功能。

某位分析師治療棘手病人的經驗，讓我們清楚看見自我心理學對臨床議題的影響。安琪拉（Angela）是一名二十三歲的銀行專員，正面臨人生的危機，平常她用來忽略感覺和自我控制的方法都不管用了。一位朋友告訴她，她在工作場所的行為舉止已經

越來越不恰當，別人都認為她反覆無常，因為她常在沒人招惹的情況下，毫無預警地對同事發脾氣。安琪說她不在乎，她早就心如死灰。她最近參加一些狂野的通宵派對，和陌生人有了第一次的性經驗。

第一次會談時，當分析師表達出對這件事的關心後，安琪拉變得暴怒並指責分析師無能，她要求檢查分析師的證照，並強勢地想知道分析師打算怎麼做。她甚至說，分析師的笨拙讓她想起自己的母親，母親對她一點幫助也沒有，而且她「老早就該叫她滾開了」。母親生了許多孩子，根本沒空照顧她，還期待她成為另一個母親，而不是一個孩子。安琪拉描述她對母親一再懷孕所感覺到的憤怒，她還記得自己六歲時，有多麼希望母親喝下的熱咖啡能把肚子裡的胎兒燙死。

在第二次會談一開始，安琪拉說她很擔心，如果自己在治療裡真的「開始討論事情」，不知道會發生什麼事？她顯得很徬徨且焦慮，因為進入治療意謂著必須相信另外一個人，這對她來說太困難了。後來她的態度突然改變，宣布不管分析師想知道什麼，她都不會告訴她，因為她在「一道圍牆的後面」，沒有人進得來，而她也出不去。她嘲弄地說：「來啊！看看妳能不能讓我說話。」

安琪拉是典型的頑強抗拒型病人，她不願自由地表達「所有浮現在腦海裡的念頭」。分析師最初採用古典佛洛伊德學派的方法，將病人的行為當作是一種「移情」抗拒：病人或許想藉著與分析師之間的某種互動，並繞過（語言）的分析程序來滿足一個本能壓力。和分析師的戰鬥，能讓來自她和母親關係中的敵意在分析關係中上演一遍，而不是被描述與分析。然而安琪拉完全聽

不進這個詮釋。

在幫助像安琪拉這種棘手病人時所面臨的臨床問題，讓自我心理學家看見新的待開發領域，他們急切地想和安娜·佛洛伊德一樣，將自我視為獨立研究對象的觀念付諸行動。這個焦點促成新的臨床治療方式能更直接地與病人互動，強調的比較不是挖掘隱藏的祕密，而是更著重於評估心靈的結構。

分析師將安琪拉的挑釁擺在一旁，反而對她說明，在她們兩人之間有一道牆似乎是很重要的，並鼓勵安琪拉告訴她有關這一道牆的事。分析師沒有詮釋病人（本我）的侵略性，僅僅只是描述，並對安琪拉（自我）保護自己的需要表示很感興趣。由於確定心靈中重要的一部分受到分析師的尊重，安琪拉漸漸地能和分析師開始對話。

只要一感到焦慮，也就是某個人對她「太好」，或是當她非常生氣且害怕失控時，安琪拉的牆就會出現，在這道牆的後面，她感覺受到保護，但是她也必須付出代價，因為牆讓她感覺無法親近他人，同時自己也非生活的一部分。這種類似一道牆的經驗，她記得最早是出現在五歲時，當時她剛開始上學，因為怕自己會朝其他孩子丟東西，所以她不敢靠近他們。在那一年中，她開始感覺到有個朦朧的圓形大空間圍繞在四周，一旦這種感覺開始浮現，安琪拉就無法移動或回應。由於沒有人注意到她越來越嚴重的退縮，她開始覺得自己只不過是「別人腦袋裡的一個念頭」[2]。

安琪拉的母親是一位長期感到挫折、過勞，而且情緒很不穩

---

[2]　很明顯地，這正是畢昂（Wilfred Bion, 1955）所描述的，作為別人投射認同的客體的感受（參考第四章）。我們可以藉此推測，安琪拉之所以產生這個經驗，可能是因為母親經常用她來儲藏母親自己的投射。

定的人。她在年輕時也算是激進分子，因為傳統文化的期待嚴重限制她展開抱負，她選擇離開祖國義大利。她在新的國家中，曾經熱切地想發展自己的事業，但因為她的宗教信仰反對節育，最後持續增加的家庭與附帶的責任淹沒了她。母親有一次對她說：「當妳還小的時候，我整天對著妳大吼。」安琪拉還提到，有一次母親從廚房的抽屜拿出銳利的剪刀，塞到嚇壞的女兒手中並且命令她：「來吧！給我一個爽快的了結，不要用這些小事情一點一點地把我殺死！」

　　小時候的安琪拉相信，是因為她沒有把家事做好，才造成母親有這些不穩定和恐怖的行為。在她安靜、順從地成為母親最完美的幫手的同時，也發展出一個強烈又活躍的幻想世界。她記得從三歲到七歲間，她的內在世界逐漸出現許多人物，這些人物後來成為非常熟悉的存在：一個「很胖又貪心」的嬰兒，他想要東西「永遠都在那裡」，這個嬰兒很容易受到挫折，「如果有人想離開他的話，他會把他們的眼睛挖出來」；還有一個男人「住在地下室裡，等著我做錯事，好上來傷害我」，不管她犯的錯多麼微不足道，這個男人都會給她一連串的處罰，而讓安琪拉全神貫注的幻想式處罰，一開始是體罰，後來則是性虐待的形式。

　　安琪拉非常羨慕其他孩子得到的照顧和關注，常常在心中詛咒他們，幻想可怕的意外或殘酷的處罰發生在他們身上。所以，當一位她極為羨慕又嫉妒的同學車禍身亡時，安琪拉非常害怕，以為是自己的敵意和想法造成這個悲劇。之後，在地下室的男人更嚴厲地處罰她，只要她犯了「錯」，他就要求她進行實際的折磨與自殘。為了控制想法，她開始偷偷傷害自己的身體。

心靈結構的評估

讓我們把安琪拉的狀況和克利斯的科學家病人做比較。以結構模式的觀點來看，精神官能症是由本我、自我與超我三個心靈審級達成的長期妥協，在精神分析的過程中會邀請這三巨頭參與協商會議，藉由對每一方的說詞維持公平的興趣（安娜・佛洛伊德所提倡的中立），分析師幫助病人在相互競爭的需求之間，達成一個更實用的解決方案。

當然，高峰會議協商能多成功，得仰賴這些參與者，此時自我心理學家評估心靈審級（本我、自我與超我）功能品質的能力變得非常重要。先來看看在安琪拉和克里斯病人的分析中，出現在協商裡的角色模樣及品質：克利斯的病人想奪走父親陰莖的早年（本我）願望，早已不著痕跡地被整合到性格當中，只能以極為偽裝、象徵的型態取得滿足，直到多年後在兩位分析師的詮釋下，這個願望才被意識到。相反地，同樣是不被接受的謀殺（本我）幻想，發現安琪拉想殺死尚未出生的手足卻不需要花太多功夫，這個願望在一開始治療時就處於有意識狀態，並能輕易地表達出來。

我們能在克利斯病人的罪惡感中，輕易地偵測出超我對伊底帕斯企圖的反對，這個超我有效地控制在道德上不被接受的願望，並透過惱人的專業抑制，將懲罰整合到個人經驗中。相對地，安琪拉卻沒有感覺到罪惡感，顯示缺乏有功能的內化道德規範。在她的經驗中，最像超我功能的部分正是「住在地下室裡的男人」，但他沒被她當成是自己的一部分，反而是一位富有侵略性的「他人」，認為「這個人住在她裡面」。在地下室的男人像是患有施虐狂的暴君，而不是一個合理的法官，他沒有帶來清楚

的倫理標準，也無能推薦更好的做法。雖然安琪拉會在事後提出一些解釋，但在那個男人的譴責中，找不到可以指引個人進步的清楚模式。

克利斯病人的自我，成功地調解了幼年渴望與超我道德規範之間的衝突，並設置一個巧妙的防衛系統，利用象徵化、置換與投射來隱藏衝突，而這個系統不著痕跡地收納入止在成型的性格中。安琪拉的牆是自我功能（ego functioning）的一部分，在整個童年（以及在分析中）用來保護她，但它看起來不僅很原始而且也很明顯。安琪拉的防衛以極為醒目和不顧一切的方式宣示自己的存在，打斷任何看起來有點順利的活動，它和克利斯病人的防衛不同，是不具偽裝的掩飾手段。

另外值得注意的是這兩人在情緒表達品質上的差異，這是越來越受重視的臨床評估面向。想閹割父親的渴望操縱著克利斯的病人，雖然他不得不相信克利斯的詮釋十分正確，但這仍然是個讓他不安的念頭，而且由於他重視並感激父親，所以當謀殺的願望成為有意識之後，在本質上帶來了衝突；但安琪拉的願望卻給人非常不一樣的感覺，它強烈、有威力、原始且不受約束，當她生氣時彷彿不在乎會傷害到別人，而她說話時就像對其他人沒有任何好感。

安琪的分析師的任務，是在病人的自我、超我與本我的要求間，重新協商並得出一個妥協。然而，不容忽視的證據顯示，在能進行有意義的協商之前，這三個心靈審級都需要先治療，例如安琪拉用以對抗本我衝動的自我防衛，是不是該鼓勵它放鬆一點？最好的方式是說服這些守衛，她已經不需要它們了？還是該將這些守衛送回基礎訓練營加強訓練？安琪拉的「高峰會議」如

34

此引人注目的原因，不是因為有待解決的問題很複雜，或是那些相互競爭的要求多麼具有說服力，而是與會者低劣的態度。改進（而非移除），才是分析師必須優先進行的工作。

在自我心理學尚未建立之前，精神分析的臨床目標是釋放受困的潛意識能量，對此佛洛伊德強調採用不引導也不建議的做法，也就是移除阻塞河流的雜物，而不是拓寬河道。像安琪拉這種病人，無論是改進防衛與鼓勵自我功能的發展，都需要水道基本構造的工程藍圖，加上建築材料的清單，如此才能修復它。

哈特曼：轉向「適應」

發展此一藍圖最有貢獻的人是哈特曼（Heinz Hartmann, 1894-1970），即「自我心理學之父」。就像安娜‧佛洛伊德一樣，哈特曼也對佛洛伊德在尋找幼年驅力目的及渴望的挖掘中，發現但沒有檢視的心靈歷史文物感到好奇。不過，被哈特曼捧在手中的古老箭頭所喚起的影像，不同於安娜‧佛洛伊德想到的戰爭與防衛策略，他反而超越衝突，並開始思考這些發現本身所涉及的技術。箭頭是怎麼製作的？金屬是怎麼熔合的？誰參與了製作？他們還具備何種其他的能力？他們也鑄造錢幣嗎？那個部落的日常生活如何運作？要瞭解一個國家不能只研究有關的戰爭，哈特曼以這個看似簡單卻大幅改變方向的焦點，強而有力地影響精神分析的走向，開啟了對正常發育的關鍵程序與變化的研究。

哈特曼的貢獻在於將精神分析關注的範圍，從病理擴展為人類的發育，並將原本孤立而自給自足的治療方式，擴展為在眾多其他學科中各列影響廣泛的知識領域之一。這不是一件簡單的工

作，他得在將精神分析延伸到原本涵蓋的問題範圍之外，以及保
存佛洛伊德學派認同的精神分析方法的獨特本質之間，維持微妙
的平衡。蘇利文與其他人際關係精神分析學者（詳見第三章）也
像哈特曼一樣，強調環境對性格塑造的影響，但是蘇利文拋棄了
佛洛伊德的驅力理論，因此他的貢獻不被主流的佛洛伊德學派視
為精神分析。相反地，哈特曼將他謹慎而巧妙發展的創見，作為
佛洛伊德基礎理論的延伸與闡述。

　　哈特曼很適合擔任精神分析領域中這個重要的擴展角色。他
出身的維也納家族因為學術與藝術成就而聞名於世，他的父親是
位卓越的歷史學家暨駐德國大使，母親則是雕塑家。來自維也納
及世界各地的著名音樂家、哲學家、醫師、政治家與知識分子在
他家中絡繹不絕地出現，讓哈特曼從小就見識到壯麗的文化、思
想與觀點。

　　由於接受醫學與精神科的訓練，哈特曼十分敬重佛洛伊德及
他的貢獻。一九三四年，他接受佛洛伊德的邀請，開始接受佛洛
伊德的分析，但精神分析領域外的科學世界同樣吸引他，他也繼
續保持對心理學、歷史、音樂與哲學的廣泛興趣。

　　《自我心理學和適應問題》（*Ego Psychology and the Problem of
Adaptation*, 1937）是哈特曼開創性的著作，它非常抽象，而且基本
上是非臨床的（nonclinical），然而它能提供支持臨床探索與實驗
研究的概念架構，最後更提出一種新的且有力的治療方式，其目
標不在於揭露人類心靈中被壓抑的原始衝動，而是修復心靈本身
的結構。

　　佛洛伊德父女與威廉・賴希都認為，自我運作有越來越高的
複雜性，然而在哈特曼之前，所有的自我的運作仍被視為是因內

心衝突而起。佛洛伊德認為，嬰兒一開始只專注在自己身上，全
神貫注於內在張力和感覺，不以外在現實為目標，直到慢慢地發
現飢餓的痛苦並沒有因為追逐滿足的幻想而被撫平，也因此很遺
憾地，嬰兒一定得適應佛洛伊德所謂的「現實的磚牆」。

　　就像我們會慣例地打一下新生兒的屁股，讓他猛然感到呼
吸的必要性，外在世界急迫的要求也粗暴地迫使嬰兒覺知到外在
現實。佛洛伊德認為，有目的的行動及較高層次的思考（次過程
〔secondary process〕，相對於以幻想為基礎的願望滿足的原過程
〔primary process〕），就是從這種討厭的接觸中發展出來的。嬰
兒必須很實際地思考與反應，才能避免逐漸累積的本能壓力造成
不適。

　　這個心靈發育的理論，曾是設計古典治療方式的概念基礎。
不滿足（例如不回答病人的問題）與詮釋性的對質（interpretive
confrontations），都是企圖迫使本我製造出來的幻想公開地尋求
滿足，透過讓它們暴露在有意識的詳細檢查與分析的詮釋之下，
進而轉化為更實際及成熟的思考方式，造成更強的自我功能。
「有本我的地方，就一定有自我；這是文化的作用，就像排掉須
德海（Zuider Zee）的海水一樣[a]。」（Freud, 1933, p.80）

　　但哈特曼對人類發育的見解，徹底挑戰了這個理論。如同佛
洛伊德，哈特曼也受到達爾文物種演化理論的啟示，但他採用不
同的部分。佛洛伊德所引申的達爾文思想在今日已是司空見慣，
但是對十九世紀的人們而言，人類是由別的物種演化而來，因此
與其他動物並非完全不同的論調卻讓人十分震驚。佛洛伊德對人

---

a　　編注：荷蘭人於一九三二年進行「須德海計畫」，建造長30公里的攔海大壩，在排掉海水
　　　後，原本1100平方公里的須德海（鹹水內海）變成了艾塞湖（淡水湖）。

類動機之本能根源——幼年性及侵略性的原始力量——的大部分遠見，都能追溯至達爾文這個觀點；然而哈特曼將重點放在另一個概念上：由於適者生存，動物的設計是為了能高度適應環境，因此「在生物與所處的環境之間」存在著持續的「互惠關係」。（1939, p.24）

　　以此類推，哈特曼推論如果人類像所有生物一樣，本質上就是設計成能適應環境，那心理也不會例外；反過來說，自然環境一定也適合人類的心靈生存。哈特曼所描述的，不是一個迷迷糊糊漂流的嬰兒忽然被迫去工作，而是帶著內建的自我潛力誕生的嬰兒，就像種子等待春雨一般等著「一般可預期」（average expectable）的合適環境以激發成長。自我功能並非總是在衝突及挫折中打造而成，某些「無衝突的自我能力」（conflict-free ego capacity）是內在本來就有的潛能，也就是人一生下來就有的，這些在適當環境中會自然出現的功能使人們能適應環境，包括語言、感知能力、理解力與思考力。

　　哈特曼保留了精神分析對衝突既有的理解，同時對非衝突性的適應性發展展開調查。根據起源、功能的趨勢及變化，以及彼此之間關係上的獨特性，哈特曼開始區分自我的作用並將其歸類。他注意到原始自發的適應裝置（例如語言），在日後也可能捲入衝突（口吃）當中，而最初來自衝突的防衛，也可能因為發展出適應的能力而成為自發性（autonomous）的。

　　例如，反向運作這個防衛之所以啟動，是為了讓意識無法察覺到不為社會所接受、與上廁所有關的樂趣，在這裡，幼兒最初對排便的迷戀，被轉化成有意識的嫌惡態度。然而，雖然起源於衝突，反向作用最後卻可能在整體性格中擔任一個極具適

應性的功能，使人們從好的衛生習慣與整潔中得到真正的樂趣，而這個防衛也因此發展出衝突之外的角色，變為「次自發性的」（secondarily autonomous）。

同樣地，理智化（intellectualization）防衛為了不讓衝突情緒被察覺，選擇採取抽象思考的方式，這常是極聰明的人的主要防衛，他們的抽象思考能力顯然有適應的效用。如果分析師只詮釋防衛的部分（例如「你理智化而不是去感覺」），可能會讓病人覺得他們的思考能力反而造成阻礙。

哈特曼精確地區分與歸類，使臨床工作者能更精確地確定心靈功能的衝突與適應面向，但他所描述的「無衝突」自我功能也引發另一個疑問：這些功能從哪裡得到能量呢？如果心靈主要是由性慾和侵略性提供能量，而它們基本上在追求禁忌的滿足之衝突需求中清楚顯示出來，那麼提供給感知及學習能力這些適應程序能量的，又是什麼呢？

佛洛伊德也曾用不同觀點在同樣的問題上努力過，他努力地想在這兩者間找到妥協——對於更高文化（如文學和藝術）的熱愛及追求，與認為所有的意圖根本上都是性和侵略的動機理論。最後，佛洛伊德提出**昇華**的概念作為解決之道，它是一個半防衛程序，駕馭性衝動的力量，並將其導向能被接受且有生產力的追求，例如「偷窺的固著」（voyeuristic fixation）可能轉化成攝影才華。

不過，即使驅力昇華了，它們仍然以偽裝的型態保留其原本性和侵略的特性。如果自我的無衝突功能真的是自發性，它們需要的應該是不具這種特性的能量，因此哈特曼提出**中和**（neutralization）的程序。透過這個程序，自我剝除驅力中的性及

38

侵略特質。中和與昇華不同，它實際改變了驅力的性質，就像水力發電廠將洶湧泥濘的河流，轉化為乾淨且可使用的電力。

哈特曼認為，在一個能容納孩子的環境中，孩子與生俱來的潛能自然會開始發展，這個觀點引出許多問題，並由之後的發展自我心理學家繼續追尋答案。我們該如何想像一個適合天生具備適應性的小孩的必要環境呢？心靈發育所仰賴的「一般可預期的環境」包含了哪些元素？孩子早年與環境的關係中，是否有些因素會促進驅力的中和，讓本能衝突變得較柔和，並使能量能用來進行自我的非衝突性活動？

史畢茲：發展自我心理學

史畢茲（Reñe Spitz, 1887-1974）有本著作名為《醫院病》（*Hospitalism*, 1940），看完後令人不禁心碎，這書在對環境議題的關注上，扮演了有開發性而又戲劇化的角色。毫無疑問，人類不論有什麼與生俱來的心理潛力（psychological potential），都會因為缺乏和他人的情緒連結而注定發展失敗。史畢茲的研究對象是一出生就被丟在棄嬰收容所的孩子們，這些孩子的生理需要都得到充分滿足，但與人不斷互動的機會卻遭到剝奪，因此每一個都變得憂鬱、退縮和體弱多病，如果這種情緒上的飢餓持續超過三個月，他們的眼協調[b]就會衰退，而且行動遲緩。

孩子們變得越來越了無生氣，床墊漸漸地凹陷下去，形成一個包住幼小身體的凹痕，到了滿兩歲時，有三分之一的孩子已經去世。存活下來的孩子們在四歲時，只有少數幾個能夠坐著、站

---

b　編注：例如斜視、喪失立體感等。

著、走路或說話；然而母親若是在孩子滿三個月前回來，這種惡化的情形就會自動逆轉。雖然佛洛伊德曾經宣稱，剝奪可以刺激自我的發育，迫使朝向現實的重要轉變發生，但史畢茲對於「生長遲滯」（failure to thrive）嬰兒的研究戲劇性地顯示出，若是沒有長期與充滿愛的照顧者接觸，「現實的磚牆」仍會致人於死。

39　　　然而史畢茲所見證的悲劇，其確實性質仍是一個問題。如果食物與其他生理需求不是最重要的元素，那麼孩子與主要照顧者的關係到底提供了什麼？哈特曼認為，一般可預期的環境能促進自我能力浮現（例如對物體的理解與感知），但是這種環境的必要特徵又是什麼？外在的東西如何影響內在的發育[3]？

性慾客體

　　史畢茲以實驗心理學的方法論，對嬰兒與主要照顧者之間的**客體關係**進行研究，並將大部分的研究奉獻給這些問題。許多人認為，他是第一個對客體關係進行精神分析研究的人，這是一個有系統的大規模研究，在控制的情況下，連續好幾年直接觀察嬰兒與母親。史畢茲觀察、攝影、訪談、測試並追蹤嬰兒與母親之間生物性適應的連結，如何轉化為孩子複雜的心理資源（psychological resources），而這份研究徹底改變了基本精神分析概念中**性慾客體**（libidinal object）的角色。

　　佛洛伊德提出的**客體**，是指本能衝動的目標，本能的張力可以藉由它得到釋放。這個客體可能是一個人，但也可能是無生命的，例如對戀物癖患者而言，鞋子可以是性慾的客體，因為它提

3　　後來的研究發現，這些生長遲滯的嬰兒實際上是生長荷爾蒙不足，而這些荷爾蒙是由照顧者提供的生理與情緒刺激產生的。

供這個人表達性衝動的機會。在這個概念中，性慾客體本身並無固有的重要性，而且因為它有降低驅力張力的功能，能藉由經驗附加於驅力上，所以在一開始，母親對孩子沒有獨特的重要性，而是被歸列在「可變的」（variable）客體種類中，她是眾多「本能能夠由它，或藉由它達成目的的東西」之一。（Freud, 1915, p.122）

佛洛伊德相信，母親因為提供了滿足（gratification）而變得重要，人類的愛是以直接和偽裝過後的（目的禁制的）滿足為基礎，當自我找到方法去壓抑、昇華與修飾本能的衝動，這些衝動就能在更複雜的客體關係中找到立足之地。

佛洛伊德不認為憑著性慾本身的條件，就能達成與他人的性慾連結。他認為藉著認同（identification）的程序，孩子將某人或一個人的某方面，變成自己的一部分，因此孩子變得很像父母，同時認同的程序也大大地幫助他們，學習如何在所處的世界及文化中生活。

而認同是怎麼發生的呢？就像許多佛洛伊德對於發育的解釋，認同的程序也在本質上並非原來就存在，它是心靈為了緩和失落的挫折經驗所發展出的防衛策略，例如在所愛的人去世後，一個人可能會呈現已逝者的某些特質，或是因為母親不可能成為性伴侶而遭受挫折的伊底帕斯慾望，使得五歲的孩子認同父親的道德標準。

只要滿足還能經由真實世界中的客體達成，認同就變得無關緊要；但是當滿足遭受阻礙，當客體因為衝突而失去了或得不到，這個客體就會被內化以讓幻想的滿足可以發生。佛洛伊德認為，對客體的認同是次好的解決方法，是當本能的滿足不能達成

的時候，人們勉強接受的一種彌補。

史畢茲建構理論的概念路線，介於佛洛伊德驅力理論和激進的客體關係理論之間（詳見第五章）。他保留佛洛伊德認為性慾本身是追求快感的看法，但在這個概念上加入了新的面向，讓佛洛伊德原本對早期客體關係發展的想法更加深入與完整。在本我性慾的目的上，史畢茲加入一組起源於自我，並在自我中發展的能力，它與性慾對快感的追求平行，使關愛及深刻、愉悅的人際連結感受得以發展。

在史畢茲的系統中，性慾客體不是必然的，並非在最沒有人情味的滿足經驗中也能輕易得到。相反地，擁有性慾的客體是發育上的成就，反映出非常複雜的心理能力，以便建立有選擇、非常個人化的依附關係，即使客體缺席時仍能保留住。史畢茲的性慾對象，不只是達成目的的方法或是驅力的釋放，也不是因為防衛而內化的結果，而是僅憑自身的條件，它就具有根本重要性。性慾對象提供必要的關係連結，在這連結中，所有的心理發育才得以發生。

心理融合

哈特曼將未發育完全的心靈描述為「無分化」（undifferentiated）的狀態，以說明在出生時，自我、超我，甚至基本的性與侵略驅力都還不清楚或能彼此區分；史畢茲則將嬰兒描述為同時是無分化的（這個術語反映出嬰兒個體心靈的狀態）和不分化的（nondifferentiated，這個詞改變了發育所涉及的重要人物影像，從嬰兒獨自一人，變為「嬰兒與母親一起」的新影像）。

　　史畢茲認為，嬰兒在母親子宮內的生理寄生狀態，自出生後便延伸為與母親心理融合（psychological fusion）。就像連體嬰仰賴在自己與同伴間流動的生命力，如果嬰兒突然與母親分開，或被任何方式剝奪了能幫他逐漸獨立運作的程序，他將會陷入極大的危險中。心靈能力發育較完全的母親，對基本上無助且脆弱的嬰兒而言就是他的環境，新生兒可說是重見光明的盲人，就像剛恢復視力的盲人一樣，他感覺到的不是狂喜，反而是大量無法處理的混亂和無意義的刺激。母親居中斡旋這種與外在的接觸，她像嬰兒的「輔助自我」（auxiliary ego），處理並調節這些經驗及安撫嬰兒，在混亂的過度刺激中庇護他，直到他發展出能處理與調節經驗的自我能力。

　　史畢茲特別有興趣的是，嬰兒如何獲得最初由母親—環境所提供的能力。哈特曼所謂的原始自發性自我功能——使嬰兒能從大量的經驗中辨認和挑出有意義者的——究竟是如何發展出來的？對此，史畢茲的結論是，母親與嬰兒之間發展出錯綜複雜的交流模式，在一種「對話」中，一種「在母親—孩子關係框架中，不斷循序漸進的行動—反應—行動的循環中……讓嬰兒能一步一步地，將無意義的刺激轉化為有意義的訊號。」（1965, pp. 42, 43）

　　成人溝通的管道不外乎仰賴象徵性理解力、使用語言與手勢，但這種對話一開始卻發生在這個範圍之外。經由身體的接觸、張力、姿勢、動作、韻律和說話的語調，母親使用「完全感官系統」（total sensing system）與嬰兒溝通，嬰兒善於接受（receptive）而非理解（perceptive）表情豐富的訊號；也就是說，他吸收了母親訊息中的意義，而此意義強烈地受到母親和他

41

共同創造的情感氛圍影響：它是安全的嗎？是好的嗎？是食物嗎？是可怕的嗎？藉由表情、語調與觸摸，母親調解每一個感知、行動和經驗片斷，並以反覆進行的方式，幫助嬰兒逐漸從混亂的刺激中建構可識別的意義系統，為他即將浮現的感知能力奠定基礎。

史畢茲為哈特曼的適應原則（principle of adaptation）注入生命，詳細說明當母親與嬰兒相契合時，對心靈的可塑性與對彼此的相互影響。「好」媽媽對嬰兒非語言的訊息極為敏感，她仰賴經由退化，逐步恢復早年使用的溝通管道的能力——史畢茲認為，這是大多數成人早已忘記的——以近乎未卜先知的精確度預知嬰兒的需要。其他人不懂嬰兒為何哭了，但母親卻知道為什麼，並能正確地回應。

42　　每一次正確的解讀與給予嬰兒滿足的介入——抱他、餵他、緊貼他、安撫他——都成為製造意義的必要循環中又一次的交流。這些反覆出現的經驗幫助嬰兒將感覺狀態整理成可分辨、有順序、有開始和結束的（例如「我本來很難受，後來覺得好多了」），有助於鋪設可辨識經驗的記憶痕跡。有鑑於此，史畢茲提出一種非常不同的發育進程，他在驅力釋放的性心理順序的逐漸展現（從口腔、肛門、陽具到伊底帕斯）之外，更加上在一歲前和性慾客體關係重要的轉化裡，自我能力的逐漸結構化。

史畢茲提到，嬰兒會在對待他人的行為態度中，發生某種可預測的轉變，他推斷這些他稱為「指標」（indicator）的外在表現，是內在心理複雜性（psychological complexity）的路標，標出「心靈組織者」（organizers of the psyche）的重要發育轉捩點。第一個指標就是嬰兒的第一個社交反應，可預測發生在三個月大

的時候，這時的他會對母親微笑，也會對著某個叔叔、銀行員，甚至畫得很像真人的人臉微笑，無論如何，他明顯地偏好人類面孔的形態，勝過其他東西。

漸漸地，這個反應變得更加特定及深刻，到了八個月大的時候，嬰兒不僅認得母親的臉，更能將她與其他人區分出來，而且對陌生人的臉有焦慮和退縮的反應，因此第二個心靈組織者的外在指標，史畢茲稱為「陌生人焦慮」（stranger anxiety）。他推論這種情緒上的退縮，不僅是基於嬰兒所看見的，也基於他看不見的，因為嬰兒此時已有記憶的能力，和陌生人之間也沒有不好的經驗，所以他的煩惱一定是來自，陌生人的臉孔和他心中母親影像之間的對比所引起的。陌生人的出現使他警覺到母親的缺席，對史畢茲而言，這個行為反應表示嬰兒已經獲得一種心理能力，讓他能形成單一的個人依附：「直到能將所愛的人和其他人區分開來，才有愛可言。」（1965, p.156）

能夠掌握「不」，是第三個心靈組織者的指標，這激發了對超我形成發育面向的討論，後來賈克森（Edith Jacobson）對這個主題做了更充分的探討。安娜‧佛洛伊德在一九三六年提出一個以防衛為動機的程序，以「認同侵略者」（identification with the aggressor）解釋造成超我建立的內化概念（也就是說，父親這個侵略者禁止我將母親當作愛的客體，而我放棄對滿足這個慾望的追求，反而以變成和父親一樣來替代）。

史畢茲將孩子大約十五個月大時獲得的「不」，和另一個發 43
育中較晚呈現的現象比較，發現當孩子有了移動的能力，母親就得扮演約束者的角色，約束孩子的意圖。他認為，孩子的「不」是對於母親的前伊底帕斯認同的外在指標，也表示心靈能力的突

飛猛進，包括判斷力與初步的抽象概念化能力。

　　史畢茲讓我們看見，幾乎所有早期心靈發展的面向，都會經過母性環境的調解。這個概念上的修正，將注意力轉移到有關嬰兒從和母親的心靈融合中顯現出來，並建立屬於個人的獨立身分的議題上。心靈與母親融合的嬰兒，如何成為獨立自主的孩子？在這個發育過程中，有沒有可預測的階段或陷阱？

瑪格麗特・馬勒：發展自我心理學

　　瑪格麗特・馬勒（Margaret Mahler, 1897-1985）是一位兒童分析師及前小兒科醫師，在搬到紐約之前於維也納接受訓練。馬勒讓我們能更清楚發育過程中正常與不正常的特徵。她將史畢茲發展出的架構帶進童年經驗較為黑暗的角落，例如收容精神分裂症兒童的家庭和醫院裡。雖然精神分析很有創造性地，努力解決精神官能症困難而又複雜的衝突，但基本上，精神分裂是被拒於精神分析治療之外的。

　　為什麼會這樣？首先，由於治療程序上的要求，會過濾掉比較嚴重且病態的患者。在精神分析中，病人必須要能躺在躺椅上並暫停自我的功能，把自己從「現實」考量中剝離開來，並且不論出現的念頭多麼不合邏輯，都得報告出來；但如此「退化」之後，病人卻又得在談話時間結束時，立即恢復正常功能。

　　精神分裂患者迷失在幻想世界與沒有邏輯的思考中，由於他們測試現實的能力已經不足，如果再鼓勵他們有選擇性的退化，包括完全放棄現實感，這在治療上幾乎是毫無意義，甚至很危險的。雖然某些精神分析的先鋒如榮格、保羅・費登（Paul

Federn），以及許多克萊恩的追隨者也都試著治療較嚴重的病人，但是一般而言，精神分析治療的對象並不包括精神分裂患者。

第二，佛洛伊德認為精神分析程序中的治療行動，是由病人 44 潛意識性慾渴望（libidinal longing）的移情提供的，這些渴望最初針對被禁止的幼年客體，現在則轉移到分析師的身上。他假設性慾最早的形式，是指向外在世界的客體，而為了解釋精神分裂症和精神官能症，佛洛伊德努力地延伸性慾理論，於是一九一四年，他修正這個概念，將早期的性慾描述為向內指（原始自戀）。在精神分裂患者的心靈裡，性慾被再度抽回到最原始自給自足的自戀狀態，完全和外在客體分離，甚至和記憶或潛意識中對童年客體的渴望分離，因此人們相信，精神分裂患者沒有什麼可以轉移到分析師身上，在分析過程中也無法發現病人潛意識中，對於從他人身上獲得滿足的渴望，因為自戀的自我專注將所有的能量都綁住了（在第六章會再次討論這個議題）。

對於大量有生產力的精神能量無法使用的情況，精神分析理論只有少數令人信服的解釋，因此精神分裂症患者（包括兒童）治療成功的機會，可說是十分稀少。在當時，對情況最嚴重的孩子所下的精神疾病診斷是「童年自閉症」（childhood autism），它被當成是一種宣判，而不是理解，然而馬勒延伸了史畢茲對早年關係重要性的強調，並對童年的嚴重問題進行更有建設的探索。

馬勒曾提出一位精神分裂男孩的案例（1968, pp.82-109）。史坦利（Stanley）當時六歲，他以一種「完全的情緒反應」（total emotional reaction）來反應自己的經驗，他的行為在完全無精打采

與持續的狂熱行動間交替進行，而所有的感覺似乎都會淹沒他，以至於常無法控制地哭泣。讓他看圖畫書時，他分不清在嬰兒床欄杆後面的嬰兒圖像，與隔壁頁在籠子裡的貓熊圖像有何差異，看起來像是被兩張圖畫裡類似的直線條（欄杆與籠子）困住了。他將兩個影像融合在一起，並且可以替換使用[4]。

馬勒推測，像史坦利所表現出的嚴重問題，也許以性慾能量的方向來理解並非最佳方式。看似精神分裂的自我專注現象，可以被更有意義地形容為自體基本形成的失敗，對自己是誰徹底地感到困惑：我是什麼？他人是什麼？透過馬勒的眼睛，史坦利看起來不再像和客體脫離，而是他與客體世界間可預期且必要的界線發生了問題，所以被困在對他人的強烈早期需要，和那些需要被滿足時所感覺到的危險之間。如果史畢茲說得沒錯，身分是從與母親關鍵性的早年融合經驗中發展而來，那麼或許早年融合的經驗，或解決此經驗時所遭受的某種失敗，可以和形成個人身分（personal identity）中的特定問題連結上。

是什麼打斷了經由共生關係產生的正常發育管道？馬勒認為，遺傳、先天因素與早年創傷經驗的影響是共生障礙的關鍵，例如史坦利從六個月大開始，就患有鼠蹊部疝氣，飽受嚴重、不可預期且無法消除的疼痛。就像實驗用的小老鼠遭受不可預測或無法避免的痛苦電擊時，牠們會僵住，馬勒也描述了這一類無法處理的疼痛對未成熟心靈產生類似的衝擊：由於根本無法有選擇性的壓抑，孩子被迫縮回內在世界，遠離任何可以幫助他組織及

45

---

4 雖然我們可能會注意到，史坦利將嬰兒和被困在籠子裡的動物畫上等號，可能具有象徵性的意義，不過馬勒並沒有直接針對這個議題討論。對她而言，需要有具體地感知到相似與差異的可靠知覺，才能形成抽象連結的能力，她認為在這個孩子身上，這種能力是不存在的（參考Mahler, 1968, p.94）。

理解經驗的能力發展。

但馬勒也和史畢茲一樣，強調人性環境的重要性，嬰兒需要「一種最理想程度的樂趣」以穩固「安全的寄託」（p.17），以及在與母親共生的範圍內讓心靈成長；母親則提供最重要的「鏡射準則」（mirroring frame of reference）給嬰兒未成熟的自我（p.19）。如果母親是不能預測、不穩定、焦慮或是有敵意的，這個準則就無法建立，孩子也比較不可能發展出獨立的功能。

當史坦利還是嬰兒的時候，他無法調節或保護自己不受環境傷害。他強烈的痛苦被視為是進一步產生併發症的嚴重風險，雖然他的母親有在照顧他，但在情緒上卻與他分離，她全神貫注在自己人生中的某些議題上，同時在和史坦利情緒連結時遇到一些困難，例如史坦利身體疼痛時，她企圖以強迫餵食來打斷他激烈的哭泣，分散他的注意力。

馬勒推斷，史坦利「並不覺得母親的做法是將他從充滿『初期自我』（rudimentary ego）的創傷情境中，真實且有效率地拯救出來」（pp.93-94），安全的寄託是不可能存在的。母親無法成為一個夠強壯的存在，而身為史坦利迫切需要的輔助自我，她也無法成為刺激的調節者，幫助他挑出並辨識不同種類的經驗，為未來的感知能力奠定基礎。相反地，母親強迫餵食的介入，反而加強他被不能處理的痛苦與刺激攻擊的經驗。

因為無法藉由共生經驗形成適合成長的安全環境，史坦利困在一個不合時宜的發展階段，而反應在外在行為上的心理狀態，則在整個人陷入失去明確形狀，以及拚命試圖建立有自己個別身分的感覺間擺盪。當他的注意力沒被外在占據時，通常會陷入無精打采的狀態，顯然缺乏任何目標或焦點；接著，他會突然採取

46

行動，例如故意碰觸治療師的手臂，藉以啟動某種躁動能量，這種能量以爆發的跳躍、扭動與抽搐來呈現。因為當史坦利沒有被外在吸引時，他缺乏一種自己是分離的存在的可靠經驗，馬勒認為他落入共生融合的內在狀態，在那裡，他經驗到自己的心靈消失，完全不存在。

當史坦利很安靜的時候，馬勒觀察到：「他在那些時候，有如環境的一部分……和它結合，而且無分化。」（p.87）因為感覺到自己的心靈正在消失，史坦利被迫請求外在的機制讓他安心，因此試圖建立包含某些內在意義的外在定義，例如碰觸治療師就是一種刻意的企圖，為了讓自己充滿強烈而沒有目標的興奮，進而將自己推入激動的行動中，強迫一種區別和界線的感覺出現，「彷彿藉此對抗他的無情感狀態、避開共生融合的危險，若不藉由這個方式，他的存在及身分就會完全消失在環境的母體中」（pp.87-88）。

分離─個體化

記錄嚴重的共生瓦解所造成的毀滅性衝擊的同時，馬勒也對這些最早發育階段的錯綜複雜情況進行有系統的調查。利用觀察正常和不正常嬰兒與他們的母親、幼兒與較大的兒童，馬勒藉此重新探討早期階段的特性──即佛洛伊德認為基本上是無客體狀態的「原始自戀」（primary narcissism）。她認為在最初的幾個月中孩子破「自閉的外殼」而出，進入最早的人類連結，也就是「正常的共生」，並描述了孩子生理與認知成熟過程中，相互影響且複雜有力的正常發展與心理演化，以及母親在孩子逐步形成的身分上有何重要功能。

　　馬勒將「分離—個體化」（separation-individuation）此一包羅萬象的過程再度細分，成為可識別的次階段，每一階段都有自己的開始時間、正常的結果與風險。第一階段的**孵化**（hatching），以嬰兒逐漸提高警覺，以及「原形的雙相視覺模式」（prototypical biphasic visual pattern）為標誌（p.16），此時嬰兒關注的焦點有規律的改變，有時比較朝外，有時又回去看作為定向點的母親。

　　此階段大約在九個月大時告一段落，接著活躍的移動能力與身體的發展，預告即將進入**練習**（practicing）階段。現在他是一個越來越有能力的幼兒，他積極地投入世界，對自己的新能力感到洋洋得意，認為自己是全能的。雖然實際上他離開了母親的身邊，但在心靈上仍感覺與母親融合為一，分享著他認為的「母親是無所不能」的感覺。

　　復合（rapprochement）發生在十五到二十四個月之間，馬勒推論，在這個時期，孩子經驗到一種重要的心靈不安定。此時心理的發展趕上了生理的成熟，因此孩子苦惱地覺察到，他的身體移動顯示他的心靈其實和母親的共生結合是分開的。儘管先前他的行動很大膽，現在卻變得躊躇，想要母親留在他的視線範圍內。經由行動或是目光接觸，他能調解這個新的分離經驗，而這種調解的風險是，母親可能會將其實是進步的需要誤以為是退化，並以不耐煩的態度或是讓孩子得不到她的回應，進而促成尚未具備獨立運作的心靈能力的幼兒，產生害怕被拋棄的焦慮。馬勒認為一種基本的「情緒傾向」可能會在此時建立：「在復合階段期間，若母親明顯地缺乏接受力與『情緒上的理解力』，會造成孩子持續的『憂鬱氣質』（proclivity to depression）。」

47

（1966, pp.157, 161, 166）

　　馬勒將發育的旅程分成幾段連續的心靈組織狀態，使臨床工作人員能更深刻地理解與有效的治療被診斷為邊緣性人格的孩子與成人，這些病人的病態嚴重程度，介於精神官能症與精神分裂症之間。

　　在性質上，這些問題歸類為**前伊底帕斯**（preoedipal），這是為了在起源與動力組合上，和在成熟過程中較晚發生的病態有所區別。伊底帕斯的動力強調與競爭有關的，性與侵略性的衝突，主要探討父親的角色——他是小女孩渴望的伊底帕斯對象，以及小男孩恐懼的伊底帕斯對手。然而，前伊底帕斯的動力以母親的角色為中心，探討最後將參與伊底帕斯掙扎的心理結構，在形成過程中遇到的障礙[5]。如果這些結構有缺陷，會造成許多有嚴重後果的較早期問題。

　　前伊底帕斯病態的表現，往往不是分明的症狀、罪惡感或有衝突的猶豫不決，而是更普遍的心理功能混亂，例如強烈而無法調節的感覺狀態、波動極大的自我或他人形象、穩定關係的能力受到影響等，被虐狂與嚴重憂鬱症病態就有這些特性。

48　　不過史畢茲和馬勒的貢獻，不僅止於心理病理學上的應用，

5　自我心理學強調母親的失職，在心理病態中所產生的作用。這困擾女性主義的作者，她們無法苟同它免除了父親在孩子早期發育中的平等責任，也無法苟同它將母親角色形容成相當無私奉獻，並提倡這對孩子健康的發育是必要的（參照Benjamin, 1988）。事實上，自我心理學家也有留意父親在分離—個體化的過程中所扮演的角色，認為父親是關鍵性的角色，提供孩子與母親在共生關係之外的連結，因而加強孩子發展更獨立的自主性，並採取更涉入外在世界的行動。葛林森（Greenson, 1968）進一步探討，男孩在建立他的男性性別身分時所面臨的特殊挑戰，因為他必須不再認同在與母親的共生結合中所體驗到的和母親的酷似，與此同時，伴隨而來的是對父親重要的認同，這樣的認同會受到男孩對此認同所感覺到的堅定的動機而增強，例如父親和孩子經常相處並讓孩子喜歡他，以及母親夠重視父親。

他們對人類心靈起源提出新的概念。佛洛伊德認為嬰兒是充滿未馴服的本能張力的生物，人類其實是野獸，透過社會規範才受到不完全的控制；他強調潛意識是沒有時間性的，在成人社會化的外表下，這些幼稚的本能總是維持在張力的狀態中。

發展自我心理學家概念中的嬰兒，是從與母親共生結合之後浮現出來的。嬰兒心靈的誕生和身體的誕生並非同時發生，母親的照顧包住了孩子脆弱的心靈，就像母親的身體包住發育中的胚胎。在佛洛伊德學派自我心理學中，人類發育的共生背景觀點的出現，提供了理解許多人類經驗特徵的新的有利位置，例如克利斯（1952）認為藝術家自由的創意，是反映出「為了效勞自我」的退化，回到較無結構的前伊底帕斯狀態；馬丁·伯格曼（Martin Bergmann, 1973）也曾經探討成熟的愛情在某些最深刻的部分，戀人們會重新回到共生融合狀態的特性。

賈克森：本能驅力理論的修訂

哈特曼、史畢茲與馬勒對生命早期的豐富解釋，也對既存的佛洛伊德學派理論帶來許多難以解決的問題，特別是他們的理論都強調早期與照顧者的關係，會對心靈發育的塑造有所影響，這直接衝擊佛洛伊德已建立的某些原則。

其中兩個特別棘手的古典概念，都是佛洛伊德在一九一九年提出的，其一是死亡驅力，其二是「原始情慾受虐狂」（primary erotogenic masochism）。佛洛伊德對第一次世界大戰中，人類展露出的破壞力感到極為震驚和悲傷；在診療室中，他也與某些似乎不為治療所動的受虐狂病人搏鬥，他們似乎不懈地追求著痛

苦與受難。痛苦經驗對他們有如此顯著的吸引力，挑戰了佛洛伊德以快樂論為基本架構的性慾理論，也就是心靈是依據快感原則（pleasure principle，總是減少痛苦並尋求快感）來運作。

第一章曾提到在一九一九年，佛洛伊德對人類本能天性的看法變得更為悲觀，當時他決定將侵略性定為與性慾同等重要的第二個本能驅力。在佛洛伊德的解釋中，性慾一開始是向內指的（自戀），只有在後來才指向客體，他也用這個模式作為理解侵略驅力的樣板，認為由**死亡的本能**衍生而出的侵略驅力，也是以向內為開始，因此在生命的一開始，嬰兒同時具備指向自己的愛與破壞性。

修訂過的佛洛伊德的嬰兒，現在充滿了性與侵略的能量，並常常處於高度張力狀態中，可能不加選擇地受到性或侵略性的感覺、樂趣或痛苦的刺激而被激起情慾。以佛洛伊德的觀點來看，像安琪拉這種病人的受虐狂症狀，乃是起源於一個永久性的心靈管道（原始情慾受虐狂），因為它使痛苦感覺像性的刺激，因而常成為變相的伊底帕斯滿足[6]。

當佛洛伊德碰到棘手問題時，常會用體質來解釋。在他對死亡本能與原始情慾受虐狂的推論中，這些早期基本的能量管道源自於體質，基本上不受嬰兒與人性環境關係的影響。然而發展自我心理學家認為，嬰兒心靈上與主要照顧者融合在一起，並持續地接受且依靠母親的心靈參與其中。到底受虐狂是一種基本的本能狀態，或是不當的照顧所造成的結果？面對環境衝擊的脆弱性及接受性，又如何能與基本上以體質的措詞描述人類心靈的理論

6　這個對性慾與侵略性的概念，曾在佛洛伊德（1940, p.148）對性慾的目的（結合）及侵略性的目的（解除連結）的描述中提及。不過對他而言，侵略性最終的目的就是摧毀生命。

調和？

　　賈克森（Edith Jacobson, 1897-1978）最初是柏林精神分析學會的會員，從納粹集中營中釋放不久後逃到德國，並於一九三八年到達紐約。她是一位有強烈信念的勇敢女性，當一位前病人與納粹發生衝突時，她不顧自己的安危回到德國為他辯護，又因為拒絕說出病人的政治活動，被祕密警察逮捕囚禁（Kronold, 1980）。儘管有這些可怕的遭遇，在逃離德國後，賈克森仍協助修訂佛洛伊德晚期對人性較為悲觀的精神分析描述。

　　佛洛伊德所強調的體質，如何與發展自我心理學家所強調的環境調和？賈克森認為在整個發育過程中，個體與經驗不斷地相互影響與交流。在《自我與客體世界》（*The Self and the Object World*, 1964）中，她引用許多人的貢獻，包括安娜·佛洛伊德、哈特曼、史畢茲和馬勒，同時並未宣稱自己的創見是對基礎的修訂。她很有效率地重新詮釋佛洛伊德的能量理論、他對於發育之性心理階段的解釋，以及對本我、自我與超我的概念化。

　　賈克森的看法和哈特曼一致，提出本能驅力不是「必然　50的」，而是在生理上既有的天生潛力（potential），雖然容易受到內在成長（maturational）因素的影響，它們鮮明的特徵卻是在早期關係的脈絡中塑造而成的。從一開始，嬰兒就以**感覺**來標示經驗，並以史畢茲稱為「感情的感知」（affective perception）方式組織，而記憶痕跡的聚集就像磁場中的鐵屑一樣，分布在感覺好或是感覺壞的兩極。通常，嬰兒的經驗主要都是令他滿足的，然後性慾逐漸從一堆好的經驗中浮現出來，成為生命中一股強大而堅固的動機力量。在理想的狀況下，侵略性程度上比性慾少，不過早期的經驗能轉變這種平衡。如果經驗大多是令嬰兒挫折的，

並且標示為負向的，較為強烈有力的侵略驅力就會鞏固起來，以至於扭曲仍然脆弱的正常發育過程。

賈克森強調，因為經驗是受到**主觀的**（subjectively）處理，所以沒有所謂單純、客觀的「好」母性照顧，只有讓這個特定的嬰兒「感覺好」的母性照顧。氣質傾向（例如容易挫折的嬰兒）、相稱或不相稱（例如鎮定的嬰兒和容易激動的母親）、情感上相配或不相配（例如快樂的嬰兒和憂鬱的母親），以及母親感受並回應嬰兒改變中的發育需要之能力等，這些在決定何種特定時刻會引起嬰兒何種情緒上，都是非常重要的議題。最後，浮現而出的基本驅力組合要視許多時刻的集體影響而定。

賈克森的理論提供了對實際經驗與驅力發展間相互影響的描述，另外她也認為被主觀記錄的早年經驗的感覺定調之平衡，不僅影響性與侵略這兩種驅力的鞏固，也為自我感覺和對他人感覺的特性傾向奠定基礎，並透過在心靈發展中所謂的**自我形象**（self images）與**客體形象**（object images）特徵呈現出來。賈克森的看法承繼自哈特曼、克利斯及羅文斯坦（Rudolph Loewenstein, 1946），並和史畢茲一致，她認為當經驗感覺好的時候，嬰兒的心靈會累積關愛且慷慨的母親和快樂滿足的自我影像；相反地，經驗到挫折或痛苦時，嬰兒心靈中累積的則是令他挫折而沒有愛心的母親，以及憤怒與挫折的自我影像。

由於新生兒一開始無法區分自我與他人，賈克森相信這些最早的影像往往融合與混淆在一起。就像驅力是由好與／或壞的經驗中浮現出來，一個人對自己及他人最深刻的主觀感覺，也是由這些最早的影像結合起來的，它像一副眼鏡，我們透過它持續地過濾後來經驗到的一切。

　　大約六個月大時，嬰兒成熟到已能將自己和他人的影像區分開來，也可以更逼真地描繪出兩者。現在他明白母親是另一個個體，她可以滿足他的需求，但有時也讓他倍感挫折；同樣地，他經驗到的自己通常是感覺好和有愛心的，但有時也會覺得自己不好或生氣。賈克森觀察到，好與壞（也就是同一個母親既是壞和令人挫折的，但也是好和充滿愛心的）的整合，一定也促進了整合有衝突的**感覺狀態**（feeling state）的能力。就在這種愛與恨的感覺融合之下（由哈特曼所提出的概念），兩種驅力最早期的野蠻原始特性（幼兒性慾的高度需求，以及早期侵略性激烈的爆發性）變得柔和多了，因此強烈的愛與恨交替進行的情況，被各式各樣且幽微的感覺所取代。

　　一旦獲得在情緒上整合過的自我及他人形像，便大幅增強孩子擁有更複雜經驗的能力，例如能標示並忍受自己與重要他人間有不同情緒狀態的能力；在情緒反應的部分加強了可能因無條件的愛，或絕對的拒絕所影響的思考與學習能力；能對某人感到失望但仍然愛他的能力；以及能忍受憤怒而不至於造成內部瓦解、認為自己毫無價值或不值得被愛的能力。

　　賈克森提出的概念，使佛洛伊德對原始情慾受虐狂及死亡本能的概念無法在邏輯上成立。如果性慾及侵略性在新生兒誕生時，都還只是未成形、未定向的潛力，而新生兒又沒有一個清楚分明的自我，那麼性及侵略驅力不可能一開始就指向自我。

　　移除佛洛伊德驅力後設心理學最重要的能量基礎後，產生了一個概念上的空缺，而賈克森在這個空缺裡填補了新的自我心理學構想，她詳細描述在複雜的心靈發展過程和發展進行的人性環境之間如何相互作用，其中也包含了對超我發展的新見解。她

認為，超我是經過一段長時間的演化而成的，在這段期間，孩子持續內化所經驗到的人性環境，同時也轉化源自驅力的衝動與願望。根據賈克森（對史畢茲的詳盡闡述），與母親的早期前伊底帕斯經驗中，有兩種對發育的明顯衝擊會影響超我的形成。滿

52 足和挫折的經驗塑造驅力合併的形式，而被母親約束與禁制的經驗則留下迫害者的早期形象，後來的（伊底帕斯）超我便環繞著它而形成。因此可以說，超我的形成其實相當仰賴和他人在一起時，所接收到的各種複雜且相互影響的情感經驗。

賈克森不僅修訂佛洛伊德對性慾及侵略性由來的推論，也擴大了驅力在機能上造成的衝擊。佛洛伊德在晚期著作中（例如一九四〇年）將性慾描述為能將東西湊在一起的合成力量，而侵略性是破壞連結的力量，賈克森則將這些觀點應用在前不久才提出的分離個體化的程序上──自我心理學家們認為這是早期發育上極為根本的程序。她認為性慾可說是心靈發育過程中的膠水，整合了對立的好與壞客體，以及好與壞的自我形象；侵略性則在發育過程中激勵對區分的覺察、促進分離，並將自我和他人的形象區分開來。

對賈克森而言，性及侵略驅力對彼此都是不可或缺的平衡力。性慾（在滿足的時刻被激起）助長拉近和接受，侵略性（在挫折的時刻被激起）激起離開和遷出[7]。在穩定身分的過程中，性及侵略驅力不斷地交替出現，想建立穩定的身分得仰賴獨立自主

7　當今的研究者主張，腦內啡（endorphin）的通道是在第一年中，由孩子和照顧者之間所發生的各種情緒經驗建立而成，這個結論引起和這個較早的構想之間有趣的共鳴。如果孩子的早年經驗是創傷性的，讓腦內啡這種可說是身體的鴉片，在生理上和痛苦與焦慮連結在一起，如此一來，自傷的成年病人（自殘者）的痛苦，似乎帶來一種化學物質引起的鎮靜狀態（Van der Kolk, 1988）。

運作的能力,並藉由從環境中汲取的營養繼續增進與豐富自我。

　　她認為在人的一生中,以性慾為動機的融合渴望持續帶給人莫大的滿足。在心靈發育的所有階段,融合幻想一直都極具誘惑力,不過一個人自我界線的品質,會強烈地影響他對這些幻想的主觀經驗。一般而言,在較後期的生命階段中,當自我與他人間的界線已能清楚定義時,融合幻想能提供人們最深刻的滿足來源,例如它們是性交滿足經驗中非常重要的部分。然而,對一位剛投入自我定義,或自我界線還不是很清楚的人,融合幻想既危險又具毒性,它成為心靈瓦解的強大退化拉力。在此,引起侵略性的挫折經驗和界線設定,都能夠抵銷退化的拉力,這些經驗提醒自我界線還很微弱的年輕孩子們他們的獨立、鼓勵他們離開沉溺在滿足經驗的破壞性,以及侵蝕自我的融合幻想陷阱。

　　對於情緒脆弱的成年人,引起侵略性也有類似的作用,例如感到困惑或憂鬱時,人會為了感受更明晰的心靈而找人吵架。此時侵略性不再只是運作的驅力,而是為了促進自我定義而被積極喚起的經驗,不過這種暫時的緩解不見得一定可行;侵略性要能 53 在這方面產生作用,它必須在由足夠的愉悅性慾經驗所調節的氣氛中被穩固下來。如果缺乏這種平衡,被喚起的侵略性會太強大而無法招架,人會因為害怕自己在互動中傷人或造成破壞,因而打斷自我定義的企圖。

自我心理學在臨床上的應用

　　佛洛伊德認為精神官能症的核心,就是有衝突之衝動的壓抑,自我心理學家們則是越來越注意發育過程中的干擾,認為它

們會導致心靈形成的許多問題。佛洛伊德的焦點放在**伊底帕斯衝**突上，由認知及語言結構較為成熟的較後期童年建構，自我心理學家所調查的是**前伊底帕斯**問題，往往發生在語言出現之前。但是，在分析中的成年病人如何記起，那些發生在能使用語言定義之前的經驗呢？精神分析的程序，又該如何辨識並有建設性地處理這些早期的困難？

佛洛伊德認為移情是精神分析程序的台柱，它提供一種方式，讓分析師在病人表達並試圖從他這裡得到滿足時，得以接近病人祕密的與禁忌的願望。自我心理學家則開始用更開闊的方式看待分析關係，尤其是對較嚴重的病人，移情不只可理解為禁忌渴望的表達，也能看作是一個舞台，在這個舞台上，我們能從病人和分析師建立關係時有哪些部分是不尋常的，分辨出病人在建構正常心靈結構時，不幸的嘗試之遺跡。透過注意到這個關係中某些經驗特徵與浮現的形象，並視為是重要發育過程的結果指標，分析師能判斷心靈形成中哪些部分受到連累。他和病人一起對病人早年經驗困難的發展做出解釋，並透過這個過程修復病人心靈的某些部分。

不過分析師該如何由移情中判斷，病人問題的特性是屬於伊底帕斯，還是前伊底帕斯呢？伊底帕斯移情通常是慢慢地發生，而且只有在集中分析說明於某些分析關係中充滿情緒的經驗後才會發生；相反地，前伊底帕斯移情的特徵，往往是受到強烈且立即的情緒所支配，以千變萬化的自我及他人形象呈現，例如病人安琪拉移情的某些特徵，正是示範這種本質上的差異的絕佳例子。

從一開始，安琪拉就預期分析師會對她大吼大叫、攻擊她並

且會消失，這些期待的強烈程度，清楚地表現在她充滿恐懼的畏縮中；而當她滿懷厭惡地嚴厲責備分析師的各種失敗時，卻產生明顯的改變：大膽、眼睛閃閃發光，甚至露出殘酷的扭曲微笑。這些形象及情緒狀態的變換，顯示病人在穩固正向和負向自我與客體形象上的失敗，證明病人透過扭曲的眼鏡看人生，並且正如賈克森所預測的，無法讓安琪拉發展出對自己或他人抱持一致、穩定的觀點的能力。

其他的經驗則可能表示未經處理的語言前記憶，反映安琪拉早年生命中發育的創傷，例如她不斷覺得分析師「只是在觀察她」，在情緒上沒有與她連結，而且對幫助她不感興趣。這個經驗的特徵是幾近狂亂的焦慮，並非代表本能渴望的挫折，而是反映焦慮地漂浮在模糊不清、沒有回應的環境中的長期感受。

有時候，安琪拉會對這種難以忍受的孤獨經驗提出自己的解釋：她很壞、太黏人也太醜，不值得分析師關心和注意；而像這樣的移情表達，透露出早年母性環境的崩潰。在共生經驗中，母親同理的敏感度，以及對孩子情緒經驗的包容，都是塑造「安全寄託」的必要元素。

在安琪拉的早年環境中，長期的情緒不調和使她無法建構足夠的安全滿足經驗，讓扎實的性驅力能以此為中心穩固下來。就像賈克森所描述的，被標示為恐怖的或是焦慮到不能處裡的早期經驗，會驅策一種較強烈的侵略驅力，在孩子製造意義的持續企圖中成為主導因素。如果一個人常常感到焦慮、挫折和憤怒，就會覺得自己是無法被愛的，進而促使這種對自己和他人負向經驗的循環持續不斷地發生。若以馬勒的發展構想來理解，安琪拉移情經驗所呈現出的意義，代表分離—個體化的基本過程瓦解了，

因而造成維持穩定個人化身分的能力出現問題，持續危及安琪拉的經驗，直到她成年依然如此。

55　　我們來看一看，在對分析師表達了較為正向的感覺後，安琪所作的惡夢：

> 有人把我叫到一座城堡中。他在樓上的一個窗戶裡。
> 這座城堡美麗、令人印象深刻。我走進裡面，卻找不到
> 他。有一些手朝我伸過來，我靠過去，但是我看見這些手
> 是連在從牆上伸過來的手臂上，它們勒住我的脖子，企圖
> 把我拉進牆裡。我嚇壞了，試著掙扎。我不想消失[8]。

透過這個夢，安琪拉觸碰到讓她無法發展親密關係的莫名恐懼。馬勒曾推測像史坦利這種孩子的行為背後，有著對於消失在環境中的恐懼，在這裡，安琪拉的夢也清楚地呈現出這種恐懼。

如果她讓自己對某人有好感，她害怕自己會消失到另外一個人裡，並且進入一個邊緣化、沒有形狀的世界，成為半人半無機的東西。對她而言，夢中的手象徵著與人的連結，手伸向她，誘惑她進入一個非人的惡夢中。

賈克森強調，唯有孩子的心靈能夠控制侵略性，它才能被用在有建設性的地方，例如建立分離或界限[9]。我們不可能將一匹

8　自我心理學雖然強調前伊底帕斯問題，但也不排除伊底帕斯衝突，不過對於像安琪拉這種病人而言，最基本的並不是伊底帕斯衝突的本身，而是這個不可避免的戲劇如何經過已經存在的前伊底帕斯動力的過濾，例如在這個夢中，我們看到她對男人的渴望，這種可能的伊底帕斯象徵如何濾過前伊底帕斯的融合意象。因此，伊底帕斯的懲罰並非閹割，而是心靈的消失。

9　賈克森這個想法，可能是來自克萊恩在一九三〇年代（參考第四章）發展出的分裂（splitting）以及憂鬱焦慮（depressive anxiety）的概念。這些想法在肯伯格（參考第七章）的著作中，繼續進一步地發展。

野馬套上馬具後，期望能夠舒服地騎著牠穿過中央公園。忍受分離，並同時保有對自己及他人好與壞的感覺是發育上的成就，這些成就讓侵略性變得柔和；而達成此目標有多困難，端視每一組相對感覺的強度而定。如果侵略性太過強烈，當它和愛的感覺放在一起時，可能帶來在內在經驗中摧毀愛的感覺及所愛之人的風險。

安琪拉的侵略性具有野蠻及爆發的特性。每當有人讓她心煩或憤怒時，她覺得那些人壞得無以復加，缺乏任何可以挽救的特性，而她自己則是一個只有毀滅性的人，有十足的力量能造成傷害。有時候，她確信自己已經「用目光中的恨」殺死了分析師，她幻想再回來的時候，會發現「妳早就不在這裡，而且沒有人聽說過妳」。安琪拉描述的不僅是「我可以殺死妳」的感覺，她還想像自己的侵略性是有毀滅性的，能將分析師從心靈中完全抹除，並且摧毀內在任何分析師存在過的記錄。

佛洛伊德將自我描述為仲裁者，在高層會議中許多強勢又相互競爭的參與者之間進行調解，但自我心理學家針對嚴重心理病態的核心難題，提出一個和他不同的見解：人如何用有缺陷的裝備工作？如果基本的心靈結構是不妥當的，一個人怎麼去做大部分人認為理所當然的事，例如接近、走開、追求樂趣、調節感覺等？56

因此，哈特曼的適應原則成為自我心理學臨床版的標準特色，不僅能應用在正常的運作上，也能用在病態的結構上。安琪拉的「牆」可視為當自我與他人之間無法發展出比較自然演化的分離時，自我企圖強制形成的心靈界限，而她施虐—受虐的自慰幻想，也能視為是類似的情形。在她的幻想中，她想像自己被綁

在一條輸送帶上，無助地通過各式各樣怪異而又令她興奮的性折磨，此時主宰一切的老大，有條不紊且虐待式地將熱燙的火鉗插入她的陰道中。

雖然安琪拉的施虐—受虐幻想在內容上和性有關，但是從自我心理學的觀點來看，它們反映出更底層和困難的心靈困境。根據這個觀點，安琪拉並不是藉由偽裝為痛苦的方式，偷偷獲得禁忌的伊底帕斯滿足；相反地，雖然會導致恐怖的心靈瓦解感，她仍然努力嘗試滿足和人接觸，以及對快感的需要[10]。

安琪拉試圖建構一道屏障，對抗融合所造成的心靈瓦解威脅，但推開的舉動所需要的侵略力量，又似乎帶有謀殺的潛力。當她面臨這個困境時，施虐—受虐的自慰幻想成為臨時卻有創意的代用品，讓她能調節接觸別人的需要，同時表達並涵容自己的侵略性。

在這個幻想中有快感也有接觸，她能夠達到高潮，而且不是完全的孤獨；然而快感參雜著痛苦，這個配方使她總是處於警戒，從無法覺得自在。輸送帶的影像更突顯出她多麼強烈地想保護自己，避免覺知到自己是自願地朝另一個人移動。她非常需要用來維持界限的侵略性並沒有失控，而是被擬人化，老大在稱謂及行動上都提醒她，有個更高的權威是她必須服從的。

對安琪拉而言，懲罰的施虐性質似乎反而令她安心，因為這讓她有強烈的負向感覺，同時產生抗衡的力量，而懦弱的控制者敵不過狂怒又殘忍的她。而且就像安琪拉後來的結論，控制者在

10　雖然自我心理學家以重要又有用的方式，對受虐狂的動力有更多瞭解，並將這個概念從原本心靈的必然性地位中釋放出來，但是他們針對佛洛伊德另一個同樣令人困擾的，關於受虐狂的結論——它是女性自我的基本心靈定向——卻沒有太多討論（更深入的討論請參考第八章）。

溝通時使用嚴厲而又傷人的語氣，讓她想起母親強力又極侵略的 57
「限制和禁止」方式，也正如賈克森所料，這些方式對超我的形
成有極大的貢獻[11]。

移情在發展上的轉變

對自我心理學家來說，病人和分析師之間的經驗創造出一個
機會，讓分析師可以理解病人心靈瓦解的特性，以及他企圖補償
的適應努力。分析關係也有強大的變化潛力，移情提供修正早年
問題的機會，讓病人能夠透過分析師試著滿足不曾被滿足過的發
育需要，因為病人現在能以語言表達，並以成人的身分和分析師
一起體驗那些在童年時難以招架的早年擔憂與驚恐。

這些機會可能以不同形式呈現出來，例如安琪拉曾變得越來
越被動，而且挑釁地不願談話，還這麼嘲弄分析師：「來啊，看
看妳能不能讓我說話。」最後她承認自己渴望分析師用攻擊的方
式把她推到某個情境裡，因為這是她能感覺到母親對她感興趣的
少數方式之一。

當這個要求的性與侵略層面被處理後，她們才能探索，到
底安琪拉感覺自己需要被推進什麼情境裡，以及分析師可以用什
麼方式和她一起待在這個經驗中（史畢茲認為，母親與孩子共同
處理、組織與理解早期混亂的經驗，對孩子感知的發展具有關鍵
性的影響）。安琪拉開始清晰地說明充滿在經驗中的潛在恐懼，

---

11   阿德里安娜‧哈里斯（Adrienne Harris, 1995）曾說：「任何對女性侵略性所做的精神分析
      研究，都在評論這個問題的社會面。」她注意到「受挫、充滿衝突的野心，以及侵略性所
      造成的深刻心靈後果，不論是有意識或潛意識的」都能引起女人「多重世代的」憤怒與侵
      略性問題的「歷史」。這讓我們不禁懷疑，如果安琪拉的母親不需忍受文化與宗教的性別
      角色期待所造成的干擾及壓抑的衝擊，那麼侵略性對安琪拉來說，是否還會成為完全占據
      了她的心理問題。

像是她害怕想法能殺人，以及害怕一旦和某人親密，自己就會消失。

一段時間後，安琪拉發現和分析師一起澄清感覺並為它們命名的過程，讓她越來越覺得安慰，也能逐漸忍受它們。在治療一開始時，她用「精神崩潰」和「完全不知道自己的問題是什麼」來描述自己，然而在幫她追蹤並清楚表達經驗，把經驗變成可以被理解的話語後，激勵了安琪拉較為強烈的自我定義感，也讓她對自己的感覺狀態有更多的領悟。最後，她終於能回憶起感覺狀態，而不是發現自己突然被強烈的感覺控制心神。

隨著逐漸累積對自己和分析師的好的經驗，安琪拉加強了將負向感覺帶進分析關係裡的信心，開始能在分析關係中檢視這些感覺。分析師與她共同探索她幼小的心靈如何處理某些創傷經驗，例如當她嫉妒的同學死亡時，攻擊式幻想和對真實事件的責任混淆了。在這個脈絡中她們也發現到，由於母親總是處在情緒崩潰的邊緣且太脆弱，以至於無法有效地應付侵略性。安琪拉與母親相處的經驗，反而剝奪了她處理困擾她的幻想的重要機會，並造成她的孤立。

在分析中，安琪拉的頑固並未被視為必須移除的侵略性抗拒，而是反映出想「碰到」分析師的願望，藉此再度確認她的自我是分開的、她的想法是不一樣的。她對分析師侵略性的移情表達（「我希望有一把大刀，讓我把妳碎屍萬段」）其實是一種挫折的表達，分析師也鼓勵她試著把特定的挫折用語說出來。當她專注在分析師「完全壞」的形象時，分析師用詮釋提醒她，那些當她在治療中感覺到被幫助或被愛時，和分析師分享的較美好的時刻（記得賈克森強調在與他人的單一經驗中，能同時將好與壞

的感覺擺在一起的重要能力）。

如此一來，分析師在移情中像是一個容器，能同時涵容正向與負向經驗，她反覆地向安琪拉證明，即使好的暴露在壞的部分中，仍然能存活下來；最後，分析師協助安琪把強烈的侵略性情緒狀態轉為柔和，並在她的情緒生活中發展出更多的平衡。

結論

精神分析的過程，可以、也已經用許多不同的方式概念化，那些用來說明臨床技巧原則的隱喻，往往對進一步發現分析理論下的基本假設提供了最佳指示。佛洛伊德的隱喻都帶有敵對的特性，例如戰爭、下棋與獵捕野獸，然而，當自我心理學家將焦點從本我轉向自我、從被壓抑物轉向心靈過程的連結，分析過程的理論也開始跟著轉變，而分析師發現，在對自我防衛功能潛意識部分的分析中，表現在病人自我觀察、反省與維持現實感的（更廣泛的）自我功能，都對這些轉變有所貢獻。

就像早年探險家發現，利用原住民做斥候及設陷阱捕獸有無數好處一樣，分析師也逐漸發現，在記錄和揭露潛意識衝突過程中，將病人的潛力視為治療同盟的好處。病人用自己的自我能力，向分析師揭露重要心靈領域中的「內線故事」，使分析師能更有效率地辨識出精神官能症患者相互競爭的心靈需要，以及巧妙的防衛策略。於是某些技巧發展出來，目的是鼓勵病人進入後 59 來被稱為「工作同盟」（working alliance）的關係中，在此病人與分析師共同承擔這份工作（Zetzel, 1958; Greenson, 1965）；雖然療效的本身仍被理解為將潛意識的變為有意識的，但分析過程已

不再用戰爭來隱喻，而是變成發生在兩人的探究與追尋中的合作關係。

對分析過程的理解，第二個改變來自於分析師越來越明白，對病人而言，在這種合作關係中工作的經驗，本身就已經具有療效。病人就像一個很有效率的斥候，**發展出觀察自己的能力**，能夠反省而不再只是反應，並可以為了說出自己的需要而願意延遲滿足（哈特曼認為，這個過程和驅力中和一致），開始朝向能預期後果並努力，而不是馬上行動。

最後，這份更深刻的理解──心靈結構是在人類合作關係中穩固下來的──帶來創新的臨床技巧，目標是試圖在病人與分析師之間重新啟動存在母嬰間某種型態的早期發育相互影響。由於擁有多年治療孩子的經驗，馬勒開始將治療經驗本身視為具有矯正潛力的共生經驗；而賈克森在治療成人憂鬱症時，也強調情緒共鳴的重要性，而非正確詮釋的力量或分析師說出的內容。她觀察到「在分析師與憂鬱的病人之間，必須有一種持續且微妙的同理連結」，因此鼓勵分析師要「調整自己，去配合這種病人慢下來的情緒與思考過程」，「不要讓空洞的沉默擴大」，而且「不要一說就說很久，也不要講太快，或是太武斷」（1971, p. 299）。

出於以上原因，當發展自我心理學家更深入探討父母親在孩子建構強壯並健康的心靈結構上所扮演的角色時，原本治療師是病人極有力同盟的觀點，也逐漸轉變為兩人一起合作修正父母錯誤的影響的分析關係。我們開始瞭解，分析過程不僅是一起工作的合作關係，也是成長的經驗，而和分析師（半父母）的關係，

則提供了重寫早年發展經驗的機會[12]。

12　本書選擇只討論一小部分人，因為我們試著說明自我心理學傳統的基礎材料，特別是它
　　對精神分析思想的演進有所貢獻的部分。自我心理學是由許多學者合作建構起來的，
　　包括：菲麗絲・格林納麗（Phyllis Greenacre）、羅文斯坦、海倫娜・多伊奇（Helene
　　Deutsch）、格里特・比伯林（Grete Bibring）、艾斯勒（Kurt Eissler）、葛林森、
　　約瑟（Joseph）、安・瑪麗・山德勒（Ann Marie Sandler）、安妮・伯格曼（Anni
　　Bergmann）、馬丁・伯格曼、派恩，以及保羅・格雷（Paul Gray）。

【第三章】蘇利文和人際精神分析

將互動中的兩人想像成是一雙眼睛是正確的（同時也是一種很 60
大的進步），每一方對所發生的事情提供單眼的觀點，合在一
起便成為有深度的雙眼觀點。這個雙人的觀點就是關係。

——葛瑞利·貝特森（Gregory Bateson）

我們帶著察覺不到的面具，對每個朋友都有一張特殊的臉孔。

——奧利弗·溫德爾·霍姆斯（Oliver Wendell Holmes）

一九二〇年代，人際精神分析（interpersonal
psychoanalysis）從美國精神科醫師蘇利文（Harry Stack Sullivan,
1892-1949）和病人的臨床接觸中誕生，他所治療的病人是心理衛
生進程上最極端的一群：精神分裂症患者。

蘇利文成長於上紐約州希南戈郡（Chenango）的農村，他
在芝加哥攻讀醫學，當時實用主義的「芝加哥學派」（Chicago
School）主宰美國的知識界，尤其是社會科學。在華盛頓特區的
聖伊麗莎白醫院中，他在威廉·阿蘭森·懷特（William Alanson
White）的手下工作，此時懷特和阿道夫·梅耶（Adolf Meyer）
都是美國精神醫學界的領導人物，蘇利文因而對治療精神分裂症
產生興趣。

當時佛洛伊德學派的精神分析，在美國精神醫學的思考與實
踐上雖然具有些許影響力，但主宰這個領域的理論系統，還是由 61

107

德國精神科醫師克雷普林（Emil Kraepelin）在十九世紀晚期及二十世紀初期發展出來，用以治療精神分裂症的傳統精神醫學。

精神分裂症患者（克雷普林所用的術語是「早發性癡呆」〔dementia praecox〕）最重要的特徵，或許是他們不以正常的管道和他人形成關係連結。他們的思考非常混亂，而且活在自己的世界裡；他們採取的姿態（例如緊張性僵直〔catatonic stupor〕）和行為（例如青春型〔hebephrenic〕患者塗抹糞便，或被迫害妄想的狂怒）戲劇性地阻擋了他人想和他們接觸的任何努力。克雷普林將精神分裂症描述為神經生理的疾病，這種以生理為基礎的病態會隨著時間逐漸惡化，直到完全退化為止。

然而，蘇利文認為這些概念無法應用在自己治療精神病患的經驗上，他發現這些患者對人際、環境極為敏感，雖然他們常採用間接且經過偽裝的溝通方式，但仍十分強烈地感覺到其他人，甚至到了痛苦不堪的程度。這種臨床經驗，不僅讓蘇利文開始以人際關係方式探討心靈程序，英國精神科醫師連恩（R.D. Laing）和阿倫·埃斯特森（Aron Esterson）也在四十年後發表相同的看法，並深受蘇利文的影響，同樣對傳統上將精神分裂症症狀理解為惡化的生理系統隨機發作提出質疑。

連恩和埃斯特森（1970）都治療過好幾位被人遺忘的退化精神病患，這些人的症狀非常頑固，同時也代表生理狀況的惡化。例如一位他們稱為瑪亞（Maya Abbott）的病人有幻聽、不真實與隔離的感覺，呆滯而又退縮，她感覺自己像是一部機器，完全無法掌控自己的心靈，思想與感覺都為其他人所控制。如果和瑪亞單獨相處，很容易就讓人相信她患有一種完全自然發生的內在程序惡化，因此連恩和埃斯特森決定觀察瑪亞和父母在一起時會如

何互動。

　　他們發現，某些家人互動的方式，似乎和瑪亞的精神分裂關係妄想症狀有關。關係妄想（ideas of reference）是被迫害妄想型精神分裂症（paranoid schizophrenia）的特徵，病人相信週遭發生的事情雖然看起來和自己無關，但實際上卻是有關於自己的（例如電視節目的內容是傳送給自己的個人訊息）。

　　　　在瑪亞的關係妄想中，她相信父母進行著一些雖然她不瞭解，但看起來和她有關的事。事實上確實如此，當他們一起接受面談時，母親和父親不斷地對彼此點頭、眨眼、打手勢和會心一笑。由於實在太明顯了，因此分析師在第一次會談開始二十分鐘後，便對此狀況做出一些評論，但這對父母否認自己有這些舉動，卻又毫不收斂地繼續這些行為。（1970, p.40）

62

　　連恩和埃斯特森感覺到瑪亞父母的舉動，造成一個令人迷惑的衝擊。他們的行為相當公開且明顯，瑪亞可以感覺到，卻被父母雙雙否認。

　　　　由於不相信自己的不信任感，瑪亞才逐漸發展出被迫害妄想症，因為她無法相信自己看見的是真實發生的情況。除此之外，這還造成她無法輕易地將不算是用來溝通或不被認為是溝通的行動（例如拿下眼鏡、眨眼睛、揉鼻子、皺眉等），和那些代表溝通的行動區分開來，而這也是她被迫害妄想的另一個部分。然而，正是那些非溝通的行動被父母當成彼此間的暗號，彷彿在「測試」瑪亞會不

會發現，但這個遊戲最關鍵的部分是，如果這些行動被評論了，父母會很頑皮地反駁：「你說什麼？」「我哪有眨眼！」等。（p.40）

當治療師單獨和瑪亞相處時，她的行為看似怪異且無意義；但在這些行為形成的原始人際背景中觀察她時，這些行為的意義卻又如此明顯而且可以理解。

蘇利文在一九二〇年代的臨床經驗，和連恩在一九六〇年代的經驗一模一樣（當然連恩參考了蘇利文的著作，他承認這是他所能找到、唯一對治療精神分裂症有幫助的著作）。蘇利文越來越肯定，若要瞭解心理病態，絕不能只研究個體，因為人類一定、也總是和他的人際範疇（field）分不開。個體的性格在由他人組成的環境中形成，不斷地與他人相互影響，因此性格或自我並非個體「裡面」的東西，而是在與他人的互動中出現的。他認為「性格……是在人際互動情境中呈現出來的，除此之外沒有其他方式。」（1938, p.32）性格是「相當持久的，描繪屬於一個人生命特色的反覆人際情境模式。」（1940, p.xi）。

63 　將範疇當作最有意義的研究對象（而不是個體），雖然看似簡單，卻在思考性格、心理病態與精神分析上帶來全面的影響。以人際互動觀點來看，將焦點放在個體而不考慮過去與當下的關係，或是將個體從能理解的背景中分開，就像研究動物行為時觀察的是籠子裡的動物，而不是在自然環境中生活的動物。蘇利文相信，人類的行動及心靈並非存在於個體裡面的東西，而是在人際互動中產生出來的，由於性格被塑造成適合它的人際關係，除非我們將塑造它的複雜互動方式也列入考慮，否則無法理解它。

雖然蘇利文是從精神分裂症患者身上發現這一點，但漸漸也感覺比較不嚴重的病人同樣被嵌在自己的人際脈絡中，若試著在這些脈絡之外理解他們，等於犯下嚴重的大錯。例如一位年輕男士的生活圍繞在一連串對女人的「偉大熱情」中：「多年來，他深深地愛上一個又一個的女人，但令人震驚的是從來都沒有結果。」（1956, p.46）病人知道自己處理關係的方法顯然有錯，卻又不知道錯在哪裡，或是這個錯誤對他的關係有何影響。

傳統佛洛伊德學派的分析師會使用分析心靈內部的方式，對病人的內在動力做出一些假設，例如不幸的羅曼史極有可能與伊底帕斯動力中想得到母親的衝突願望糾纏不清，同時測試與這種假設有關的材料，可能包括病人對這些女人的幻想，以及病人對母親的幻想，而失敗的愛情可能被視為同時表達與保存了病人與母親的連結。

但蘇利文感興趣的是非常不同的部分。他想知道，在這個男人和這些女人之間發生了什麼事：「在他與這些女人的關係裡，一定有某些東西——或者說他對待這些女人的行為模式中有某些東西——使得每一個愛的客體都不願意繼續成為愛的客體。」（p.47）佛洛伊德學派分析師尋找的是遭到壓抑的願望與幻想，蘇利文所關注的卻是不受到注意的互動。

在古典精神分析的設置中，分析師沉默地等待隱藏的願望以偽裝的方式出現在不被審查的自由聯想中，然後詮釋它們；但在蘇利文提出的方式中，分析師積極地詢問病人的互動經驗，他認為相關的資訊不會自動出現，因為病人會（不自覺地）遺漏最重要的線索。「所以我們和這位病人一起坐下來，並從他還記得的 64 每段感情中發生的事，盡可能地取得線索。」（p.49）

蘇利文仔細詢問細節：對方是誰？為什麼會選擇她？事情是怎麼發生的？誰對誰說了什麼？在關係裡，氣氛開始轉變的確切時間是何時？他認為，要取得所需的資訊不只得知道病人的想法、感覺與幻想，還要尋求實際事件的細節，因為唯有在當時互動的脈絡中，才能對病人如何反覆地重新製造他的命運的方式有所理解。

在這個案例中，蘇利文發現：

> 這個男人努力賦予每位女性愛的客體，那些她顯然缺乏的珍貴、值得嚮往的特質。他對這位女性缺乏的特質表達深刻的愛慕，以至於她無法忽略自己並非他所愛戀的對象的事實。（p.49）

唯有對病人在好幾段戀愛關係中的言行舉止，進行極有系統的探索後，他假藉偉大熱情的隱約拒絕模式才浮現出來。

> 他總有辦法打消每個愛的客體相信「自己是足夠的」的任何幻想，並且這種手法可以配合客體性格使用。例如，如果一個女人非常乖巧及謙遜，他會發現她擁有一種他覺得可愛的、具有侵略性的自我肯定；如果她很強勢，那麼他會發現她對別人其實很體貼的特質。（pp. 49-50）

蘇利文對過去也有興趣，但針對的不是過去的衝動與願望，他認為那些只是整體人際互動結構的小片段，若單獨思考它們無異是斷章取義，摧毀任何有意義地理解它們的可能性。他想知道的是過去的互動方式。在這個例子中，蘇利文將重點放在，從病人與女友當時發生的事之中辨識出重要的關鍵：病人藉由愛上被

他誇張及扭曲後的形象來靠近她們。

接著,他想繼續瞭解這種互動在病人早期歷史的起源:他是怎麼學會用這種方式去摧毀愛?他是以這種方式被愛的嗎?是否只有用這種方式,才能和早年生活中的重要他人維持連結?

焦慮和動機

蘇利文對人際互動過程的研究焦點逐漸集中在焦慮(anxiety)上,認為它是決定一個人如何塑造自己的經驗,以及與他人互動方式的關鍵因素。

雖然其他特徵,例如戲劇性而又令人困擾的症狀可能看起來更為明顯,但蘇利文認為它們往往是為了分散對潛在焦慮的注意力,以及應付這些焦慮的技巧。一位三十幾歲的男病人奧斯卡(Oscar),因為長期憂慮自己可能是同性戀而尋求治療,這個憂慮從青春期中段就開始折磨他。他曾接受過心理治療,雖然其他的問題與症狀都有改善,這個對於自己性傾向的痛苦懷疑卻依舊存在;即使對自己的性、對親密關係的恐懼以及家庭動力等都獲得有意義的解釋,卻對消除不安沒什麼幫助。

人際互動分析師對這些念頭最近一次的浮現很感興趣。上個週末,奧斯卡和前女友一起度過,星期六晚上他們激烈地做愛,但次日早晨他求歡時卻被拒絕,於是他說:「那幫我口交怎麼樣?」對此,前女友非常生氣。

病人解釋,長久以來口交在兩人之間帶有特定的政治涵義,前女友把這個要求視為他要她臣服的命令,但病人覺得自己十分認同女性主義,也很支持女友的興趣,性在他們之間應該是自由

與開放的，不該有政治正確上的考量。

這件事再度喚醒他倆從前的性／政治的掙扎，他變得憂鬱及退縮。他發現自己想著前一天在辦公室遇到一位男士，如果他和這位男士做愛，不知道會不會感到興奮？他想像這個男人的裸體，並感到些許興奮，但又有一種熟悉的驚恐。他陷入緊張而又入神的反覆思考中，思考自己到底是不是同性戀，能不能在和女人的親密關係中感到快樂？

從人際精神分析的觀點來看，在這一連串的事件裡重要的不是性的內容，而是心靈的內容物（性與其他）如何為了應付焦慮而轉移。經過討論之後，分析師和奧斯卡發現，在前一晚的性愛之後，他同時感到興高采烈和焦慮。和這位女士之間這麼順利，反而讓他感到害怕又困惑，接下來會發生什麼？難道這代表他必須做出自己還沒準備好的承諾？

在反省了第二天早上自己的口交要求後，奧斯卡清楚看見，這個要求絕對會挑起前女友的敵對態度，而且兩人特有的政治辯論也一定會接著發生。他提出這個要求的目的，似乎不是把兩人拉近或是得到性，反而是製造距離，也就是由於對兩人的親密感到焦慮，他透過熟悉的、製造距離的衝突來應付焦慮。同樣地，他知道男人和女人都能讓他興奮，如果喚起男人的影像並想像與他做愛，他一定會產生些許性興奮，並用這個當作折磨自己的基礎，以及促成大部分的時候讓他感到安心的困惑。

與女友親密性接觸後所感受到的力量與成功令他害怕，於是透過第二天早上的挑釁，他幫助自己擺脫和親密感、力量有關的焦慮，而同性戀的幻想更使他確認（雖然也使他焦慮）自己沒有男子氣概，而且是慣於服從的。看來，性不是動機而是管理焦慮

的方法，事實上病人的焦慮和親密與距離、新奇與熟悉感有關。

為何在心理病態中，焦慮與如何管理焦慮扮演如此重要的角色？蘇利文提出一個發展理論，認為焦慮是形成自我，以及調節與他人互動的關鍵病態元素。他形容嬰兒擺盪在完全舒適與緊張的狀態間，在緊張狀態中，各種需求都需要被注意到，但只要有一位有合理敏感度的照顧者在場，大部分的張力對新生兒而言都不會造成問題，因為他們的需要會得到照顧者相配的回應。嬰兒會表達對食物、溫暖及沒有惱人事情的需要、情緒上對安全感與溫柔的需要，以及智力上對遊戲和刺激的需要。通常照顧者都會注意到這些表達和需要，並給予令人滿意的回應，張力因此降低了。

蘇利文稱這些需要為**整合的傾向**（integrating tendencies），因為它們最重要的特性是以相互滿足的方式將人連結在一起。關於整合傾向的互補特性，最鮮明的例子就是哺乳時嬰兒與母親之間的互動。嬰兒因為肚子餓了，需要進食，而母親的乳房由於需要餵乳而漲奶。他們在相互滿足的整合中被拉在一起。

這些**對滿足的需要**（needs for satisfaction）帶來個體與他人之間的互惠，蘇利文相信不僅新生兒如此，在整個人生的過程中也都是如此，成人的許多需要也會激起與其他成人互補的需要。只要有足夠的耐性、彈性與機智，各種情緒、生理、性與知識上的需要，都能帶來與他人之間相互滿足的整合。

與佛洛伊德的看法相反，蘇利文認為需要的本身並不是問題，人類並非一出生就帶有需要被馴服的反社會、獸性的衝動，而且只有經由強烈的威脅與努力才能被社會化；相反地，人類已經演化為社會的動物，我們的構造是要將我們拉進與他人的互動

67

中。

　但是，如果對滿足的需要就像結合傾向一樣進行得很順利，為什麼人類的互動充滿了不滿足、衝突和不協調？蘇利文的看法是，是焦慮破壞了人類一切的努力。嬰兒的內在自然地升起對滿足的需要，但焦慮卻是從外在被帶到嬰兒的身上。

　蘇利文將恐懼與焦慮區分開來。如果有很大的聲響、飢餓沒有得到滿足，或任何種類的張力增加了，嬰兒會變得害怕，但恐懼的運作其實也像一種整合傾向，因為在哭泣與不安中，它將照顧者拉進安撫嬰兒與處理問題的互動。相反地，焦慮沒有任何焦點，它不是因為嬰兒內在張力的增加而升起，而是從別人那裡獲得的。

　感覺狀態具有感染性，緊張不安的人往往使別人也緊張不安，性感的人往往激起他人性的感覺，而嬰兒對其他人的感覺狀態更為敏感。周遭人的情緒狀態會強烈影響嬰兒的狀態，蘇利文將這種照顧者帶給嬰兒的感染性情緒傳播現象，命名為**同理連結**（empathic linkage）。

　如果照顧者是放鬆及自在的，嬰兒會和緩地擺盪在心滿意足的舒適，以及因為有需要而造成的張力狀態間，因為這些需要或多或少都得到平順的回應了。但如果照顧者是焦慮的呢？蘇利文認為，嬰兒從照顧者身上感受到焦慮，它成為一種不定形的張力，沒有焦點，也沒有明顯的起因。焦慮的張力不像對滿足的需要，**不能當作整合傾向**，因為能將嬰兒從焦慮張力中拯救出來的人，就是造成這個張力的照顧者。

　如果照顧者擔心某些和嬰兒完全無關的事，嬰兒會感受到這股焦慮並將它收下，再轉為一種必須釋放的張力，接著就像對各

種滿足的需要所造成的張力一樣，他的反應是嚎啕大哭。照顧者靠近嬰兒，關心並希望能安撫他，但是在靠近的同時，也將焦慮帶到離嬰兒更近的地方。最後，最有可能的結果是照顧者因為嬰兒的哭泣而更加焦慮。越靠近，嬰兒感覺越焦慮，除非照顧者能找到一種方式將自己和嬰兒從焦慮狀態中拉出來，否則嬰兒會經驗一種像滾雪球一樣越來越大的張力，而且無法解放[1]。

68

在蘇利文的推論中，焦慮成為惡夢般的情境，同時徹底影響嬰兒的早期經驗。不僅焦慮的本身是痛苦、恐怖與無法逃脫的，它也對所有嬰兒對滿足的需要帶來**瓦解傾向**（disintegrating tendency）的作用。焦慮時，嬰兒無法進食、被摟抱或睡眠，而成人的思考、溝通、學習、性行為表現、情緒的親密感等，也一樣遭到干擾。對已經複雜演化的和諧人際互動，以及社會化的相互調節系統而言，焦慮是一股破壞力。

因為焦慮和其他狀態有如此明顯的差異，蘇利文相信在嬰兒的經驗中，最早的基本區別不是在明與暗或父親與母親之間，而是在焦慮狀態與非焦慮狀態之間。由於是照顧者造成孩子的內在焦慮，所以蘇利文將這種最初的區別稱為「好媽媽」（good mother，非焦慮的）狀態與「壞媽媽」（bad mother，焦慮的）狀態的對比。

當照顧者（不只是親生母親）焦慮時，嬰兒與他們相處時的經驗聚集成孩子的「壞媽媽」經驗；當照顧者不焦慮時（也就是

1　蘇利文並未特別說明嬰兒感染照顧者焦慮的機制，而且即使在對嬰兒時期的研究極為仔細的時代，我們仍不清楚這個程序的運作方式，不過對任何曾經花一點時間和嬰兒相處的人來說，這種現象十分熟悉。有些人「擅長」與嬰兒相處，其他人則不然，不過當那些不擅長和嬰兒在一起的人感覺更舒適與放鬆時，有時候也能相處得好一些。有關母嬰之間相互情緒調節的重要工作，可參考畢比（Bebee）及拉赫曼（Lachmann, 1992）。

當他們能有效地回應孩子對滿足的需要），嬰兒與他們相處時的經驗聚集成孩子的「好媽媽」經驗。對嬰兒而言，這些經驗來自誰並不重要，唯一重要的區別是焦慮和非焦慮。同樣地，一個人有時焦慮、有時不焦慮的事實也無關緊要，因為這兩種狀態對孩子造成的衝擊是如此強烈的不同，對孩子來說，這個人就像兩個不同的人一樣。

蘇利文假設，嬰兒最初是被動地體驗自己的心靈狀態，到底「好媽媽」或「壞媽媽」誰占優勢，以及它們對他極為不同的衝擊都不是他所能控制的。不過，嬰兒逐漸能掌握命運，開始發現自己能預測是「好媽媽」或「壞媽媽」在靠近他。嬰兒把照顧者臉上的表情、姿勢的張力和聲調當成可靠的指標，預測自己將落入能鎮定地回應自己需要的人手中，或是將自己拉進無法擺脫的緊張漩渦的人的掌握中。

當孩子發現「好媽媽」或「壞媽媽」的出現似乎和自己有關
69 時，帶來了下一個重要的變化，孩子有了驚人的領悟：自己的某些行為和表達讓照顧者感到焦慮，而另外一些行動及表示卻有鎮定的效果，並且引發讚許。當然，用語言來表達這個緩慢發展的過程很容易誤導讀者，因此不如這麼說，蘇利文推論的是一種逐漸建構起來的連結。

某些孩子的行為（例如碰觸生殖器或緊張不安）可能會使某個特定的照顧者焦慮，這個焦慮傳達給嬰兒，他開始將碰觸生殖器或緊張不安與心靈的焦慮狀態連結在一起。有些孩子的行為（例如安靜地休息）可能會使某個特定的照顧者放鬆並讚許他，這個讚許同樣傳達給嬰兒，而他也開始將安靜地休息和平靜地、被讚許的心靈狀態做連結。蘇利文推論，孩子經驗中不同的區域

就是以這種方式得到不同的數價（valency）：孩子常被讚許的行為（經由同理連結造成孩子內在放鬆的狀態）被組織起來放在正價（「好的我」）之下，而引起焦慮的行為（因而造成孩子內在焦慮狀態）則被組織起來放在負價（「壞的我」）之下。

然而，孩子激起照顧者**強烈**焦慮的行為（經由同理連結也因而造成孩子內在強烈的焦慮）卻是完全不同的情況。蘇利文認為強烈的焦慮極有破壞性，會讓孩子對在焦慮發生前的經驗失去記憶，由於這個緣故，通常會激起身邊某些大人強烈焦慮的行為，完全不被孩子經驗為也是自己的某一個版本──它們成為「不是我」，而這些解離的狀態，孩子或是長大後的成人將不會納入自己所承認的自我中。

自我系統

當孩子發現他能透過自己的行為讓「好媽媽」出現，並讓「壞媽媽」比較少出現時，便帶來孩子在某種程度上承擔控制自己經驗的最後一個重要步驟。一套更主動的程序「**自我系統**」（self-system）開始發展，讓孩子的體認以「好的我」為主，並完全排除「不是我」的狀態，自我系統會讓孩子的行為盡量遠離讓照顧者（因此也讓自己）焦慮增加的表達和舉止，轉而採取能讓照顧者（因此也讓自己）的焦慮降低的表達和舉動。

漸漸地但也無可避免地，自我系統將孩子塑造成適合由重要他人性格所提供的互動環境。孩子的各種潛力被緩慢而無情地磨滅，使他成為這個特定母親與這個特定父親的孩子，換句話說，父母的焦慮強酸蝕刻出孩子的性格輪廓。 70

蘇利文認為自我系統是可靠，但並非不變的。隨著孩子逐

漸長大，自我系統選擇性地傾向熟悉和已知的經驗。由於嬰兒時期的焦慮讓我們體驗到它帶來的衝擊是如此恐怖，我們變得恐懼「焦慮」本身，而若嬰兒在一歲前經驗到非常多的焦慮，此時自我系統會發展出僵化的控制，在往後幾乎不可能有機會體驗到新的經驗。

不過，蘇利文認為童年與成年早期的主要發展時期，都是由對新型態的關係的強烈需要所促成（一種新的滿足需要），例如在四、五歲時對同儕關係的需要，取代了原本或多或少只和大人連結的關係，此外，在青少年時期是對有一個「好友」的需要，在青春期則是對性的滿足與親密情感的需要。每一次新的需要出現了，自我系統的束縛就會鬆開，讓新的、更為健康的整合可以發生，這時舊有的焦慮可能因為更高層次的人際關係整合的拉力而被推翻。

蘇利文並沒有設計出一個無所不包的發展理論，或是正常功能的理論，他的構思很明確地圍繞著有關心理病態的發展，以及自我對生活中的困難的回應，因此他對自我的觀察全都集中在將焦慮維持在最低程度的程序上（他將這些抗焦慮的程序稱為對**安全感的需要**〔needs for security〕，與對滿足的需要有所區分）。

沒有焦慮的威脅時，自我系統會消失到背景中，此時對滿足的需要會浮現並成為結合傾向，把一個人拉進和他人相互滿足的互動；但當焦慮逼近時，自我系統處於支配地位，它控制焦慮接近意識的機會，採取在過去曾成功降低焦慮的互動方式，有選擇性地形成一個人對自己與他當時正在應付的他人的印象。

就像佛洛伊德一樣，蘇利文也想像人類經驗是在樂趣（蘇利文所謂的「滿足」），和對樂趣的願望防衛性的調節（蘇利文稱

之為「安全感」）之間的張力中上演；但傳統的佛洛伊德學派理論，和蘇利文對動機、早期發展與心靈結構的人際互動的解釋，有好幾個非常不同的基礎的差異。

佛洛伊德認為性和侵略性天生就是反社會的，而且一定是衝突的，然而蘇利文相信只有當引起重要照顧者的焦慮時，經驗中的某些特定區域才會成為有衝突的。在一個家庭是衝突的狀況，可能在另一個家庭卻非常平順地帶來相互滿足的經驗。困難的來源不在於衝動固有的特性中，而在於人類環境（human environment）的回應。

基本上，佛洛伊德認為衝突的強度，視驅力背後的推動力（一個人與生俱來的性或侵略驅力的量）而定，蘇利文則認為，一個人焦慮的程度是早年環境中焦慮程度的直接產物，只要照顧者越焦慮，孩子的經驗中就會有越多區域留下焦慮的痕跡（有更多的「壞的我」和「不是我」）。

雖然蘇利文的工作和傳統佛洛伊德學派的自我心理學，在專用術語和觀念上有明顯差異，對心靈及發育的理解卻有一些有趣的重疊。和蘇利文一樣，自我心理學家們將精神分析的架構，從佛洛伊德專注的個體心靈及其內部構造，擴展為個體及環境之間的相互影響，同時也和蘇利文一樣都認為，早年照顧的變化、照顧者性格的健康或病態程度，對孩子的發展確實十分重要。

不過，就像在第二章提到的，自我心理學家是沿著（或結合）佛洛伊德的驅力理論建構概念，他們認為心靈是由兩個互相貫穿的組合元素——天生的驅力，和經由互動塑造出來的自我——建構起來的，但蘇利文所推論的心靈是徹底社會性的，或許每個人都有些先天上的差異，然而心靈獲得的心理數價及意義完

71

全來自於重要他人的回應。

安全感運作和焦慮點

蘇利文用平滑（suave）來形容良好運作的自我系統過程。
在人生的旅程中，每個人都對焦慮的心情極為敏感，並發展出複
雜、快速和隱藏的安全感運作（security operation），將自己從焦
慮點（point of anxiety）帶回熟悉的立足點。人際精神分析師使用
的最重要技巧之一，就是藉由詢問及鼓勵病人自省，增加對於自
我系統運作的覺察，讓重要但快速的運作順序能被察覺和理解，
並經由理解而逐漸改變。

對於細節的詢問，突顯出蘇利文和佛洛伊德學派分析師使用
的臨床方法有多麼不同。最嚴格的古典分析方法是分析師不問任
何問題，因為在古典分析模式的邏輯中，認為病人的衝突會在自
由聯想中浮現，因此必須不受任何分析師提供的引導所影響。古
典方法中的非引導特性，對病人的自主性而言是最重要的保護，
72 確保有機會靠近病人內心最深層的衝突，而分析師的工作是對嵌
於病人自由聯想中的潛在動力做出詮釋，揭露隱藏在聯想中的潛
伏念頭。

當然，詮釋的本身也能視為具有引導性，因為它會影響之後
的聯想，但詮釋是一種清晰、刻意、能讓治療更深入的衝擊，它
是不常發生的，並由長時間的沉默襯托出它的清楚與刻意。詢問
會攪亂自動浮現的聯想的清晰度，卻又無法提供清楚可辨識的詮
釋說明。

即使如此，蘇利文卻對臨床情境有非常不同的看法，這個差
異反應出他和古典分析對人類心靈（尤其是語言的使用）在看法

上有多麼不一樣。蘇利文認為，每個人都用自己獨特的方式使用語言，話語的意義被嵌在最初學到這些話語時的原始人際關係脈絡中，一個人要花很久的時間，才能清楚瞭解另一個人話裡面的真實意義，特別是討論的話題牽涉到強烈的情感，或是非常私人事情的時候。

如果分析師假設自己根據病人用的詞彙就能知道他話裡的意義，接著根據自己所假設的理解做出詮釋，這樣一來只會讓病人更困惑，失去任何有所領悟的可能性。分析師要知道病人說的究竟是什麼，唯一的辦法就是不斷詢問細節，此外，若想獲得病人所描述情境的相關資料，分析師必須至少在某些時候提出引導式的詢問，因為自我系統能平順地將一個人從焦慮的威脅中拉開，病人因此有可能忽略經驗中最重要的細節與特色。

在弗雷德（Fred）身上可以清楚看見這種狀態。他因為對妻子極為不滿而尋求精神分析治療；妻子似乎也不瞭解他，兩人不斷地吵架。白天時，他會深情地思念妻子，每晚下班回到家時，也都下定決心要讓婚姻變得更好。然而不論他如何努力，兩人總是落入熟悉的相互中傷，他對此灰心不已。

人際精神分析師會很注意弗雷德和妻子間的互動細節。昨晚的吵架是幾點開始的？當他談到對妻子的深情與不滿時，他的意思到底是什麼？他何時開始注意到自己對妻子的態度有所轉變？

弗雷德就像大多數剛接受分析的人一樣，不大會觀察自己的心靈歷程，以及與他人互動的全貌。為了擴展他對自己感知範圍的意識，人際精神分析師會藉由個人化有技巧性的細節詢問，試著找到一個方式幫助他對這些程序與互動產生興趣。

在某個特定的晚上，他回到家時發生了什麼事？當時他的心

73

情如何？他的妻子如何反應？誰對誰說了什麼？可能要經過好幾個星期不斷地詢問細節，弗雷德才能精確地指出互動中的關鍵時刻。那天晚上，弗雷德和妻子一開始都很熱絡地回應對方，他說了一些當天發生的事，妻子對此給予溫柔親切的評論。他注意到妻子的評論方法，和岳母習慣用來表達意見的方法有相似之處，於是以略為輕蔑的方式向她指出這一點，妻子因此退縮了，同時也對弗雷德的家庭回以批評。現在兩個人都在熟悉的立場上，並在蘇利文所謂的**敵意的整合**（hostile integration）中舒服地安頓下來。

這個變化是怎麼發生的？為何發生？如果我們能夠錄下這一段互動，攝影機可能會照到就在弗雷德找到機會批評妻子之前，當妻子對於他的靠近給予溫柔回應時，他臉上一閃而逝的脆弱表情。一閃而逝的脆弱就是**焦慮點**，蘇利文認為焦慮感總是出現在安全感運作之前。當然，通常人際互動分析師拿不到這種家庭互動的錄影，因此他必須詳細詢問發生在診療室外的細節，並留意他和病人之間互動的經驗。在這之後，我們將看到後者（反移情）在人際傳統中有越來越重要的地位。

在弗雷德的原生家庭中，每個人都從孤立的位置上多疑地中傷彼此，他已習慣生活在這種即將爆發的低調敵意中，整個童年及青少年期間，他都渴望擁有一個不會和他吵架的人、一個能理解並接受他的人。他曾經交過許多女友，但她們最後都讓他失望了，雖然與妻子剛開始在一起時還不錯，但那種甜蜜也很快就惡化成迫使他尋求治療的慢性爭吵。

弗雷德和妻子之間的溫柔相處，讓他感到焦慮、脆弱與沒有掩護。在他的原生家庭中，溫柔的感覺總會被摧毀，他早已學

會快速而不自覺地將任何溫柔的衝動（對滿足的需要）轉化為批判性的優越姿態，這個立場讓他感到相當安全，並且不再感到脆弱。

人際精神分析師透過詢問細節，讓時間慢下來和延長。弗雷德在一開始接受治療時，只知道自己再怎麼努力還是無法和妻子和平共處，但漸漸地，他覺察到自己如何使用批判性的優越感將妻子推開。他變得對自己的情緒狀態層次更為敏感：剛開始是興奮；接著這個興奮如何轉變為焦慮的脆弱感；而當他採取何種行動時，可以讓自己再度感受到那種令人安心的失落感。由於對自己的安全感運作有更多的覺察，弗雷德現在能做出更有建設性的選擇。

蘇利文認為，安全感運作是以長期維持住引起焦慮的情境為代價，來換取短期的焦慮減低。安全感運作總是能發揮效果，一旦弗雷德開始將妻子想成是有缺陷的，就比較不那麼焦慮；然而長期下來，他也會覺得自己無法擺脫這個有缺陷的女人。正是這些安全感運作的立即效果使得它們如此頑強，只有在經過極大的分析努力後才能有所改變。至於安全感運作到底多有效，就像一個老笑話：有個男人藉著用手指彈出聲音來擋住老虎，但他的同伴說：「可是附近根本就沒有老虎啊！」這個厲害的彈指高手回答他：「那你知道這方法有多管用了吧？」

換句話說，安全感運作是自我系統為了避開預期的威脅，從早年人際互動情境中過度泛化而來的降低焦慮策略。病人越能理解自我系統為了避開焦慮會做哪些事，就越容易做出不同的決定。蘇利文改變了治療目標，這和佛洛伊德理解的「領悟」（insight）有共通之處，但對他而言，改變不僅是**概念**上的，更是

74

感知上的（Bromberg, 1980, 1989）。

因為病人擴展了對自己的內在過程，以及與人際互動中實際事件順序的覺察，因此弗雷德才能看見，自己多麼習慣從十分親密的情境中逃開，藉此擺脫與妻子在一起時所感受到的脆弱感。然而，繼續待在親密情境中雖然在當時會使他焦慮，最後卻讓他更有機會解決婚姻長期以來的不快樂。彈手指（毀謗他的妻子）雖然極為誘人，卻只是分散注意力的方式，讓他得以逃避自己的懷疑與不快樂的真正原因。

蘇利文處理強迫症的方法

蘇利文某些最重要的貢獻，是在治療強迫症（obsessionals）的臨床工作中發展出來的。這些病人對自己與其他人都極度控制、小氣、競爭、愛挑剔，並深陷令人癱瘓的細節中。佛洛伊德一開始以肛門期固著的方向來研究這些病人，把他們想成是和想要弄髒，以及反抗如廁訓練和社會化整潔制度的肛門性慾願望搏鬥。並將他們性格中的控制特點，當作是對弄髒與反抗衝動的複雜防衛（反應形成），或是其偽裝後的表達。不久，佛洛伊德注意到施虐狂在強迫症動力中的重要性，這個主題後來由威廉‧賴希繼續研究。強迫症患者被描述為有施虐狂，同時對權力有強烈的渴求，而他們的控制性格特性被理解為獲得和維持支配他人權力的願望，或是經由服從和諂媚去對抗那些願望的努力。

蘇利文卻有非常不同的看法。他認為強迫症之所以強烈控制，並非反應肛門情慾、原始施虐狂或對權力的關切，而是一種先發制人的防衛，目的是為了對抗預期中的羞辱及深刻的焦慮。

他發現，強迫症患者通常在偽善的家庭中長大，當他們的身體或情緒受到殘酷對待時，對方竟然說其實很愛他們，那些毆打或羞辱是出於關心，是為了他們好。

根據蘇利文的看法，強迫症患者極為惶惑，非常恐懼和別人交涉，因為他們預期自己最後會感覺很糟糕、很無助，而且不明白為什麼會有這些感覺，或者它們是怎麼發生的。於是，消釋對方攻擊力的需要成為他們控制的動機，讓他人不再對自己的安全感造成威脅。

佛洛伊德學派精神分析對心靈內部的構思，將病人描繪為被猛烈的內在戰爭撕裂。危險的衝動不斷施壓要獲得表達，於是心靈樹立堅固的防衛來對抗這些衝動，而這些內在力量之間的搏鬥，耗損了原本可以用來過更滿足的生活的能量，與此同時，戰鬥的場景位於病人的內在世界中。

然而在蘇利文的人際精神分析架構中，認為病人這麼做是為了在努力應付他人時維持安全感。過去的關係帶來深刻的痛苦和羞辱，為了避開當下關係中可能發生的危險，於是他們發展出安全感運作，而此時戰鬥的場景是在病人與他人的互動中。

蘇利文認為，分析師的角色是幫助病人增加對自己參與這些互動的覺察。病人開始注意到曾經故意避開的重要特徵，因而體會到自己為了讓短期控制焦慮有效所做的努力，到最後竟然妨礙自己獲得滿足的生活。在這裡，病人與分析師的關係，往往是說明病人特有的安全感運作中自我限制特性的有力工具，病人一定會在與分析師的關係中，重演重要的人際互動模式。然而蘇利文並未將探索關係作為分析技巧中的核心特色，直到後來的人際精神分析理論家才將之發揚光大。

76

　　艾蜜莉（Emily）是一位能力很強、有嚴重強迫症的年輕女子，她的案例說明了病人的關係模式如何在與分析師的關係中上演。艾蜜莉因為很難和人建立起令她滿足的關係，因而求助於精神分析，她不知道為何自己總是把他人推開，同時還發現自己常對別人感到不耐煩。

　　在某些領域中，她很有才華而且極為成功，但總是獨自工作，而在大部分的活動中，例如工作、家裡的活動及床上的性行為，她通常覺得靠自己完成總是比靠別人完成來得好。因為她對這些事情都這麼拿手，以至於她十分肯定採取這樣的做法是正確的決定。

　　艾蜜莉以她特有的超高效率的方式開始進行分析。她辨識出有問題的區域，努力呈現及探索與過去和當下相關的材料，並且得到非常有趣且往往很有用的領悟。分析工作似乎進行得很順利，以至於分析師過了好一陣子後才發現自己似乎和這些過程無關。他感覺到艾蜜莉不想讓他說太多，每當他有話想說時，艾蜜莉就會稱讚他的貢獻，而她看起來也像有好好採納他的建議，但分析師越來越覺得自己說話的時候總是像他打斷了一些也許應該要避開的事。

　　他開始對這個過程產生興趣，並漸漸意識到艾蜜莉傳遞這個印象的隱微方式：在每一次會談中，她帶進自己預先準備好的議題、探討這些議題時專注而徹底的方式，以及最後都能將分析師的回應帶回到她原本關切的事情上的方式。

　　分析師詢問艾蜜莉，當他開始講話時她的感受是什麼？分析師感覺到的是病人感覺自己被打斷了。一開始，艾蜜莉駁斥這個觀察的速度之快，就像是想向分析師保證他的努力有受到賞識和

感激;漸漸地,當她能更充分地反省這些時,才開始明白她對分析師的潛在貢獻有多麼衝突的感受。一方面,她是為了尋求幫助才進入治療,她也十分尊敬分析師的專業能力;但另一方面,她在分析中運作的方式就像在所有人際情境中一樣,她深深相信不管需要完成的是什麼,自己一個人都能做得比較好。

於是,當分析師開始講話時,她的確感覺像是被推離了軌道一樣,只有當她談論自己關切的事情,並對各式各樣的主題提出聯想時,她才覺得是有效地繼續前進著。當然,她之所以待在診療室,正是為了知道分析師的想法,所以她很努力地傾聽與考慮它們,然而只要分析師一說話,就表示她得應付他、他的想法,而這會讓她從自己的焦點和需要往哪裡去的感覺中分心。雖然她並沒有真的覺察到,但她感覺到有股很強的內在壓力想盡快掙脫分析師的想法,讓自己能夠再度獨自以熟悉的方式前進。

艾蜜莉和分析師在當下的關係模式中所顯露出來的,是一種什麼樣的安全感運作?艾蜜莉的父母都極為情緒化、焦慮和極端,父親是個生意人,不斷在了不起的成就和不幸失敗的巨變中循環,他只關心自己,根本沒有心思注意孩子們。艾蜜莉的三個手足中,有兩位進入父親的公司,而對他們個人而言很重要的事,似乎都被父親的活動與焦慮所製造的風暴吞噬殆盡。

艾蜜莉的母親則被看成是愚蠢及無能的,由於丈夫不讓她接觸自己的事業,她不斷因為丈夫事業的成敗起伏而恐慌,並總是淚眼汪汪地向艾蜜莉尋求安慰。這兩位父母都沒辦法照顧到艾蜜莉的需要,相反地,只有當他們需要艾蜜莉時,才會闖進她的世界。

當這些來自過去的當下程序變得更為清楚,而艾蜜莉更能思

77

考它們時，分析師詢問她能不能想像他或許可以提出一個想法，將艾蜜莉帶到一個他們兩人先前都無法想像的地方？當然，艾蜜莉可能只是反射性地說「好」，但分析師詢問並探索她如何利用限制他人靠近她的思考過程來維持安全感的方式，因而艾蜜莉能更深刻地覺察到自己如何運作。

當她進一步深思分析師提出的問題時，她開始覺察到自己的確無法允許自己從別人那裡得到真正有用的東西，而她發展出的自我控制方式，使這種可能性變得多麼小。為了維持一時的安全感，她犧牲了擴展出擁有安全感的長期關係的機會。

當代人際精神分析

在將人際精神分析塑造為現代的型態上，湯普森（Clara Thompson, 1893-1958）是最有貢獻的人物。她在紐約精神分析學院（Naw York Psychoanalytic Institute）接受古典佛洛伊德學派分析訓練，並曾在布達佩斯接受費倫齊的分析。費倫齊是佛洛伊德身邊人物中最喜歡實驗，也是最引起爭議的一位。在兒童被成人性侵害的議題上，費倫齊與佛洛伊德意見分歧，他相信真實發生過的事是精神官能症的起因，而佛洛伊德強調的是以本能為基礎的幻想；此外，費倫齊也覺得分析師不能只是對病人動力的超然觀察者而已，分析師深刻而真實的關懷，是克服由早期虐待所造成的創傷所不可或缺的。

湯普森在費倫齊強調過去與當下真實關係的重要性，和蘇利文的人際互動理論間找到共同點，而為了完成她提出的人際精神分析版本，她又加入了佛洛姆的「人本主義精神分

析」（humanistic psychoanalysis）。佛洛姆（Erich Fromm,
1900-1980）將佛洛伊德許多對精神動力的解釋，放進更為廣泛的
馬克思觀念的歷史，以及存在主義對於人性的想像中，他不僅加
以解釋，並將之重新定位。

佛洛姆推論，因為不同型態的社會需要某些特定型態的人去
執行特定的社經功能，所以人類在不同的歷史時間點上發展出不
同的性格型態。人類基本上是社會的動物，最害怕孤立，因此有
股強大的力量讓所有人都根據社會的需要塑造自己，於是，將經
驗區分為意識和潛意識領域的並非本能驅力固有的原始天性，而
是從廣泛的人類潛力中，分出值得擁有和不值得擁有的特性的社
會選擇。在佛洛姆的觀點中，潛意識是社會的產物，因為我們每
個人恐懼自己擁有的自由，以及在更充分地表達我們真實和個人
的經驗後，反而導致被孤立的狀況，因此才被維持下來[2]。

湯普森將蘇利文的人際理論（蘇利文總是將它當成精神醫學
的一個學派，而非精神分析），和費倫齊與佛洛姆的思想編織為
人際精神分析的鬆散結構，它比較不是一種無所不包、整合過的
理論，而是一組共通的理論重點和臨床方法。在蘇利文之後，人
際傳統中有兩個主要的發展，反映出目前人際精神分析實踐中佛
洛姆思想的衝擊。

2　荷妮（1885-1952）在有關文化的影響與社會程序上，對基本佛洛伊德學派概念所做的重新
　　整理和佛洛姆極為類似。荷妮、蘇利文和佛洛姆經常一起被歸類為「文化學家」或是「新
　　佛洛伊德學派」。他們三人之間有許多的相互影響，直到一九三〇年代，個人與政治因素
　　在荷妮及佛洛姆之間造成裂痕，導致荷妮成立美國精神分析學院（American Institute for
　　Psychoanalysis），傳授她自己的觀點（佛洛姆、蘇利文與湯普森則是成立懷特研究所的關
　　鍵人物，這個機構至今仍是人際互動精神分析的佼佼者）。荷妮對古典的、以陽具為中心
　　的佛洛伊德學派對女性發育看法的批評，為之後人際互動學派對性別與發育的理解帶來重
　　要影響。

首先，分析的重點明顯地從過去轉為現在，從彼時彼地轉換為此時此地。蘇利文重視病人的個人歷史，認為在治療的一開始就該徹底地調查病人的背景和所有重要的發育階段。為了瞭解當下人際互動範疇中發生的事，分析師一定要能確實掌握病人在當下，正與在過去形成的誰的幻覺化身互動著。若想充分瞭解病人目前的安全感運作，分析師得知道這些安全感運作在最初的人際脈絡中是如何形成的。

當代人際精神分析師（就像許多當代佛洛伊德學派分析師一樣，請見第九章）打破過去與現在的均等重要性，使焦點更傾向於現在。「性格」（character）的概念是湯普森和佛洛姆莫大貢獻的核心，而且現在變得越來越重要。如今，重要的不再是重新思考病人早期有塑造性的關係，而是這些關係以何種方式塑造出當下生活的方式；重要的場景是病人整合與他人關係的方式（而他與分析師的關係則是觀察到這些方式的重要舞台）。與此相反地，分析師認為在大部分的情況下，對過去的專注是將注意力從處理現在發生在病人與分析師之間的真正議題中分散開來（有時是為了逃避它）。

第二個密切相關的發展，是分析師的個人經驗被更加認定是由分析情境激起的，而且是它的一部分，同時視**反移情**（countertransference，分析師對病人的個人經驗）為分析程序中的關鍵線索[3]。

蘇利文將分析師與病人互動的方式稱為參與觀察（participant

---

3   許多人際互動的學者促成這個論點，包括：布倫伯格（1983, 1991, 1993）、伊倫伯格（Ehrenberg, 1992）、費納（Feiner, 1979）、赫斯基（Hirsch, 1984, 1987, 1994）、李文森（1972, 1983）、史登（Stern, 1987, 1990, 1991）、陶伯（Tauber, 1979）和威爾史登（Wolstein, 1971）。

observation）：病人試圖將分析師拉入自己特有的互動模式，而分析師就像敏感的儀器，透過自己對這些人際互動中微妙拉扯的覺察，發展出有關病人安全感運作的假設。但蘇利文並不認為，分析師和病人之間有太深的個人牽扯是有幫助的，分析師是一位人際互動的專家，他的專家身分會防止他被拉入病態的連結。分析師需要對自己輕微的突發焦慮有足夠覺察，以免進行自己的安全感運作。一位專業的分析師不會對病人有任何人際互動上的需要，因此對病人也不會有強烈或混亂的情感。

然而，當代人際精神分析師傾向於將分析師放在不同的位置上。他們將病人的人際行動，視為邀請分析師加入他的關係模式的強力誘惑；而分析師在與病人的互動中，不可避免地被激起自己的人際需求、焦慮與安全感運作。因為「當下」被賦予了較過去更重要的地位，所以在兩人共同創造及維持的人際互動模式中，分析師比較像是完全的參與者，而不是半超然的觀察者。

在當代人際理論家中，最具影響力的李文森（Edgar Levenson, 1972）曾用同形的轉化（isomorphic transformations）來描述病人性格的同一個基本人際互動模式，如何在生命中所有重要的區域裡——過去、分析情境外的當下關係，以及在分析關係中——重複出現。

讓我們從一個更為現代的人際觀點來思考艾蜜莉的個案。我們已經注意到她從與父母的關係中學到，他人不大可能會對她的經驗有任何正向的貢獻，但她仍需要小心地應付他們，並使他們轉移注意力。分析師能向艾蜜莉描述她和別人相處時特有的運作模式，以及這個模式與她試圖向分析師求助的目的有多矛盾，但分析師是如何歸納出這些的？

80

在艾蜜莉的人生中，重要的關係都反應出同一個模式。她將父母、親密的朋友與男朋友們都維持在離她的生活核心——也就是她自己強大而孤立的生產力——有一段距離的位置上。她會和其他人接觸，確定他們對她的需要是什麼，並很快地提供；她認為歷任男友都太過依賴和黏人，而且根據她的描述他們似乎確實如此；她感覺與自己有關聯的每個人都好像非常需要她，她也對自己有能力幫助人感到很驕傲；當她的愛人或朋友因為覺得她無法承諾而中斷關係時，她總是感到無比訝異。

分析師感覺到艾蜜莉對他過度殷勤的尊敬。除此之外，艾蜜莉的工作包括偶爾不定期的出差，因此有時會打電話取消預約並重新安排會談時間，以致分析師回覆艾蜜莉的電話時，必須和她的祕書交涉，而祕書應付分析師的方式就像應付艾蜜莉的客戶一樣，她恰當地安排與捍衛老闆的時間，並以稍微高傲的姿態對待那些想奪走老闆時間的人。

就像之前提到的，分析師感覺艾蜜莉基本上會靠自己獨力推動會談，不過他也找到某些看起來有效的方法和艾蜜莉交流。可是他也逐漸注意到，自己在每次會談結束到下次會談開始之間，會感覺到一種奇怪的不連貫感。通常他在會談結束時會覺得有成就感，和艾蜜莉有連結，但下次會談時艾蜜莉看起來總是有些冷淡，而且有些困惑自己到底來幹嘛？

她對前一次的會談常常毫無記憶，在會談的一開始會說些像「我們今天該談些什麼？」的話，就好像她剛進入由別人準備好議題的會議一般。當她確定分析師沒有想要提出任何建議時，她就提出自己想處理的部分，而且很有效率地處理它。分析師越來越覺得這種開始會談的方式有點怪異，這幾乎儀式化的方式，製

造出艾蜜莉是第一次和分析師見面的效果。

分析師逐漸覺察到自己和艾蜜莉的關係有幾個特性。雖然他努力維持專業上的尊嚴，但依然被艾蜜莉和她的祕書貶低，她們不斷提醒他，艾蜜莉的時間和她的存在都比分析師重要。他也開始意識到一種隱微但漸增的壓力，像是得讓自己對艾蜜莉而言是有用的、他得闖入她自給自足的工作中、得讓自己對她來說是重要的。他開始明白，會談儀式化的開始和每次會談間情感連結的不連續性，都是艾蜜莉在否定他與他的影響，彷彿他之前的努力都消失了，必須重新開始才行。

這些自我觀察及反省，使分析師歸納出艾蜜莉和他人互動的模式。她應付分析師的方式和應付別人是一樣的：她不期待從別人那裡獲得任何真的有用的東西、她只想分辨出分析師的需要、處理那個需要、然後用自己的方式走自己的路。藉由自己對艾蜜莉的反應（反移情）材料，分析師推論出她如何以這種特殊的方式和分析師建構關係。他開始對艾蜜莉描述自己發現艾蜜莉不讓他靠近、很不情願地讓他提供幫助，而到下次會談時便又抹滅這些幫助的價值。當然分析師並非一次就把這些都告訴她，而是一點一點的，以同情艾蜜莉的潛在焦慮，和這些安全感運作在生命史上的必要性告訴她。

艾蜜莉有兩種反應：有時她感到受傷而且真的很困惑，分析師怎麼可能覺得被她貶低，她是這麼煞費苦心地努力當個好病人？！有時她會以一種「理解」和關心的態度反應，像是對分析師保證他真的有幫上忙。然而在分析中，艾蜜莉越來越清楚看見，她在許多方面都認為分析師就像朋友和愛人一樣，需要覺得被愛、過度地要求她，並且需要保證。

我們如何去理解艾蜜莉認為分析師是脆弱的，以及這些脆弱必須被小心處理的想法？這是移情嗎？在古典佛洛伊德學派理論中，它們被當成時間的置換，病人充滿性及侵略目的的歷史片斷，重疊在當下和分析師在一起的經驗上。蘇利文也以類似的方式將之解釋為分析師透過現在的參與，理解到病人早年人際整合置換的片斷。當代人際精神分析師則在一開始時假設，艾蜜莉對分析師的感覺很可能是以兩人在當下的實際互動為基礎，雖然它們是根據過去的模式形成的，但是病人的移情是對分析師實際存在與行為活生生的反應，而分析師的反移情則是對病人實際存在與行為活生生的反應。

如此看來，艾蜜莉高傲的自給自足和能幹的優越感，一定會影響分析師和她相處的經驗，侵蝕他對自己是否有所貢獻的感受。他試著處理自己的焦慮，努力在病人孤獨的工作中找到一個入口，讓自己變得對病人是有用的；而艾蜜莉覺得分析師給她的壓力，就像其他人想和她接觸時給她的壓力，是種一定要她來滿足的要求，因此她得讓別人感到安心，才能繼續自己正在忙的事。

從佛洛伊德學派及古典人際精神分析的傳統觀點來看，分析師與艾蜜莉互動中的情緒涉入，反映分析師偏離了他該做的事（也就是觀察，然後做出詮釋或從情緒中立的位置提出問題）。然而以當代人際互動的觀點來看，根本就沒有所謂的情緒中立，不管分析師如何努力，一定會陷入病人的動力中。分析師有可能掙脫互動的結合的想法本身就有問題，它使分析師看不見自己牽連其中，還要求病人與他一起否認。

因此，如果艾蜜莉的分析師覺察不到病人激怒他的程度，很有可能會做出一些詮釋，或問一些帶著懲罰、報復或懇求意味

的問題;相對地,艾蜜莉也很可能如此經驗那些詮釋或問題,因為她深信分析師就像每個親近她的人一樣,都過度脆弱又需要別人,而這是她最不想討論的事——而且由於她相信這是真的,也會相信分析師絕對不想面對。如果治療繼續這麼下去,它會建構在分析師與病人的共謀上,發展出不用明說的協議,假裝病人和所有重要人物關係中發生的情況並沒有發生在他們兩人身上。

在當代人際精神分析架構中,分析師假設不論他如何努力,兩人最後一定會重新上演病人內在世界中特有的動力模式。當這些模式在其他關係中辨識出來時,分析師也會在自己的經驗與分析關係的互動中,搜尋這些模式浮現的方式。

分析師可以如何使用這種更為相互影響的觀點?有好幾種可能性。李文森談到分析師逐漸「抗拒轉化」(resisting transformation),說明分析師如何受到誘惑進入反覆的情節中,這帶來分析師以不同方式和病人相處的可能性,當分析師反省且更清楚自己的參與時,這種自我探索的本身也創造了非常不同形態的參與。探索的某些部分可能只在分析師自己的心裡進行,某些部分可能牽涉到和病人那一方的互動對質,而另一些部分可能包含謹慎地向病人揭露自己的經驗。

在與艾蜜莉處理這些議題時,最後分析師和她分享一個他的幻想,並成為他倆的參考依據。分析師告訴她,他想像自己是一位挨家挨戶推銷吸塵器的業務員,每隔幾天就會來到她家門口,試著讓她對產品產生興趣。艾蜜莉總是很詫異看到他,對待他就如同不曾見過他一樣。儘管艾蜜莉抱持懷疑的態度,他還是示範吸塵器多好用,她也覺得很有興趣,之後艾蜜莉會建議他過幾天再來;而當他再度登門拜訪時,艾蜜莉又像是第一次看到他,然

83

後他們重頭開始。與此同時，艾蜜莉的房子漸漸變乾淨了。

　　承認分析師實際上幫助她不少，到底會讓艾蜜莉有何損失？難道是她得承認自己的房子很髒？害怕一種對自己無法獨自完成所有事情的屈辱，以及帶有危險性的坦承？擔心一旦自己依賴他人的協助，就會被自己的需要或（以完全且恐怖的方式）照顧她並讓她依賴的人所奴役？她能不能在焦慮點上延長不確定的時間，讓別的東西有機會發生？之後的分析詢問範圍，主要就在探討這類問題。

　　人際理論對分析過程的觀點，更充分地將分析師的參與包含進來，然而這也帶來有關技巧與臨床選擇的許多爭議性，我們將在第九章更深入討論這些議題。如今，所有主要的精神分析傳統都有一種主要的動向，朝向以更為相互影響的方式來理解分析情景。人際互動理論家們像是打開一個激進的（而且仍舊引起爭議、未開發及充滿問題的）概念領域的先鋒，而其他人則以較為謹慎的步伐進入這個領域。

　　蘇利文提出的理論，對精神分析思想與當代知識文化的發展趨勢具有先見之明。在作為一個人的意義上，精神分析被逐漸發展出的複雜、偏離軸心（decentered），以及將人放在脈絡中去思考的理解中扮演一個主要的角色[4]。在第一章中，我們提到佛洛伊德對潛意識程序的探索，挑戰了好幾世紀以來相信自己對心靈一清二楚，而有意識的經驗就是主動性及意義核心的信念。雖然蘇利文的著作使用非常不同的術語，但它代表那個主題非常激進的延伸。蘇利文認為，我們把自己看成怎樣的人——也就是說自我

4　這個在佛洛伊德、克萊恩與溫尼考特工作中的重要貢獻，奧格登（Ogden, 1994）於著作中曾探討過。

系統──是一種人為的構成，它的目的是發明幻覺以驅散焦慮[5]。雖然我們感覺自己像是有一個自我，如類客體（quasi-object）般存於裡面，其實我們是根據所處的人際關係脈絡，隨著當時的回憶與預期情境部分地建構自己。即便我們體驗到只有一個我，但事實上是透過許多自我組織在運作，而這些被納入的組織是為了感受和我們互動的他人。

相對於佛洛伊德認為自我是垂直地被組織起來，而有衝突的區域則遭到壓抑與埋藏，蘇利文認為自我的組織和分隔是水平的，不相容的區域經由解離過程分開（參考布倫伯格〔Bromberg, 1991, 1993〕對這種自我看法的最新研究）。這種認為自我是偏離軸心的、多重的，以及嵌於發展脈絡中的理解，在許多當代哲學、文學與社會批判中，對主體性和經驗的探討方式具有非常重要的影響。

5　蘇利文對自我系統的推論，明顯地暗示拉岡將自我理解為自戀且虛幻式的建構（請參考第七章）。

【第四章】克萊恩與當代克萊恩學派理論

既然我的階梯已消失，

85

我必須平躺在所有階梯攀升的起點，

那污濁心靈的廢品鋪。

——威廉‧巴特勒‧葉慈（W. B. Yeats）

當你恨一個人，你恨的是在他身上看見屬於自己的某部分，那些不屬於我們自己一部分的東西不會困擾我們。

——赫曼‧赫塞（Hermann Hesse）

從佛洛伊德之後，沒有任何其他分析師對當代精神分析的影響勝過克萊恩（Melanie Klein, 1882-1960）。克萊恩在整個漫長而著作甚豐的事業中，不斷地重新確認她的意圖只是經由對兒童的直接觀察及臨床治療，證實以及延伸佛洛伊德的理論[1]。然而她的發現卻導致一種在許多基本面向上，和佛洛伊德顯著不同的對心靈的見解。

克萊恩對精神分析有重大的貢獻，精神分析似乎救了她（根據克萊恩的自傳作者葛羅庫斯〔Phyllis Grosskurth〕所言）。她成年早期在維也納的生活，被與母親之間令人窒息的關係，以及使她痛苦和極不滿足的婚姻所主宰。她患有嚴重的憂鬱症，並似 86 乎快速退化到過著心理失能的生活，直到一九一四年，她發現佛

1　有關早年精神生活的理論，佛洛伊德是從治療成年精神官能症病人的工作中往回推斷而得，佛洛伊德本人從沒有治療過兒童。在「小漢斯」這個案例中，佛洛伊德提供的是像擔任兒子非正式分析師的，漢斯的父親精神分析的詮釋。

洛伊德有關於夢的著作,「立刻明白那就是我的目標,至少在那些年,我是如此渴望找到在知識上與情緒上能滿足我的東西。」(Grosskurth, 1986, p.69)

克萊恩搬到布達佩斯,並在一九一四年開始接受佛洛伊德最親密和最具影響力的學生之一的費倫齊分析。在一九一九年,她開始著手將自己對兒童(一開始是她的兩個兒子和女兒)的觀察與臨床治療寫成報告。她的著作很快便引起卡爾‧亞伯拉罕(Karl Abraham)的興趣,亞伯拉罕是精神分析開始發展的最初幾十年間另一位關鍵人物,他邀請她到柏林,在他於一九二五年去世前,克萊恩接受他一段短時間的分析。

一九二六年,克萊恩接受佛洛伊德的翻譯者與自傳作者瓊斯(Ernest Jones)的邀請搬到英國(瓊斯對克萊恩的興趣,有一部分是因為他自己就是他孩子們的分析師)。在克萊恩於一九六○年去世前,她都住在英國,並且在那裡發展她引起爭議的工作。

到了二○年代晚期,克萊恩與她的追隨者已開始和較為傳統的佛洛伊德派學者起衝突,將精神分析世界分裂為「倫敦學派」和「維也納學派」。克萊恩與安娜‧佛洛伊德最初產生歧見的議題,是有關分析兒童的技巧問題。克萊恩採取的立場是,只要以詮釋成人被分析者的自由聯想的方式,去詮釋他們的遊戲,兒童也和大人一樣是可以被分析的;但安娜‧佛洛伊德則認為,年紀還小的孩子是不能被分析的,因為他們脆弱而未發育的自我無法應付對本能衝突的深層詮釋,她建議治療有情緒問題的兒童應該採取一種類似教育的方式。

在一九三八年,佛洛伊德與他的女兒安娜千鈞一髮地逃過納粹的迫害。從維也納搬到倫敦不久後,克萊恩學派和(安娜)佛

洛伊德學派之間的戰爭,在英國精神分析學會一連串互相謾罵的討論中達到最高點,此時兩個學派已在理論與技巧上發展出非常大的差異,最後學會分裂成不同團體(而其中一個屬於第三方的獨立團體,乃是根據費爾貝恩與溫尼考特的論點而形成),這個分裂至今仍然存在。英國分析學會的裂痕,擴大為當代國際精神分析社區中的鴻溝,將克萊恩學派分析師在意識形態、政治、教育以及臨床上,都和佛洛伊德學派分析師分開。

在一九八〇年之前,美國精神分析的主流是佛洛伊德學派自我心理學。第二章中曾提到,自我心理學受安娜‧佛洛伊德非常深遠的影響,因此英國精神分析學會中(安娜)佛洛伊德學派和克萊恩學派之間的分裂,也造成美國分析傳統中對克萊恩的工作持續地反感。結果,克萊恩的理論在美國往往被分析師忽略,或是被草草的摒棄,而克萊恩學派作者也和其他理論傳統的發展隔絕[2]。

政治上的忠誠和常用的技巧專用術語,使得人們很難領會克萊恩對心靈的理解和佛洛伊德有多麼不同。佛洛伊德認為,最重要的精神官能症衝突和祕密與自我欺騙有關,這個衝突的核心是在幼兒性生活的最高點——伊底帕斯階段——形成。他相信在此期間,五、六歲的孩子和強烈而又危險的亂倫願望搏鬥。

克萊恩則對更早的程序產生興趣。她發現一些證據指出,佛洛伊德對年紀較大的孩子(五或六歲)所作的假設,也能應用在更為年幼的孩子(二或三歲),甚至嬰兒身上。在將佛洛伊德的理論延伸至更早的發育階段時,克萊恩提出亂倫結合(伊底帕

87

2　近來由於史匹利爾斯(Elizabeth Bott-Spillius)的努力,使克萊恩學派之外的人開始能知道並理解克萊恩的理論。

斯情節）的幻想以及恐怖的自我懲罰（超我）都在非常早期就出現，不過，是以更為「原始」與恐怖的型態出現。

然而，如果將克萊恩解讀為，只不過是把佛洛伊德的理論往前延伸到更早的發育時間，會使我們錯失克萊恩所設想的心靈和佛洛伊德之間有多麼戲劇性的差異。克萊恩對嬰兒心靈中伊底帕斯衝突的描繪，具有和佛洛伊德所描繪的伊底帕斯情境非常不同的性質。

佛洛伊德的病人們是成人，他們的生活雖然充滿衝突與折磨，卻是連貫的。在一九二○和三○年間，對克萊恩思想的發展最具影響力的病人們都是兒童，許多病人是極為混亂與恐懼的。佛洛伊德的病人們是精神官能症患者，他認為精神分裂不能以精神分析治療，因為他們在情緒上完全的退縮，因而不可能將被壓抑的伊底帕斯願望及恐懼，藉由移情轉移到分析師身上。在一九五○和六○年間，克萊恩和她的追隨者把從和年輕孩子工作中所獲得的理解及技巧，應用在治療精神分裂的成年病人。克萊恩將他們退縮和怪異的行為理解為就像她在兒童遊戲中目睹的，是為了避開恐怖的東西所作的拚命努力。

對佛洛伊德而言，心靈經由伊底帕斯衝突，形成穩定及連貫的結構，包括隱祕的幽深處以及違背社會常規的設計。克萊恩以一種雖然未公開宣布但卻越來越引人注目的方式，以她對心靈的看法取代佛洛伊德對心靈的想像。她將心靈描繪為不斷的變動，像萬花筒般流轉著原始的幻影、幻想與驚恐，克萊恩認為，不只是幼小的孩童，成年人的心靈也一樣，總是不穩定、有流動性，並且不停地對抗精神分裂的焦慮。對佛洛伊德而言，我們每個人都和獸性的願望、對懲罰的恐懼與罪惡感搏鬥；但對克萊恩

88

而言，每個人都和毀滅的深刻驚恐（被迫害妄想焦慮〔paranoid anxiety〕）、和完全被拋棄（憂鬱的焦慮〔depressive anxiety〕）搏鬥。

有關於是否能藉由精神分析的詮釋接近兒童心靈的議題，製造了在克萊恩和安娜・佛洛伊德之間早年的分歧，並持續了非常久的一段時間。克萊恩認為成人心靈就像兒童的心靈一樣，被深刻的、像精神分裂般的驚恐所困擾，而且是不穩定、動態與流動的，總是能受「深層」分析詮釋的影響。

自我心理學的傳統（我們在第二章中已描述）則將成人的心靈設想為高度結構化，以及穩定的、由自我能力和防衛形成不同階層。自我心理學家認為，對成年被分析者內在衝突的深層詮釋，只有在經過一層又一層的，自表面而下的詮釋工作之後才能達成；然而克萊恩學者認為自我心理學所關切的只是情緒生活較為表淺的面向。自我心理學家們認為克萊恩學者只是粗暴地做出詮釋，用病人無法理解或使用的概念讓他們不知所措（Greenson, 1974），直到過去這幾年，我們才看見當代克萊恩學派作者，和某些擺脫自我心理學傳統的美國作者之間，開始有恢復邦交的行動（Schafer, 1994）。

克萊恩對精神分析思想的發展最重要和持久的貢獻，就是她對於所謂的「妄想分裂」（paranoid-schizoid）和「憂鬱」（depressive）心理位置的描述。要領會克萊恩提出的這兩個心理位置的意義，必須對她理論中的一些基本特性有所理解，所以讓我們來看一個臨床經驗如何以克萊恩的術語去理解，尤其是有關妄想分裂和憂鬱心理位置的部分。

妄想分裂心理位置

　　一位二十多歲的女服務生瑞秋（Rachel），在經過好幾年的分析後，鮮明地憶起一個多年來都不曾想到的經驗，這個經驗在童年主宰了她醒著與夢中的生活。從有記憶以來，她都被兩個鮮明而又強烈的影像，以及它們之間的關係糾纏。她想不起來這些影像是否一開始是夢的一部分，然後成為清醒時的幻想素材，或是一開始是一個白日夢，然後滲透入夢境中。

　　第一個影像是很小、極為纖弱的花朵；第二個影像有巨大且像人的外形、帶有威脅性、沒有五官，而且完全由大便形成。這兩個影像以一種她無法理解的方式綁在一起，而她覺得必須想個辦法解決這個問題。她會想到那些花朵，然後想到大便人，然後又想到花朵，然後大便人。

　　她無法想像有更相反的兩個影像，然而她卻又感覺到它們是一起的。她想讓它們融合，以某種方式整合起來，但實在想不出該怎麼辦到。彷彿有一個磁力將它們拉在一起，但又有一股更為強大的力量就像磁鐵的同極相斥般，讓它們不能靠近。兩個影像不可能融合在一起的感覺中，有一個很重要部分是她害怕這種整合將會摧毀脆弱、纖細的花朵，它們會被巨大而又邪惡的大便人永遠淹沒與埋葬。融合這兩種影像的渴望，一再強烈且迫切地浮上心頭，不僅清醒時如此，在夢中也是如此，但她一直無法解決由這兩種影像強烈的兩極性所造成的張力。

　　這些影像的戲劇性成為瑞秋分析中最重要的組織性主題，分析師認為它包含並代表許多關於她主觀世界結構的資料。瑞秋有個非常悲慘的童年，那些童年經驗足以毀滅智慧和機智遠不如她

89

的人。

瑞秋的父親在她一歲前就已去世，而她的母親因為越來越身心俱疲而無法照顧她。瑞秋被母親的一位表親在農村撫養長大，這位代理母親最特別的地方就是她的不一致性。她照顧瑞秋，有時溫柔親切地對待她，但有時又以一種惡毒和被迫害妄想的方式攻擊她。在瑞秋的回憶中有許多證據顯示，這位代母可能患有精神分裂症，而她的丈夫是一個長期酗酒的人，不能提供什麼庇護，有時他能提供一些情緒連結和關懷，但大部分時候他都很冷淡，或根本不在家。

分析中瑞秋開始明白，花朵和大便人的影像有多重要，因為它們以壓縮卻極為鮮明的方式代表她生命中的經驗的特性，尤其是童年經驗，但也代表她的成年生活。就好像她有兩種非常不同的經驗，它們與彼此幾乎完全無關。

大部分的時候，她覺得有種黑暗不祥的沉重感籠罩著自己和其他人，她感覺自己充滿了醜陋的破壞性，對所有人（包括自己）有無止盡的恨，如果解除對這個恨的束縛，她將摧毀自己與周圍的人。同樣地，在這個大便世界裡，她也感受到他人具有威脅性並對她充滿了恨。一切都很清楚一致，她無法解除，也不可能逃開。沒有意料之外的事。她感覺到的外在世界的恨，和她經驗到的自己內在本質有深刻的關係。

其他時候，瑞秋會有一種非常不同的經驗，這偶爾發生在她與認識的人（她沒有真正互相往來的朋友）在一起的某些單獨有限的時刻中，特別是當她聽音樂或讀詩時。在這些時刻，她平時感覺到的淒涼與黑暗會消散，而她能感覺到自己對他人、他人對自己的溫暖感覺（這些人大部分都是早已作古的詩人和作曲

90

家）。和詩詞與音樂在一起的經驗相當一致，她能夠自己引起這些經驗，而且把它們當作可靠的基礎，讓她能發展並形成和詩人及音樂家的關係。當這些經驗發生在她和真人的關係中時，雖然令人感動但卻是危險的：因為完全不可預測，所以最好不要期待它們、渴望它們，或試著讓它們發生。

花朵和大便人的影像將引起瑞秋經驗的兩種普遍模式，以及她存在的兩個截然不同的世界具體化。她渴望將它們放在一起，以減輕陰暗憂鬱，讓自己有更多的連續感，讓自己能感覺到在和真實活人所建立的關係中，也可能有持續的正向連結和關愛的時刻。然而，如果真要仰賴別人提供某些重要的東西、去期待它或試著讓它發生，就得冒著失望以及被激起暴怒與仇恨的危險，而且將這兩種經驗整合在一起，甚至可能會摧毀短暫照亮黑暗世界的一絲光亮，所以她得將好的經驗與關愛的感覺，盡可能和壞的經驗與恨意分得越開越好。她必須把她和別人連結的時刻體驗為無常和有限的，和她通常與別人在一起時所感到的距離、不信任和惡意沒有任何關連。

就克萊恩學派觀點而論，這兩種影像的特性以及它們之間的關連，是這位極為匱乏的（deprived）年輕女子個人掙扎的核心，它反映出每個人在生命最初的幾個月和幾年中的普遍的經驗組織（妄想分裂心理位置），片段地留在我們的一生中。

克萊恩對經驗組織方式的理解源自佛洛伊德的構想，尤其是本能驅力和雙驅力理論的概念，但她以自己的方式應用佛洛伊德的概念。就像我們在第一章中注意到的，佛洛伊德所構思的本能衝動是一種介於生理與心理之間的概念。他將衝動描述為起源於體組織中物質的累積，雖然位在心靈之外卻造成心靈的精神張

力，一種「強迫心靈工作的命令」。「客體」是「偶然」在外在
世界中被發現的，例如在哺乳的過程中發現乳房，它對於消除驅
力的性慾張力很有用，因此這些客體經由這種過程與衝動產生關
連。

　　克萊恩從未背離佛洛伊德本能理論的表達方式，她所有的貢
獻都是從佛洛伊德的驅力理論衍生而來，並以它作為架構，在這
個理論中，性和侵略的能量是心靈的基本燃料，而滿足與對抗性
和侵略衝動的防衛是精神生活的原始劇本。但是，克萊恩的構思
明顯地改變了這些概念的基礎。

　　對佛洛伊德來說，本能的衝動與它要求要提供滿足的心靈，
以及和它偶然連結上的客體之間，互不相連而且可以區別；然而
克萊恩逐漸將衝動概念的兩端擴展，也就是在衝動升起的源頭和
其所指向的目的兩方面。

　　克萊恩所說的本能衝動，雖然是嵌在身體的經驗中，卻更為
複雜與個人化。她不認為性和侵略的衝動是獨立的張力，而是體
驗自己為「好」（愛和被愛）或「壞」（有毀滅性以及被恨的）
的方式。雖然性慾和侵略性的表達乃是依據身體的各個部位及物
質，但克萊恩相信它們來自／並反映出更為複雜的經驗系統及自
我的感覺。

　　對佛洛伊德而言，衝動的目的就是釋放，客體是意外被發現
能達成目的的方式；克萊恩則認為客體被建構在衝動經驗之內，
在經驗「渴」的感覺時，在「喝到水」之前，其實就已經開始模
糊地渴望那個能釋放「渴」的客體，因此慾望的客體包含在慾望
的經驗內，因此去愛和保護的性慾衝動包含一個嵌在性慾衝動
內，可以被愛與關愛的客體影像；去恨和摧毀的侵略性衝動則包

含一個嵌在侵略性衝動內，可恨而且充滿恨意的客體影像。

佛洛伊德對結構理論運作的解釋，讓我們想到一個有連貫性與統整的自我形象，它有時應付一個特定的性慾衝動，有時應付一個特定的侵略性衝動。而克萊恩對於早年經驗的解釋，讓我們想到一個不連貫的自我形象，在去愛、可「愛」之人的愛的傾向，和去恨、以及可「恨」之人的恨的傾向間擺盪著。瑞秋的花朵和大便人，不僅是性慾及侵略性釋放的媒介，還代表了在某種特定自我和某種特定他人之間更為複雜的關係。雖然克萊恩保留了佛洛伊德的專用術語，她對心靈基本材料的看法卻從衝動轉變為關係，並導出一個對精神生活原始劇本極為不同的觀點。

克萊恩將嬰兒的經驗描繪為由兩種極端的狀態所組成，並在概念結構與情緒色彩上強烈對立，而最好的範例就是哺乳中的嬰兒。在這種狀態下，嬰兒感覺自己沐浴在愛之中，一個「好乳房」充滿了神奇的營養和能改善一切的愛，它讓嬰兒喝飽能維持生命的奶水，並把他包在充滿關愛的保護中；嬰兒愛這個「好乳房」，而且對它保護性的幫助深深感激。但在其他時候，嬰兒感覺自己被迫害而且非常痛苦，他的肚子空了，而他的飢餓正從體內攻擊他。「壞乳房」可恨而又充滿惡意，餵他喝下壞的奶水，從他的體內毒害他，然後拋棄他。他恨這個「壞乳房」，而且充滿強烈毀滅性的報復幻想。

我們必須記住，這個解釋雖然是以成人的語言寫成，卻是對語言能力形成前的嬰兒經驗所做的假設，它企圖跨越一個我們永遠無法完全跨越的界線。克萊恩和她的合作者一直都假設他們是就還算清楚的言語，去描述關於孩子可能不清楚與非語言的經驗，這些經驗沒有固定形狀，而且像幻影一般，和成人自己能夠

記得而且經驗到的有一段距離。

克萊恩所描繪的被分割的世界，早在任何現實測試能力形成之前就成型了。嬰兒相信自己對愛或恨的幻想，會對幻想中的客體有真實且強烈的衝擊，例如他對「好乳房」的愛有保護性及修復性的作用，對「壞乳房」的恨會帶來毀滅性的破壞。正因為孩子體驗到他的衝動無所不能，因此認為這世界非常危險。

在經驗最早的組織方式中，孩子情緒的平靜完全靠他將這兩個世界分開的能力。為了讓「好乳房」能成為安全的庇護，它得清楚地和「壞乳房」的惡意分開，孩子對「壞乳房」的憤怒在摧毀乳房的強烈幻想中上演，並感覺這些幻想是真實的，他相信自己造成真實的傷害。將毀滅性的憤怒涵容在與壞客體的關係中是非常重要的，任何好與壞客體之間的混淆，都會造成好客體的毀滅，這會是一個很嚴重的災難，因為好乳房的死亡會讓孩子在壞乳房的惡意中失去保護和庇護。

克萊恩將這種最早的經驗組織方式稱為**妄想分裂心理位置** 93
（paranoid-schizoid position）。**妄想**（paranoid）和核心的被迫害焦慮有關，這是對外來侵略性惡意的恐懼，就像大便人威脅著侵犯和汙染所有好的東西，它不僅威脅花朵的好，也威脅瑞秋對花朵的愛。**分裂**（schizoid）是有關於核心的防衛：**分裂**（splitting）把愛和被愛的好乳房，以及恨和被恨的壞乳房分開。瑞秋迫切地需要讓花朵遠離大便人，將她針對大便人的恨和愛分開，並保護她的花朵讓它存活下來。

為什麼稱為位置（position）？佛洛伊德描述的性心理「階段」的發展，是以不同的性慾目的為基礎，在成熟的過程中先後展開；克萊恩則立基於經驗的組織（外在及內在現實）和面對世

界的態度。分歧的好與壞的世界，不是一個要被穿過的發育階段，它是一種形成經驗模式的基本樣版，以及為自我找出一個位置的策略——或者更正確地說，在與各種型態的他人的關係中不同版本的自我。

克萊恩的妄想分裂心理位置，來自對抗由死亡本能產生的被迫害焦慮的迫切需要。除了克萊恩以外，所有其他主要的精神分析理論家們都把佛洛伊德死亡本能的概念當成是生物性、半神話式的推測，但克萊恩卻將它建構為理論的核心。根據治療病態兒童和精神分裂病人的工作經驗，她以對即將發生的毀滅感到焦慮來描繪新生兒的心靈狀態，毀滅的危險是來自嬰兒自己的侵略性對自己的野蠻破壞力。在人的一生中，最立即也最持久的問題是逃避這種被迫害妄想焦慮的需要，逃離這種根本存在受到威脅的感覺。

被攻擊的原始自我將一部分朝向自己的衝動投射到自我界線外，因而製造了「壞乳房」。如果惡意是被放在自己的外面，在一個我們能從它身邊逃開的客體那裡，似乎比存在於自己裡面，而我們無法逃開來得較不危險。留下來的侵略驅力，有一部分又重新被用來針對充滿惡意的外在客體，所以和最初的壞客體之間的關係是由死亡本能的破壞力製造出來的，它的目的是控制由死亡本能所造成的威脅：有一個惡毒的乳房試圖摧毀我，我得試著逃開並摧毀它。

然而，住在一個完全充滿惡意的世界也讓人難以忍受，所以嬰兒很快地把包含在原始自戀中的愛的衝動投射到外在世界中，因而製造了「好乳房」。被留下來的性驅力，有一部分被再度投注在關愛的外在客體身上，因此和最初的好客體之間的關係，是

94

由性慾本能愛的力量製造出來的,目的是為了對抗壞客體所造成的威脅,以及作為庇護——有個惡毒的乳房想摧毀我,我恨這個壞乳房而且想摧毀它;有個愛我和保護我的好乳房,而我愛它也保護它。

用克萊恩最初的構思來解釋,可將花朵和大便人視為天生的性,以及侵略趨力衍生物的投射。雖然在這種觀點中環境居於次要,但並非不重要,因為好的撫育能撫慰被迫害的焦慮,因此減弱對於被壞客體迫害妄想的恐懼,並強化與好客體之間的關係。妄想分裂心理位置的敵意始於天生的侵略性,但好的環境能改善它所帶來的恐懼,就克萊恩最初的觀點而論,大便人的力量反映出強烈的先天侵略驅力,環境上的剝奪使得必要的破壞力馴化無法達成,也不能強化由花朵代表的脆弱的性慾資源[3]。

憂鬱心理位置

克萊恩認為,經驗組織中有一種固有的整合傾向,讓嬰兒對完整客體的感受既非全壞、也非全好,而是有時好、有時壞。好乳房和壞乳房不再被視為是分開的、互不相容的經驗,而是母親不同的特徵。現在,母親被看作是一個更為複雜的他人,有她自己的主體性。

脫離將對他人的感受分裂為好和壞,進入到體驗他人為完整的客體帶來很多好處,這讓被迫害妄想的焦慮減弱了,我們的

3　在某些當代克萊恩理論的應用上(例如Aron, 1995;Mitchell, 1988),乳房的「好」以及「壞」來自實際的滿足與匱乏,這和克萊恩將之歸因於心靈內部的解釋形成對比。例如,花朵和大便人可以被理解為,在一開始,至少有一部分是來自瑞秋的照顧者給予她的實質關心和保護,與無情及虐待的相對待遇。

痛苦和挫折不再由純粹的惡意和邪惡造成,而是由不可靠和不一致性造成。隨著被迫害威脅的減弱,對於分裂的警戒需要也降低了;嬰兒感覺自己更持久,比較沒有被內在或外在的力量摧毀和汙染的危險。

　　然而,脫離妄想分裂心理位置所帶來的好處,也伴隨著新的、不同的恐懼。根據克萊恩的看法,人生最核心的問題就是應付和涵容住侵略性,在妄想分裂心理位置中,侵略性被涵容在和壞乳房的恨的關係中,安全地遠離與好乳房愛的關係。當嬰兒開始將善意和惡意的經驗拉在一起,形成和完整的客體之間的矛盾（愛和恨）的關係時,原來妄想分裂心理位置所提供的平靜被粉碎了。讓嬰兒失望或感到不足的完整母親帶來渴望、挫折與絕望的痛苦,她在嬰兒恨的幻想中被摧毀了。

　　現在,不只純粹邪惡的壞乳房被摧毀（而好的乳房仍被完整地保存和保護著）,在嬰兒憤怒的幻想中被摧毀的完整客體（外在世界的母親,以及相對應的內在完整客體）是同時提供善意和挫折的唯一客體。在摧毀造成挫折的完整客體的同時,嬰兒也消滅了他的保護者和庇護所,滅絕他的世界中的人口,並且摧毀了自己的內在。孩子因為自己的破壞性而對愛的客體帶來傷害,其造成的強烈恐懼和罪惡感被克萊恩稱為**憂鬱焦慮**（depressive anxiety）,而孩子能以愛和恨與完整客體有關係的經驗組織,則被稱為**憂鬱心理位置**（depressive position）。

　　在妄想分裂心理位置中,人類固有破壞性的問題藉由投射得到解決,它造成一種來自他人的迫害與危險的不祥感;而在更為整合、發育上更為進步的憂鬱心理位置上,人類固有破壞性的強大力量,使孩子恐懼自己的憤怒對所愛的人造成的影響。克萊恩

描繪，當嬰兒於幻想中憤怒地摧毀讓他感到挫折的母親，之後會陷入充滿深刻悔意的狀態，因為被摧毀並造成挫折的完整客體，也是孩子深刻感恩和關愛的客體。出於愛與關懷，修復的幻想（來自性慾本能驅力）被製造出來，努力修復他造成的傷害，讓母親能夠再度完整。

孩子有多相信自己的修復能力，在維持憂鬱心理位置的能力上是極為重要的。要能保持客體的完整，孩子得相信他的愛強過他的恨，而且能撫平自己破壞力所造成的損壞。克萊恩認為，固有的性和侵略驅力之間的平衡極為重要（後來的理論家們，包括溫尼考特都強調一位能在嬰兒的毀滅性之下生存的真實母親的重要性，她能夠重回嬰兒的身邊，並使他的經驗完整無損）。在最佳情況下，愛、挫折、充滿憎恨的破壞以及修復的循環，加深了孩子維持與完整客體間關係的能力，讓他確認修復能力可以平衡與彌補他的破壞性。

不過，即使在最佳情況下，這也不是一個靜止和最終的解決。在克萊恩的觀點中，每個人在潛意識（有時候是有意識的）幻想裡，都會對那些被我們視為挫折、失望、身體和心理痛苦來源的他人，產生強烈憤怒的破壞性。對於我們所愛的人，持續不斷的破壞意謂著源源不絕的憂鬱焦慮、罪惡感，以及無止盡的修復需要。 96

在特別困難的時刻中，破壞性變得太過強大且威脅要徹底毀滅整個客體世界，不留任何活口，此時撤退到妄想分裂心理位置上可以獲得暫時的保護。現在，造成挫折的他人不再被體驗為完整的客體，而是一個壞客體，而在別的地方一定有個不會引起這種痛苦的好客體，於是孩子的破壞性再度被涵容在與邪惡客體之

間的關係中，因此他能夠（暫時地）安心，相信有一個好客體在外面，安全地遠離他憤怒的毀滅性。

憂鬱心理位置的問題是，完整的客體是無法被取代的，這使得嬰兒感覺到自己有多卑微地依賴它。對於憂鬱焦慮的另外一種解決方式，就是狂躁的防衛（manic defense），它使愛的客體的獨特性被否認了，因而孩子對它的依賴也神奇地被否認。誰需要這個他人？母親／父親／愛人們都垂手可得，他們都是一樣的，沒有任何獨特的特徵。在把他人的特質模糊成一般的類型當中，我們強烈而又無助的依賴重獲雖然短暫卻虛幻的撫慰，並再度感覺能控制我們的客體。

克萊恩所描述的心理建康，不是一種要達到和維持住的發育穩定期，而是不斷失去和重新獲得的心理位置。因為愛與恨兩者都不斷在經驗中製造出來，因此憂鬱焦慮是人類存在中，持續而且核心的特性。在遭遇重大失落、拒絕、挫折時，人會不可避免地撤退，回到妄想分裂心理位置，以及由狂躁防禦的分裂所提供的保護中。

在較不理想的狀況下，孩子經驗到他的狂怒比修復性的愛更為強烈，因而無法持續將愛與恨整合成一個有時關愛、有時憎恨的他人，大便人會淹沒和埋葬纖弱的花朵。縱使妄想分裂心理位置造成被迫害的恐懼，但分裂提供了保持一點愛和安全感的唯一可能性，對這些人而言，善與惡是清楚分明的，他們只有少數幾個朋友（有些只在幻想中存在）是全好的，也有一些敵人是徹底的邪惡；當朋友讓他失望時，朋友的邪惡立即被揭露了，原來他們一直都這麼邪惡；他們和信任的同盟間的關係也不能有一絲懷疑的陰影，因為這種懷疑會造成不可避免和無法彌補的汙染。

只有當瑞秋能相信，被大便人淹沒後，花朵依然能再度浮
現出來時，花朵和大便人才能整合在一起；只當一個人相信自己
的修復能力，相信他的愛能在自己的破壞性中生存下來，才能將
愛與恨整合成更豐富和複雜的關係。在妄想分裂心理位置中，愛
很純粹，但是易碎而淺薄；而在憂鬱心理位置中的愛，因為受到
破壞性的恨以及修復循環的鍛鍊，因此更加深刻、更真實也更有
韌性，但這需要一個人能相信大便可以為新的、更強壯的產物施
肥，而不是埋葬所有生命的跡象。

　　以下病人在分析中的夢，或許能代表從一個穩定的妄想分裂
組織，過渡到能忍受憂鬱焦慮的能力。這位中年男子和他極崇拜
且從不爭執的女人結婚已不下十年，不過，他和老闆以及生命中
其他令他覺得充滿惡意和迫害他的人之間，有無止盡的戰鬥。他
也把自己的分析師理想化，即使有時會因為被分析師背叛的感覺
而狂怒，但也很快就會被他忘記，再度認定分析師是一位完全善
意、極好的人。

　　病人報告這個夢時，分析已進行了好幾年，這之前也已針對
他分裂的愛與恨傾向做出詮釋好幾個月，他相當興奮地告訴分析
師他和太太第一次吵架。他說：「我徹底失去我的神殿（temple）
——我的意思是，我徹底發了一頓脾氣（temper，病人前面口誤
說錯了）。」以下就是這個夢：

　　　　我在一棟感覺非常熟悉的老房子裡徘徊。我注意到有
　　一個房間隱藏在兩層樓的中間，我發現自己已經很久很久
　　沒有進去了。進去的時候，我注意到一個很大的水族箱，
　　裡面有美麗而又奇特的熱帶魚，我想起是我在許多年前安

裝好這個魚缸，並且把魚放進去，但是後來把它給忘了。神奇的是，這些魚不但生存下來，而且事實上還繼續成長。

我覺得很興奮。我想，經過這麼多年，這些魚一定非常餓，於是伸手到附近的架子上拿下我認為是飼料的盒子，並把飼料灑進水裡。魚忽然看起來像生病了。我仔細地看那個盒子，這才明白那是一盒鹽。這些是淡水魚，鹽對牠們來說是會致命的，我開始狂亂地試著做點什麼以拯救牠們。我看到附近另外有個裝有水的魚缸，於是開始把魚撈出來，移到那裡去。有一些魚看起來已經死了，有一些看起來有可能生存下來，很難說到底最後會怎麼樣。最後，我在一種強烈的焦慮狀態中醒過來。

98   在克萊恩憂鬱心理位置概念的架構中，這個夢表達一個人極為恐懼自己的憤怒，以及會對所愛的人造成傷害的憂鬱焦慮。因為他恐懼所愛的人無法在他的憤怒中存活下來，於是往往將關係分裂成純粹的好與純粹的壞，藉此庇護他所愛的不受到他憤怒的傷害。只有到了最近，病人才開始把愛與恨拉在一起，允許自己對他所愛的人涵容與表達挫折與憤怒。這讓他感到非常罪惡，同時也非常焦慮；他對於自己的內在感到困惑，不知道是自己的愛，還是自己的恨比較強？這個變化豐富了他的關係和他對自己內在生活的感受，但同時他也非常恐懼，如果他放棄了對妻子和分析師強迫式的理想化，如果他停止對自己的神殿的奉獻，他會無法經由愛及修復維持這些關係。

在對夢的解讀中，魚是完整的客體，埋藏在他的潛意識經驗

中並早已被遺忘。為了避免感受到自己對維持客體生存的能力的深刻困惑，病人長期將關係分裂為兩個樓層——崇拜的偶像和仇恨的敵人，而魚被藏在這兩層樓之間，然後他忘了脆弱的魚。現在，經過幾個月對這種分裂的策略所做的詮釋工作之後，病人在自己的經驗中重新找到一個位置，讓雖然脆弱但更為複雜的生命存在。

不過，正是因為他開始承認這種不一樣的客體，正是他對一位不像神一般無敵，而是極為脆弱的客體的愛，讓他驚恐地面對自己維持以及滋養愛的能力。他的破壞性（雖然不是故意的）會毀滅他的客體，還是他能修復他所造成的傷害？在夢境結束時我們還看不出結果如何（而且在接下來好幾個月的分析中仍看不出來）。

性

性是佛洛伊德的發展理論及心理病理理論最中心的部分。雖然克萊恩以佛洛伊德的理論為開端，但她和佛洛伊德看法有多不同，在性的領域中再清楚不過了。在佛洛伊德的架構中，性是有關於快感、權力以及恐懼，對女性而言，性交在最深的潛意識層面上被視為是為了彌補被閹割的感覺所造成的自戀傷口，而占有父親的陰莖；她渴望懷孕，因為那表示她擁有父親和她缺少的陰莖，以及戰勝了她的對手，也就是母親。對男性而言，性交在最深的潛意識層面上，被體驗為占有母親與戰勝父親，證明他沒有因為自己性的野心被閹割；而使一個女人懷孕代表他沒有被閹割、有性交能力的地位。

99

在克萊恩的結構中，性是有關於愛、毀滅性與修復，男人和女人都被看作是深刻地關切著自己愛與恨能力之間的平衡、維持客體生存的能力、與真實客體或內在客體的關係、內在善意以及生命力的感受。克萊恩把性交看作是一個極為戲劇性的領域，在這裡，一個人對他人的影響以及自己本質的好壞都毫無遮掩地暴露在外並處於危險之中。能夠激起他人的情慾和滿足他人，代表一個人自己的修復能力；能夠帶給別人享受和快感，代表一個人的愛強過他的恨；能夠被喚起情慾以及被別人滿足，代表一個人是活著的，他的內在客體們是很強壯的。

懷孕在這個架構中非常重要，但不是作為陰莖或性能力的象徵，而是反映出一個人內在客體的狀態。繁殖力不論對男人或女人都代表內在的生命力、代表內在經驗保持活力並且茁壯成長。不孕對男人或女人而言都喚起恐懼，但並非對閹割的恐懼，而是對內心枯竭的恐懼，表示愛無法修復及維持和他人的重要聯繫，也表示自我沒有能力保持極其重要與滋養的關係。佛洛伊德認為，藝術的創意是肉體快感的昇華，但對克萊恩而言，藝術的創意和肉體的快感都是人類在愛、恨與修復之間掙扎上演的舞台。

嫉羨

這是克萊恩最重要的概念之一，她在晚年提出嫉羨（envy），但克萊恩去世後，它成為克萊恩學派思想發展中很重要的特色。要掌握克萊恩所理解的嫉羨，最好的辦法就是將嫉羨和貪婪（greed）作比較，而哺乳中的嬰兒則提供克萊恩最典型的範例。克萊恩描述的嬰兒是強烈匱乏的動物，感覺自己卑微地依賴乳房

給他營養、安全與快感。克萊恩想像嬰兒感覺到乳房是異常的豐富和有力量，而在比較不信任的時刻中，嬰兒覺得乳房貯藏了美好的好奶給自己，同時享受對嬰兒的控制，而不是允許嬰兒持續及完全地使用它的資源[4]。

口欲的貪婪（oral greed）是嬰兒對哺乳時感覺到的無助感的反應。他充滿了要徹底占用乳房的衝動，想把它用光；他的意圖不是摧毀，而是占有和控制。在〈下金蛋的鵝〉這個童話故事中，農夫就是貪婪的經典象徵，他並不想傷害鵝，他愛牠，但無法忍受每天早上只得到一顆金蛋，因此為了獲得和控制牠的資源，他殺了鵝。相同地，嬰兒的貪婪在意圖上並非摧毀乳房，而是對於只能一點一滴接受珍貴禮物的深刻怨恨。因此，貪婪在想要獲得並保存的慾望中變得無情。

嫉羨是對同樣一種情況不同的反應。嫉羨的嬰兒不再想獲得與占有美好的東西，現在他企圖糟蹋它。嬰兒不能忍受一個如此強大和重要、能對他的經驗造成這麼大影響的東西存在著，卻又在他的控制之外；他寧可摧毀這個好東西，也不願意繼續無助地依賴它。這個美好東西的存在，喚起嬰兒無法忍受的嫉羨，唯一能逃離它的辦法就是幻想這個好東西被毀滅。

嫉羨是所有原始心靈程序中最具毀滅性的。在妄想分裂心理位置特徵中，所有其他的恨與破壞性都被涵容在和壞乳房之間的關係；藉由分裂，好的乳房被保護起來作為庇護與慰藉的來源。嫉羨最異常及獨特的特性，就是它不是對挫折或是痛苦的反應，而是對滿足和快感的反應；嫉羨不是對壞乳房的攻擊，而是對好

100

4　這個假設所引用的臨床材料，可能是某些病人經常宣稱的，分析師本來可以輕易地在第一次會談中就給病人所有他在接下來的幾年分析裡所做的詮釋，但分析師逐步地分配這些詮釋，目的是為了維持對病人的權力與經濟控制。某些分析師出於自大，也相信這個幻想。

乳房的攻擊。因此嫉羨取消了分裂、跨越了分開好與壞的區隔，並且汙染了愛和庇護最純淨的來源。嫉羨摧毀希望。

克萊恩傾向於認為所有重要心靈程序的起源都是先天因素，因此，她也將過度的嫉羨歸因於過強的先天侵略驅力。她所形容的嫉羨的糟蹋，也能放進一個不同的因果架構中，看作是孩子對於極為不一致的父母照顧的反應，這種照顧不斷地激起孩子對被回應以及愛的希望，但大部分的時候卻殘酷地遭受挫折（參考 Mitchell, 1988）。

克萊恩的嫉羨概念變成非常有力的臨床工具，用以理解那些有最嚴重和最不受影響的心理病態的病人，那些不能使用精神分析提供的治療的病人。佛洛伊德曾描述過**負向治療反應**（negative therapeutic reaction），病人不僅無法經由分析變好，反而更惡化，以他的觀點來看，問題在於伊底帕斯罪惡感，由於亂倫與弒父的願望，這些病人不覺得自己應該得到比較好的人生。在這一點上，克萊恩和佛洛伊德的看法顯然不同，她認為負向治療反應的根源不在於性和侵略衝動的罪惡感，而在於對好乳房的嫉羨破壞，病人消滅任何在這個世界中可能對他有幫助的善意。

雖然病人渴望得到幫助，但無法忍受分析師能幫助他們的可能性。相信分析師可能擁有某些對他們非常重要，而且是他們急切尋求的東西，使他們陷入無法忍受的嫉羨無助感。不讓自己感覺受到分析師的支配，唯一的辦法就是摧毀分析師提供的東西的價值，尤其是分析師的詮釋。病人採取的嫉羨破壞方式有許多種，從直接攻擊性的貶低，到表面上同意分析師的詮釋，但從來不真正考慮它或允許它有任何影響。

有時我們能在飲食疾患病人身上，看到這個過程戲劇性而真

101

實地呈現。珍（Jane）因為暴食症和其他困擾她的症狀而尋求精神分析治療，在某次會談中，她感覺和分析師有重要的連結產生，而且從分析師那裡獲得一些有用的東西，但之後她感到相當焦慮，她感覺很不舒服，於是買了一大包餅乾，並在急迫地吃掉這些餅乾後催吐。她的經驗是，她把分析師給她的東西以餅乾黏稠的髒亂掩埋，然後再把整個內容物排出，藉由這樣，詮釋被糟蹋並排泄出去。只有當她經驗到自己有一個乾淨而空洞的內在時，會談所造成的焦慮才消除了。

投射認同

克萊恩在晚年提出的第二個概念「投射性認同」（projective identification），成為日後克萊恩學派理論形成的中心。投射（projection）是佛洛伊德使用的術語，指的是以幻想排除不受歡迎的衝動，也就是那些不能被經驗為在自我裡面的東西，被經驗為在他人那裡，在自我之外。

克萊恩以特有的方式延伸這個概念。她認為在投射性認同中，被投射的不只是個別的衝動，而是自我的一部分，例如不只是侵略性衝動，而是一個壞的自我現在被放在別人那裡。因為被投射出去的是自己的一部分，因此一個人藉由潛意識的認同，繼續和被排出去的部分維持連結；被投射出去的心靈內容物並非單純地消失，人還是努力地和它維持某種連結並控制它。

看看以下這些常見的類型：一個覺得現代社會充斥著性的人，將他的生命奉獻給查出並消滅淫穢、搜出與控制濫交；覺得電影中的暴力是當代生活中最嚴重的瘟疫的人，無法停止以殘忍 102

的方式批判那些傳播這種邪惡的人；一個對別人的受苦與匱乏非常敏感的人，將他的人生奉獻給解除別人的苦難。這些都暗示著克萊恩所描述的投射認同程序。經驗中的一個片段，不再單純只是一個衝動，而是人類關係中的一個類別；不被登記在自我界限之內，而是被以強烈突顯的方式經驗為在他人那裡，並成為極為專注、關切，以及努力想控制的對象[5]。

畢昂和當代克萊恩學派思想

克萊恩的想法造成很強大的衝擊——對她的理論繼承人、對費爾貝恩和溫尼考特等人形成各個客體關係理論的基礎，以及對許多當代精神分析思想中創新與細微的轉化——雖然這些通常不被歸功於克萊恩本人。在形成明確被定義為「克萊恩學派」的理論過程中，克萊恩的概念基本上是經由畢昂的貢獻得以延伸及詮釋，因此，當代克萊恩學派思想應該更正確地定義為克萊恩／畢昂學派。

畢昂（Wilfred Bion, 1897-1979）曾接受克萊恩的分析、也是她的學生，他的種子概念是在治療精神分裂症病人的工作中形成的。畢昂在殖民地印度長大，經歷了二次大戰北非的戰役，他大部分的時間都住在英國，但自一九六八年直到去世前不久都住在美國。他不滿許多臨床工作者公式化地應用精神分析概念（包括克萊恩學派的概念），而他特別感興趣的是，嘗試探索與表達經

5　蘇利文以一種顯然類似的方式（雖然以非常不同的語言），在他稱為華而不實的理想（specious ideals）這種安全感需要中描述過此程序，經由這個程序，一個人藉由採取高道德的姿態（例如參加反暴力的協會），讓自己和那些自己不能承認的衝動（例如侵略性的感覺）之間保持相當的距離，並反對在別人身上看到這些衝動。

驗的稠密質地,以及它難以捉摸的特性。

最後畢昂的著作轉向有點神祕主義的方向,並吸引了一群追隨者,不過他的某些基本概念,對克萊恩學派思想有更廣泛的應用性,也對當代克萊恩學者們有深遠的影響。畢昂的著作極為深奧難懂,或許(和在第七章將討論到的拉岡)是所有主要精神分析作者中最難瞭解的。但不考慮畢昂的一些基本貢獻,就沒有辦法完整地介紹克萊恩,尤其是他對於克萊恩晚年提出的嫉羨與投射認同概念的擴展。

在克萊恩對嫉羨的構思中,包含了對客體的攻擊,舉例而言,在「哺乳中的嬰兒」這個最早的範例裡,嬰兒摧毀乳房並糟蹋它的內容物。畢昂早年努力想理解精神分裂症患者思考及語言的起源,它們明顯地破碎和無意義,這使他認為精神分裂症的破碎(fragmentation)和克萊恩所描述的嫉羨攻擊是有關連的。

不過,畢昂認為被攻擊的不只是客體,還包括孩子自己的心靈和客體,以及現實連結的部分。充滿嫉羨的嬰兒,體驗他和客體的所有連結都是無法忍受的痛苦,所以他攻擊的不只是乳房,而是使他和乳房連結上的自己的心靈能力。嬰兒不只在幻想中攻擊客體並將它撕碎,也攻擊自己的感知和認知的器官、摧毀自己感知與理解現實的能力,以及摧毀自己和他人形成有意義連結的能力。對畢昂來說,嫉羨成了一種心靈的自體免疫病變,心靈自己攻擊自己。

接下來這兩個簡短的夢的影像,讓人想到畢昂在關於對心靈及意義的嫉羨攻擊的構思中,試圖理解的那種經驗和程序。

吉姆(Jim)是一位中年的分析病人,他報告了一個夢。夢中,有人往他的耳朵裡面看,然後不知怎地,他也往自己的耳朵

103

裡面看,而且看到有些地方布滿了帶血且潰爛的小水泡。接下來的一星期,他報告了一次和兄弟很典型的電話談話,但他在這次談話中有不尋常的反應。他的兄弟不斷批評他、他的家庭和他的生活方式,卻又總是說他有多愛吉姆,而且還說再過兩天他會到吉姆住的城市來,他會住在一位老朋友家,而且大部分時間都會和那位朋友在一起。

這位朋友是他透過吉姆認識的。他沒有邀請吉姆與他們相聚,卻要吉姆為他安排一個和吉姆孩子們簡單的聚會。吉姆非常生氣,開始表達他受傷和怨恨的感覺,但他的兄弟無禮地回應他「別這麼自我中心」,並對吉姆竟認為這和他有何關係感到憤慨,而且列舉許多實際的理由,說明為什麼這趟旅程要以這種方式安排。在他列舉的理由中,包含他對吉姆「死氣沉沉」的重覆控訴,以及莫名其妙地表達出對於吉姆還有足夠的活力感到高興。

這個兄弟對待吉姆的方式,就是吉姆在他的家庭中很典型的位置,這個方式以他母親對待他的方式為樣本。通常他對這種談話的反應是變得困惑、麻木,以及感到極為無能,但這一次他報告,兄弟那強烈而又使他進退兩難的態度,讓他感覺「氣炸了」。

長期以來,他感覺自己是一個有嚴重缺陷的人,無法思考、理解或有效地在這個世界中運作。夢的影像讓我們想到畢昂的看法,這種對自己的感受是針對自己的心靈攻擊所造成的結果,它是對和重要他人之間痛苦與絕望的糾結關係的反應及保護。

另外一個病人已經接受分析三年,她報告一個夢。夢中,她在花園裡徘徊,用一個沒有膠卷的相機拍照,並試著學會如何

104

用這台相機。這是一個感覺自己很空洞的女人，唯一能讓她感覺到自己的價值的方法，正是和讓她卑屈地奉獻自己的男人之間迫切的連結。讓我們再次以畢昂的概念來解讀，這個夢的影像可看作是她感覺自己無法留住經驗、代表記錄事件而不賦予它們價值或意義，以及代表她淨空自己的心靈功能。有趣的是，就在她報告這個夢的同一次會談中，她問分析師掛在辦公室牆上的一幅花朵靜物寫生是不是最近才買的，這也表示某些新的和不同的可能性。那一幅畫（如同夢中的花園）一直都在那裡，從來沒被她注意到，也沒有被留在心裡，直到現在。

畢昂描述心靈攻擊自己的過程中，主要的方式是**對連結的攻擊**（attacks on linking），所有的事物、想法和感覺，以及與人之間的連結都被破壞了。另外一位很可能是這種自我攻擊的受害者病人是技巧相當好的歌手，但表演事業卻遇上障礙，因為他雖然能優美而技巧地唱出音符，卻無法將這些音符連成樂句。

我們提到過，投射認同在克萊恩最初的構思中是指一個幻想，在幻想中自己的某些部分被體驗為在別人那裡，自我和那個人維持一種認同，並試著控制他。畢昂開始對投射性認同造成的衝擊感興趣，也就是一個人心靈中的精神事件，對被投射的那個人造成什麼樣的影響。

他的推論是從治療非常嚴重的病人的臨床經驗裡發展出來的，在這些經驗中，他發現自己有某些很強烈的感覺，它們似乎和病人的情感生活相呼應。畢昂開始懷疑，分析師事實上成了原本存在於病人經驗中的精神內容物的容器。病人心靈中的一個事件，其中一個片段的自我經由幻想重新安置（被涵容）在分析師那裡，然後以某種方式轉化為分析師實際的經驗。

105 　　在畢昂將投射認同的起源理論化的過程中，他想像嬰兒充滿了無法整理或控制的惱人感覺，為了躲過它有害的影響，嬰兒將這種雜亂的心靈內容物投射到母親那裡。擅於接受的母親，在一種鬆弛流動的幻想中，受到這個心靈的內容物的影響，並用某種方式為嬰兒整理這個經驗，然後，嬰兒將這個經驗以他現在能忍受的型態再次內射進來；而不能與嬰兒相通的母親無法涵容及處理嬰兒的投射認同，因此支離破碎和驚恐的經驗控制著嬰兒。畢昂開始懷疑類似的程序也在病人與分析師的關係中運作，而在延伸克萊恩投射認同的概念同時，畢昂讓它人際化了，把它從原本存在於一個人心靈中的幻想，變為存在於兩個人心靈中的複雜關係世界。

　　畢昂對投射認同的理解有好幾種應用方式，其中一種用法在性質上有點詭異，它理所當然地認為有一種型態的精神心電感應，讓心靈的內容物單純地從嬰兒的心靈中轉移到母親的心靈中，或是從病人的心靈中轉移到分析師的心靈中。

　　我們也可以把投射認同想成和直覺以及情感傳播的現象有關，有些母親非常能體會嬰兒的情感狀態，她們似乎能感受到嬰兒的感覺、需要，並用一種撫慰與幫助嬰兒組織的方式去回應。另外一種類型的母親似乎從沒辦法正確地體會、從沒調整自己去適應嬰兒的狀態和韻律，最後她們得到一個非常挫折與焦慮的嬰兒。到底在這些情境中發生了什麼事？

　　情感是有傳播性的（記得在蘇利文的觀點中，尤其是在母親和嬰兒之間，情感能藉由直接的「同理連結」傳達），一個人的興奮和熱忱能喚起另一個人的興奮和熱忱，一個人的焦慮能讓其他人不安，一個人的憂鬱也能使別人感到消沉。鮮有其他東西像

嬰兒純粹愉悅的微笑這麼使人高興，也很少有其他事情像一個在痛苦當中的嬰兒如此令人煩惱；當人與人彼此之間是調和的，情感的共鳴就像音叉對一個音調不由自主地迴響。情感的調和似乎是人類親密關係中固有的特色，或許也是嬰兒與父母關係中高度適應性的生存機制，嬰兒的情感狀態必須不使用語言就能被父母知道。

畢昂對母嬰關係中投射認同的解釋，或許能在這個脈絡中被理解。嬰兒，尤其是在痛苦中的嬰兒的情感狀態被母親接收到，她有資源能夠處理它，以及安慰自己和嬰兒[6]；而嬰兒則經驗、吸收，並在一段時間後認同母親的組織能力。雖然畢昂假設嬰兒有想溝通的意圖，但這個假設似乎是無法測試的，不過，我們也可以在不做這種假設的狀況下使用他的觀點。

分析情境

克萊恩的構想——尤其是經由畢昂修訂過後——創造了和佛洛伊德非常不同的分析情境觀點。對佛洛伊德而言，病人和分析師都有清楚定義的角色，以及清楚區分的經驗。病人需要記起藉由自由聯想揭露重要記憶之間的連結；分析師則從一個小心控制的距離去傾聽自由聯想並給病人詮釋，在病人的聯想和被發現與重建的記憶之間作連結。詮釋是提供訊息的，目的是揭露病人對自己回憶的抗拒，藉以改變病人記憶中經驗的組織，而移情穿插式的浮現，像是對回憶工作最後防線的抗拒。

106

6　最新的嬰兒研究發現，母親與嬰兒之間有一種強大的情緒感染傾向（Stern, 1985；Tronick & Adamson, 1980）。

　　克萊恩學派的分析師使用完全一樣的專用術語描述分析情境，但對在情境中發生什麼事的基本理解相當不同。病人和分析師之間，比佛洛伊德觀點中描繪的更為根本的糾結。病人不再只是單純地向通常是中立的（除非被反移情擾亂）觀察者揭露心靈的內容物，而是根據他的原始客體關係去體驗分析情境。有時分析師是一個好乳房，能神奇地造成改變，詮釋則是好奶，能夠保護、滋養和修復；有時分析師是一個壞乳房，致命、具有毀滅性，此時詮釋是有毒的，如果吃下去了，會從裡面造成毀滅。以這個觀點來看，移情不是對分析師觀察立場的抗拒或擾亂；病人不能避免、而且也必然會透過自己潛意識的經驗組織方式，以同樣強烈的希望及恐懼去體會分析師與分析師的詮釋。

　　佛洛伊德認為分析師在分析情境中的經驗相當超然，分析師使用自己意識與潛意識的聯想去理解病人的聯想，除非分析師因為自己過去未解決的事情（反移情）而扭曲病人，否則他和病人在一起的情感經驗應該是相當平靜的。克萊恩用與佛洛伊德類似的方式描述分析師的經驗，但畢昂將投射認同概念人際化之後，107 卻認為分析師的情感經驗捲入了病人的掙扎中。

　　分析師發現自己和強烈的焦慮、不安的心境起了共鳴並涵容它們，而他自己的憂鬱焦慮與彌補的需要——無疑地也是他進入「助人」的專業的原因——總是處於危險當中。病人對於分析師的詮釋（希望是修復性的）有系統的嫉羨破壞，一定會強烈擾亂分析師。佛洛伊德認為在精神分析這個場合中，是由一個人從謹慎維持的距離去觀察並詮釋另一個人的情緒經驗；但在當代克萊恩學派觀點中，精神分析這個場合是由兩個人努力為病人的情緒生活找到意義以及做整理，而分析師不能避免地，但也帶來好處

地被拉進病人的情緒生活中。

芮克爾（Heinrich Racker，1910-1961）和奧格登（Thomas Ogden）都把畢昂投射認同人際化的概念，應用在分析師和被分析者的複雜互動中。芮克爾是阿根廷分析師，寫過一系列有關精神分析程序的傑出文獻，在一個對移情和反移情的研究中，他將焦點放在延伸克萊恩的概念上，顯然預料到在最近精神分析思想上革新的許多特點，經由這個改革，分析關係越來越被以兩個人合作的方式來理解（參考第九章）。

芮克爾強調分析師認同病人投射的重要性和用處，也就是病人經驗自我和客體的某些版本存在於分析師裡面。他（1968）描述分析師（就像所有其他人一樣）也和類似於病人的動力搏鬥，例如被迫害和憂鬱的焦慮，以及彌補的需要，並反對所謂的「分析情境的神化」，一種認為「分析是一個病人和一個健康的人之間的互動」的假設。芮克爾強調分析師在分析程序中是更深入與參與的：

> 真相是，這是在兩個性格之間的互動，兩個性格的自我都承受本我、超我，以及外在世界的壓力；每個性格都有它的內在和外在的依賴、焦慮和病態的防衛；每個人都是他自己內在父母的孩子；而且每一個完整的性格——無論是被分析者和分析師的——都對分析情境的每一個事件有反應。（p.132）

正因為分析師也有和病人類似的焦慮及衝突，因此能認同病人投射到他身上的東西，然後使用這些認同去理解病人。

奧格登這位美國分析師，撰寫了一系列極為豐富而有創見 108

的，和心靈的本質與分析程序有關的書，在這些書中，他努力整合克萊恩的思想和其他人的貢獻，尤其是溫尼考特。奧格登用和芮克爾類似的方式，示範病人將自我的一部分投射到分析師身上的幻想，如何導致病人實際上以和幻想一致的挑釁態度對待分析師。因為病人透過潛意識幻想，將謀殺的恨放在分析師身上，所以很可能把分析師當作是危險和邪惡的人對待，這很可能會激怒分析師或挑起分析師的施虐狂。病人心靈內部的幻想變成一種人際交流的形式，激起分析師強烈的經驗，而他的反移情提供了對病人潛意識幻想的線索。

畢昂建議分析師努力維持一種紀律，也就是「不要帶著記憶或慾望」去處理會談，這種努力是為了淨化作為病人投射容器的分析師，而在此觀念中，他對理想的分析師態度的看法是古典分析中立和匿名原則的延伸。芮克爾和奧格登的看法與畢昂對立，他們相信，病人的投射最有可能是經由分析師自己的焦慮、衝突及渴望被接收到，而不是和它們分開。在這個看法中，他們對於分析師不可避免地參與分析程序的概念，和人際互動分析的互動觀點更為一致。

在對意義和連結的攻擊，以及投射認同的構想上，畢昂為分析工作提供非常有力的臨床工具，尤其是在對極為病態病人的治療工作上。奧格登認為這種工作中最困難的部分，就是理解和管理由嚴重病人所激起的反移情、強烈的絕望，以及恐懼、恨、渴望等感覺。

畢昂的構想提供一個架構，讓分析師能忍受，甚至變得對這種病人的反應感興趣，而它是經由以下的假設達成的：溝通中明顯可見的無意義是由對意義的積極破壞造成的；清晰可辨的絕望

和不連結,是由對希望和連結積極地破壞造成的;和這種人持續的接觸所造成的痛苦難忍的感覺,是病人傳達和分享他們飽受折磨的心境的粗糙努力造成的。表面上看似混亂和無意義的東西,被組織起來並變得有意義,它們最初發生在分析師的經驗中,接著經由一段時間的詮釋後,也發生在病人的經驗裡。

喬瑟夫(Betty Joseph)追隨在畢昂之後,也對技巧有很大的影響,她反對較早期克萊恩學派用身體部位的象徵語言對「原始的經驗」做持續詮釋的傾向。克萊恩假設這種詮釋能直接而立即地和病人潛意識幻想的流動接觸,喬瑟夫認為,病人只有以理智上服從的方式才能理解這種詮釋,因此推薦態度較不積極的分析師,認為分析師應該帶著困惑掙扎久一點,並逐步挑出病人的投射認同,藉此才有可能做出正確的詮釋,並用接近病人經驗的語言去詮釋。另外,她也反對將焦點放在過去,或對病人早年經驗進行輕率和推測性的重建。她認為最重要的是在分析關係中,此時此地發生在病人與分析師之間連結和不連結的型態。

這些當代克萊恩學派的想法,對分析師努力瞭解治療喬治(George)的困難臨床經驗很有用。喬治是一位非常冷漠和孤立的中年人,已經接受現在這個分析師的治療好幾年,之前曾有一段他覺得完全沒有幫助的短暫分析治療。他沒有任何親密關係,一個人工作、回家、閱讀或是看電視,也從來沒有跟另外一個人有過任何型態的性行為。他偶爾自慰,幻想自己看別人發生性關係——即使是在幻想中,他也不和別人有實際的接觸。

在分析中,他平淡地描述每天的例行公事,偶爾表達出想要更多或變化的微溫渴望。他和女人交往的少數幾次微弱的努力也都沒有結果,因為這些女人顯然對他的被動和缺乏性的興趣感到

109

不耐煩。

分析師發現他和喬治的分析十分「要命」（killing）。在會談中他努力和無法抵擋的疲憊搏鬥，他會做各種事情讓自己保持清醒並和病人接觸，例如問問題或做詮釋，偶爾他發現自己會隱微地激勵病人用更積極的方式去過生活。喬治會順著這些企圖幫助他的好意，但是治療似乎從來都沒有什麼進展，他對分析師詮釋的反應常是用手指輕拍額頭，並且說：「在我的頭裡，你說的是有道理的。」

分析師感覺自己就好像困在「一片膠水的海洋中」，拚命想吸到一點空氣。和喬治在一起時，他發現自己反覆想著一首由艾德溫・阿靈頓・羅賓森（Edwin Arlington Robinson）所寫的詩〈李察・柯里〉（*Richard Cory*），關於一位安靜的「徹頭徹尾的紳士，在一個平靜的夏夜，回家朝自己的頭開了一槍」。

讓我們從克萊恩學派的觀點思考一下這位分析師的經驗。我們可能會推測喬治對分析師幫助他的努力的反應是強烈的、嫉羨性的糟蹋。當他拍著自己的頭說「在我的頭裡，你說的是有道理的」時，他其實是在表達：我不能忍受你可以給我任何可能真的對我有深刻重要性的東西；我把你的話當作空洞的念頭，我把它變得瑣碎，並藉此把你的想法，和我涵容那些想法的心靈掏空及摧毀；我不是在突然的爆炸中摧毀我的腦子，而是經由對意義和希望隱微而無休止的摧毀，在同一個過程中我也摧毀了你，以及你對自己愛和修復能力的信念。

我們也能推測喬治以某些方式激起分析師的希望並讓他繼續嘗試，這是讓分析師能涵容病人經驗中最恐怖部分的一種方法，也就是病人還活著的那個部分，然後，他有系統地摧毀分析師被

他喚起的希望。經由投射認同溝通的面向,分析師可以直接認識到病人經驗中的了無生趣,以及不斷被粉碎、拚命扭動的希望。

當分析師開始用自己在反移情中的經驗,形成有關喬治經驗組織的假設時,喬治帶來以下的夢。

> 我住在一個很大的生活空間裡。(地點是紐約市,在那裡空間是極為珍貴的。)但我卻只用了這個空間的一小部分。公寓的前半部像一個傢俱的展示場,有三或四間大房間,裝潢得很美麗,但是沒有使用。我住在後面一間被鎖住的小房間裡。

喬治就他空洞的存在,以及忽隱忽現的生命力去報告和討論這個夢的那次會談,是好一段時間裡最有生氣的一次,下一次會談又回到熟悉的單調中。分析師詢問他在兩次會談間的經驗,他說:「喔,我從來都沒有留住我們所討論的東西,當我離開的時候,我就把聲音關小了。有的時候,即使是還在這裡,我也會把聲音關小。」

從當代克萊恩學派觀點來看,在這個治療中的工作並非著重於使用病人的聯想去製造詮釋,企圖藉由重建和覺悟去解除壓抑;相反地,分析工作是以分析師在反移情中的經驗為中心,以它為媒介去理解病人各個不同片段的自我,和他如何使用他人以維持靜態的平衡。

直到最近,克萊恩學派的分析還是自成一格,傾向於頻繁使用「深層詮釋」(deep interpretations)、難懂的技術性語言、對嬰兒心靈富有想像力的假設,以及不斷強調幼兒侵略性等的特色,它們將克萊恩學派和其他分析學派區隔開來,尤其是自我心

111

理學與人際互動精神分析。但（有一部分是）因為喬瑟夫的影響，最近的克萊恩學派文獻發生顯著的變化，它們開始脫離對嬰兒時期富想像力的重建、晦澀難懂的語言，以及對侵略性極端的詮釋，朝向以病人能理解的語言、更強調和分析師的移情關係前進。這使當代克萊恩學派對分析情境的想像，更接近人際互動理論家所強調分析關係中的此時此地，也更為靠近佛洛伊德學派自我心理學對循序漸進的防衛分析的強調（可參考薛佛〔1944〕，關於他認為發生在當代克萊恩學派和自我心理學傳統之間的恢復邦交討論）。

克萊恩從前線臨床工作中慢慢建構了她的理論，對發生在週遭的知識潮流沒有興趣，然而她創造了一種對心靈以及自我的思考方式，而它事實上和許多當代文化特有的主題一致，此外，某些地方也反映出這些主題，它常和**後現代主義**（postmodernism）這個詞連在一起：獨一自我的偏心（decentering）、主體性的傳播，以及對於經驗脈絡的強調。佛洛伊德的心靈模式是靜態、有層次和有結構的，克萊恩對心靈的想像是流動性、持續地斷裂和像萬花筒一般。

另外，克萊恩也一點一點地更新了精神分析象徵符號的儲藏。佛洛伊德使用象徵符號的方式，提供工具給文學、歷史與人類學的詮釋者去理解潛在的性和侵略性的達爾文主題；克萊恩則擴充象徵符號的調色盤，加入內在與外在、生與死、繁榮與枯竭的主題，使我們能在詮釋的畫布上畫上更為現代的主題——不僅對在分析中的個人如此，對我們這個時代的社會運動也是如此。

【第五章】英國客體關係學派：
費爾貝恩和溫尼考特

唯有經過徹底而深層地拒絕別人對我們的理解，我們才能成為   112
自己。

—— 沙特（Jean-Paul Sartre）

簡單地說，對佛洛伊德而言，人類是矛盾的動物；對溫尼考特
而言，則是依賴的動物……在性慾尚是不可接受的之前，就已
經存在著無助的感覺。依賴便是最初的感覺，在善與惡之前。

—— 亞當・菲力普（Adam Phillips）

　　佛洛伊德解釋人類一出生就與他們的環境對立。人類被設
計成像佛洛伊德與他的同儕們所理解的動物一樣，朝向以無情的
放縱追求單純的快感。不過在佛洛伊德對人類社會採取霍布斯主
義式的觀點中，個體對於利己滿足的追求將危及其他的個體，因
此，團體必須對每一個體享樂的目的有所控制。童年的工程是社
會化，將具有獸性衝動的嬰兒轉化為具備複雜心靈裝置的成人，
心靈裝置包含複雜而精細的審查與關卡系統，引導那些衝動和目
的以文明社會所能接受的型態表達。

　　和佛洛伊德比起來，所有重要的當代精神分析學派，都把嬰   113
兒看作比較沒有那麼和環境互不相容，反而是更為適合與適應他
所在的世界。就像第二章中討論到的，哈特曼的適應概念提供一
個重要的概念媒介，讓佛洛伊德的思想過渡成當代佛洛伊德學派

自我心理學；而克萊恩則是佛洛伊德思想與現代英國客體關係理論之間的重要橋樑。

在重新定義「驅力」的本質，使它包含嵌在裡面的人類客體時，克萊恩根本地改變了潛在精神分析理論中的基本前題和隱喻。佛洛伊德想像的是一種從動物到人的發展過程，克萊恩描述的是從一開始就具有人性的嬰兒，嬰兒不是經由「偶然的」連結發現乳房，他本能知道有乳房的存在，因為嬰兒天生就具備這個知識。就像嬰兒的嘴在解剖結構上適合母親的乳頭，嬰兒本能的衝動也適合他誕生的人性世界。

然而，克萊恩的嬰兒不是很快樂的嬰兒，這個嬰兒與生俱來的能力能把不適和痛苦組織成一個會破壞自己的「壞的」他人形像，並把舒適、快感與痛苦組織成能拯救自己的「好的」他人形像，因為早期經驗在預先建構在內的**客體**的周圍聚集，形成危險和庇護的基本模式，因此嬰兒時期必然是斷裂與恐怖的。

對克萊恩而言，童年時期的工程不是社會化，而是改善嬰兒存在這個世界中的經驗、恐怖像惡夢般的狀況，而此狀況來自嬰兒的強烈需要與壓倒性的先天侵略性。人類先天就有精神分裂的焦慮，在良好的情況下，精神健全成為發育上的成就；嬰兒的天生構造會引導他參與人性環境，但在克萊恩的解釋中，雖然嬰兒的本能製造了必然且相當程度的精神痛苦，不過，在良好的情況下，好的養育將能涵容、整理，並減輕這些痛苦。

經過幾十年激烈辯論之後，在一九四〇年代，英國精神分析學會分裂為三個團體：完全接受克萊恩在理論和技巧上有所改革的人；繼續忠於傳統佛洛伊德學派概念和實踐的人（由安娜・佛洛伊德領導，並延伸為佛洛伊德學派自我心理學）；以及一個

「獨立」的，或所謂的中間團體（middle group），他們發展出非克萊恩學派版本的，即後來稱為客體關係的理論。

中間團體的主要人物們有費爾貝恩、溫尼考特、巴林（Michael Balint）、約翰·鮑比和岡崔普（Harry Guntrip），他們都將理論建立在克萊恩認為嬰兒的先天是以與人互動為目的而設計的見解上；然而他們也都掙脫了克萊恩認為天生的侵略性是從死亡本能延伸而來的假設，反而提出嬰兒的構造是為了和諧的互動及非創傷性的發展，但卻遭到不適當的養育所阻撓。

約翰·鮑比回憶早年在英國精神分析學會中，克萊恩學派對有侵略性和破壞性嬰兒的看法占有相當優勢，並想起自己的觀點開始浮現的決定性的一刻。那時他在一次關於這個議題的討論中，不服氣地站起來發言：「可是真的有壞媽媽這回事啊！」這個簡潔的聲明，或許能夠作為預告後克萊恩英國客體關係理論（British object relations）發展的標題[1]。

費爾貝恩

佛洛伊德的臨床觀察記錄了人類苦難的變化、人們以何種方式有系統地使自己一再陷入痛苦中：在症狀型精神官能症（symptom neurosis）中，強迫的、怪異的行為硬擠進經驗中；在性格精神官能症（character neurosis）中，適應不良的、自我挫敗的行為模式，連累與他人之間的互動；在命運型精神官能症（fate neurosis）中，同樣的自我毀滅命運被反覆地精心安排；在憂鬱症

1　精神分析的思想是在辯證的擺盪之中發展的，對於克萊恩省略了真實的母親所做的矯枉過正的反應，導致了在後克萊恩客體關係理論的形成過程中，有時出現責怪母親的傾向。

中，情緒的痛苦不斷地被重新製造出來。然而，支撐佛洛伊德的主要動機理論——本能驅力概念以及快感原則——卻是享樂主義的理論：人尋求快樂逃避痛苦。

驅力理論的動機架構很難和佛洛伊德在臨床上對於強迫性的重複（repetition compulsion）的觀察調和，在強迫性的重複中，引起痛苦的事物被有系統地重建，例如痛苦的症狀、痛苦的行為模式、痛苦的命運或痛苦的情緒狀態。如果人的意圖是追求快樂並逃避痛苦，為什麼大部分的人還是這麼有辦法讓自己不快樂？

根據快感原則，性慾是可塑的，在追求快感時它使用各種不同且能相互替換的客體，不過佛洛伊德在一九〇五年指出，性慾也有一種黏著（adhesiveness）的特性，它的運作方式似乎和快感原則對立。性慾痛苦地黏上了舊的且無法得到的客體、受到挫折的渴望和被阻礙的慾望，佛洛伊德臨床理論的中心的伊底帕斯情結就是一個最好的例子。為了解釋惡夢（因為他將夢理解為願望的滿足）、性受虐狂（因為他將性理解為對快感，而非對痛苦的追求）和創傷性精神官能症（恐怖的經驗不能被留在過去），他一再回到這個複雜的問題上[2]。

115 追求客體的性慾

費爾貝恩（William Ronald Dodds Fairbairn, 1899-1964）對精神分析思想史最主要的貢獻，是對強迫性的重複的難題提出不同的解決辦法，對性慾黏著性提出不同的解釋。他在一九三〇年代在英國精神分析學會接受訓練，當時克萊恩對佛洛伊德理論的修

2 　一九二〇年，佛洛伊德試著藉由提出死亡的本能解釋這些現象，死亡的本能運作「超越快感原則」，表現在心靈保存並且回到較早階段的傾向，最終回到虛無。在強迫性的重複這個問題上，許多分析師認為這並不是一個特別有用的解答。

訂仍占優勢。費爾貝恩回到家鄉愛丁堡，並且在那裡渡過餘生，和克萊恩學派與安娜‧佛洛伊德之間發生在倫敦的戰爭實際上完全隔離。身處外圍的生活似乎有助於他發展出對佛洛伊德學派理論基礎的激進評論，並在一九四〇年代起所寫的一系列報告中發表。

費爾貝恩質疑佛洛伊德認為生命中根本動機是快感的假設，並提出一個不同的出發點：性慾不是追求快感的，而是追求客體（object-seeking）的。人類經驗的根本動機推動力不是滿足和減低張力、利用他人作為達成目的的方法，而是和別人的連結就是目的。

佛洛伊德的嬰兒是單獨運作的生物體，只有經由滿足嬰兒，他人才變得重要。相對地，費爾貝恩想像嬰兒先天的構造就是為了在人類環境中互動，他認為性慾是追求客體的這個前題，為解釋佛洛伊德觀察到的普遍強迫性重複提供一個更簡潔以及更有說服力的架構。性慾會黏著是因為它的本質是有黏著性的，而不是有可塑性的，不管父母提供什麼形態的接觸，孩子都會經由這些形態和父母連結，而這些形態會變成孩子一輩子和別人形成依附與連結的模式。

在費爾貝恩的系統中，快感放在哪裡？樂趣與滿足可能是與他人連結最美妙的一種形式。如果父母和孩子之間有快感的交流，孩子就會尋求快感；快感的本身並不是目的，而是從與他人的連結及互動中學習到的形式。如果父母提供的大部分是痛苦的經驗呢？孩子會不會像佛洛伊德的快感原則中所說的，逃避父母並尋求其他更能夠提供快感的客體？不，不會。

費爾貝恩治療受虐兒的臨床經驗，對他形成自己的見解有重大的影響。他驚訝地發現，這些孩子對虐待他們的父母依附的程

度非常強烈，缺乏快感和滿足完全沒有削弱連結，反而讓他們變得尋求痛苦以作為連結的形式，並成為與他人形成連結的偏愛形式。兒童和之後成年時，都從他人那裡尋求自己在發育早期所經驗到的接觸形式，就像小鴨子會銘印（imprint）、且跟著任何在恰當時機出現的照顧客體（Lorenz, 1966），在費爾貝恩的觀點中，兒童也對他們和早年照顧者之間的互動類型產生強烈依附，並以此為中心建構他們後來的情緒生活。

讓我們思考一下在人類的戀愛和一般關係中「來電」的重要性。他人並非因為他們給予快感的潛力而一定有魅力，他人具有魅力是因為與自己對舊客體的依附起共鳴，在童年早期奠定下的互動途徑和氣氛是愛情的基本範例。

山姆（Sam）尋求分析，抱怨自己和非常憂鬱的女人們之間糾結的不快樂歷史，他對自己為何陷入這種關係感到極為困惑。他的原生家庭中，父母兩人都覺得被生活壓垮但也認命了，而在分析的過程中他開始明白，憂鬱是他們的家庭意識形態，全家人都認為生命是悲慘的，因此任何有一絲道德素養或思想正直的人一定都是痛苦的，他們能期望的最好狀態，就是經由自己的不快樂彼此連結，而任何快樂的人都是膚淺的，而且在道德上一定有可疑之處。

山姆發現，他相信唯有經由痛苦，才能和任何人建立深刻且有意義的連結。和別人在一起哭，是親密感最深刻的形式，而和別人一起笑是膚淺且疏離的；只有讓自己站在和別人一樣不快樂的高度，才能成為好人，當別人悲傷時感覺到快樂是麻木不仁且殘酷的。在分析中，山姆的困難越來越明顯，雖然他迫切地希望能和快樂一點的人有更愉悅的關係，但其實他是有選擇且有系統

地，以和悲慘的他人憂鬱的連結為核心，塑造所有重要的關係。費爾貝恩認為性慾是尋求客體的，而在一開始找到的客體則成為後來所有和他人連結經驗的原型。

內在客體關係世界

費爾貝恩以克萊恩所提供的概念為材料，建構自己的客體關係理論，其中最重要的是克萊恩的內在客體（internal objects）和內在客體關係（internalized object relations）的觀念。然而，在這些術語的使用上以及對心靈的洞察，費爾貝恩都和克萊恩非常不同。對克萊恩而言，內在客體是幻想的存在，伴隨著所有的經驗，在孩子原始的思考，以及成人一直都還是原始的潛意識想法中，投射和內射幻想根據嬰兒時期哺乳和排泄等經驗，不斷製造出好與壞的內在客體、愛與恨、滋養和摧毀的幻想。內在客體對克萊恩來說，是精神生活自然且必然的特色，內化的客體關係則是思想和經驗的原始形態。

費爾貝恩則認為，健康的養育造就了孩子朝外的傾向，朝向能夠提供真實接觸和交流的真實人物。他認為克萊恩描述的那種內在客體，是不適當的養育造成的，如果孩子依賴的需要沒有被滿足，如果孩子尋求的肯定性互動沒有被提供，他會病態地離開外在現實以及與他人之間真實的交流，進而建立起幻想的、私有的存在（內在客體），並與它們維持幻想的連結（內化的客體關係）。對費爾貝恩而言，內在客體並非（像克萊恩所說的）所有經驗中必要且必然的伴隨物，相反地，它們是人際世界中真實事物、真實人物彌補性的替代品。

費爾貝恩對內在客體關係發展過程的解釋概略而不完整，不

117

過他的某些概念具有豐富的臨床應用性。他想像孩子的父母如果
基本上是沒有功能的，孩子會區分父母有回應的部分（好客體）
和無回應的部分（挫折客體），同時因為尋求客體的孩子無法實
際接觸父母無回應的部分，於是他將它們內化，並且幻想父母這
些特性現在在他的裡面，成為他的一部分。

我們可以在查爾斯（Charles）的案例中看到這種現象如何
運作。查爾斯是一位中年男性，因為時而發作的憂鬱與退縮而尋
求分析，他的父親很關心他，但嚴厲、冷淡並且要求極高；他的
母親是可以接近的、非常能幹且隨遇而安的家庭主婦，她是一位
堅定的樂觀者，總是開朗愉快，從她的綽號「陽光」即可略窺
一二。

查爾斯在分析中發現，雖然他可以靠近母親的身體，但他
從來不覺得與她有情緒上的連結，他被排拒在母親對任何事物的
真實感覺之外。他感覺母親有種莫名的哀傷，而她卻從來不曾談
起，他逐漸想起曾在被鎖住的臥室門後聽見哭聲，但她會很快地
從房間出來，恢復陽光似的微笑。他也回憶起有時會在夜裡，因
為父親在黑暗的客廳中用口琴輕柔吹奏的哀愁歌曲而醒轉，他會
偷偷地溜到樓下並躲在黑暗中安靜傾聽，祕密地和父親分享他少
有的感情豐富的時刻。

查爾斯的性格被塑造得像他的父母，非常活躍、負責與樂
觀。經由分析，他開始瞭解自己偶爾出現的憂鬱、完全徒勞與絕
望的反常時期，竟是他與父母生命中情緒中心的珍貴連結，這種
連結無法經由和父母的真實持續互動獲得。令他驚訝的是當他憂
鬱時，他覺得和父母的連結最緊密，因為他和他們一樣；但當查
爾斯感覺非常快樂並成功的時候，卻覺得自己與他們的關係是斷

118

裂的。

在分析期間，有一個夢的影像反覆出現：一個水母人崩潰了，他崩潰、悲傷、無助且懦弱。這個影像似乎捕捉住查爾斯和父母的憂鬱連結，一種沒有支架、沒有結構的悲傷，由於和父母情緒的憂傷連結而被分裂出去、封裝起來、不被提起，也沒有發展成熟。和父母之間愛的連結中未經整合的片斷，就像來自古老過去的易碎雕像般，保存在他的憂鬱中。

壓抑

費爾貝恩對壓抑（repression）的理解，在某些根本方面和佛洛伊德相當不同。在佛洛伊德早期的理論中，壓抑的核心是一個真實的經驗，由於經驗到創傷性的衝擊，因此有關這個經驗的回憶不被允許進入有意識中。當佛洛伊德的理論從幼兒誘惑轉變為幼兒性慾理論時，他開始將壓抑的中心構想為被禁止的衝動，由於太危險以至於不被允許進入有意識中。回憶也很可能被壓抑，但現在回憶的壓抑被理解為並非因為創傷性的特質，而是它們與衝突性、被禁止的衝動之間的連結。

費爾貝恩認為壓抑的中心既不是回憶也不是衝動，而是關係，它們和那些無法整合到其他關係結構中的父母特質連結在一起。回憶和衝動也都有可能被壓抑，但主要不是因為它們本身是創傷的或是被禁止的，而是因為它們同時代表並威脅著要揭露危險的客體連結。

對佛洛伊德而言，被壓抑物由衝動組成，但壓抑者（repressor）基本上卻是由一種內在關係組成，也就是，在自我和超我之間的同盟。自我所關切的是現實與安全，而超我所關切的

是道德感與懲罰，它們聯手阻擋被禁止的衝動進入有意識中。費爾貝恩則認為，被壓抑物與壓抑者都是內在關係，被壓抑物是自我和無法靠近、而且往往危險的父母特性連結的部分；壓抑者則是和較能夠靠近、較不危險的父母特性連結的自我部分。

查克黎（Zachary）這位年輕人，因為在愛情關係中相當不快樂而尋求分析，這個案例示範了費爾貝恩的觀點：衝突發生在有意識和潛意識關係之間，而不是在分明的衝動和防衛之間。

查克黎父母的婚姻只持續了幾年，外公是富商，母親是他最寵愛的女兒；父親雖然家世貧窮，卻充滿野心和魅力。在母親家庭的反對下，他仍娶到母親，但當查克黎三歲時，母親發現了顯示丈夫多次不忠的明顯證據，於是母親、外公和外公的律師們合力將父親逐出家門，而且不讓他有絲毫接近家業財產的機會。父親很快成了一個被放逐的、黑暗的角色，查克黎接近他的機會很有限，他的母親則迅速地與門當戶對的對象再婚，對方以正直與德行聞名鄉里。

查克黎對愛情與婚姻有極端理想化的看法，以至於似乎沒有任何女人達到這個標準。他有連續的單一關係，卻為永遠無法將自己交託給一個女人的恐懼深深受苦。在分析中他看到一個關鍵面向，逐漸認識到自己有個令他害怕的部分是以他對父親的認同為模型，他開始明白自己恐懼而又渴望能像父親一樣有許多性關係、濫交和不負責任。這是自己的一個版本，被小心地隱藏起來，不僅讓別人看不到，也讓自己看不到。

現在和父親在一起美好時光的回憶，以及對父親溫暖的感覺都曝光了，各種性的衝動與幻想也都被揭露了，但是真正的危險（與費爾貝恩對壓抑的理解一致），是所有這些材料和他對父親

119

的性慾依附（libidinal attachment）之間的連結。因為早年人生中的變遷，他從不允許自己覺察到其實內在和父親有多麼強烈的連結，即使到現在，這種理解似乎還是危險的，並且威脅了他有意識所認定的自我（在他與母親和繼父的關係中形成的），以及使他有可以被別人喜歡與照顧的特質。

自我的分裂

如果一個孩子擁有憂鬱且冷淡的父母，或是太過專注於自我的自戀型父母，他可能開始經驗到自己的憂鬱、冷淡和自戀的自我專注，並透過這些經驗獲得一種和父母個性中不可靠近部分連結的感受。我們常看到病人在克服自己最痛苦的情緒狀態過程中，感覺到與內在的父母失去聯繫，在他們開始感覺比較快樂時，竟同時也感覺更為孤單，這種狀況會持續，直到他們相信自己擁有可以製造和別人之間新的、較不痛苦連結的能力為止。

因為所有人受到的養育都不盡理想，費爾貝恩假設一種普遍 120
的自我分裂現象。在他的理論中，孩子逐漸擁有父母不回應的特性，例如憂鬱、孤立、受虐和惡霸等，經由吸收這些病態的性格特質，他才能感覺到無法用其他方式獲得的與父母之間的連結。這種內化父母的方式一定會製造自我的分裂：一部分的自我仍然關注外在世界的真實父母，從那裡尋求真實的回應；另一部分的自我轉而關注內在客體的幻想父母，和他們綁在一起。

一旦與父母的經驗被分裂並且內化了，費爾貝恩認為還有另外一個分裂發生在誘人的、有希望的父母特質（興奮的客體〔exciting object〕），和令人失望與挫折的特質（拒絕的客體〔rejecting object〕）之間。例如對查克黎而言，父母隱藏的情感

有兩個部分：一部分是他們的哀傷和情緒性，這是他渴望能接觸到並和父母分享的，另一部分是他們的疏遠，例如（母親的）關上的門和（父親的）黑暗。在費爾貝恩的系統中，被渴望的情緒性形成興奮的客體，而必然的疏遠形成「拒絕的客體」。

自我根據內在客體的分裂，也進一步地分裂，一部分的自我被興奮的客體縛住，這是持續經驗到渴望和希望的自我部分，費爾貝恩稱之為性慾自我（libidinal ego）；一部分的自我認同拒絕的客體，既憤怒又充滿憎恨，鄙視脆弱和需要，費爾貝恩稱之為反性慾自我（anti-libidinal ego）。反性慾自我的敵意針對性慾的自我與興奮的客體，對它來說兩者都是被誤導且危險的。

珍是位極為孤立與痛苦的年輕女性，患有嚴重的焦慮、憂鬱症與暴食症，我們在第四章曾簡短地討論過她。在一次會談中她向分析師報告，前一次會談時，分析師說了一些似乎對她非常有幫助的話，雖然她很滿意，但她離開後幾乎是馬上就感到非常害怕，於是在回家的路上買了一大包餅乾，狼吞虎嚥地吃完並催吐。嘔吐讓她清空了自己並冷靜下來，就像分析師的詮釋因此掩埋在這一團甜甜的髒亂下面，然後一起排放出去。

對這件事及其他類似經驗的探究，揭露出存在於兩種經驗分析關係非常不同的方式之間的內在對立與衝突。雖然直到他們一起工作好幾個月後才發生，但當她感覺到分析師真的能提供一些東西時，雖然希望和渴望大幅增加，但這種心境很快就被認為是極為危險的，讓她開始覺得分析師這個誘惑者愚弄了自己。她怎麼會這麼容易上當，相信分析師真的能幫助她？難道她忘了在生命中，她一再地學到希望總是會粉碎，渴望最後總是痛苦地失望？她開始恨分析師、他要幫助她的承諾，以及自己容易受到這

種承諾影響的部分。餅乾是一種方法，藉由它能埋葬、扼殺並掏空存在於她充滿希望、易受感動的自我，與誘人但終究會令人失望的分析師之間的連結。

當這個內在的戲劇清楚地表達和詳細闡述後，她認出自己充滿憎恨與恐恨的部分，這個帶著餅乾的復仇者是熟悉的自我部分，她稱之為典獄長，她就像住在監獄裡，隔絕了和人類的接觸，而典獄長知道她在監獄裡比較安全。有時她會緊靠著鐵欄杆，希望能在其他人的世界裡有更多自由和更多的接觸，但最後她還是覺得典獄長最清楚其他人的世界有多麼危險和不可靠。

若將這些經驗翻譯成費爾貝恩的專用術語，可以這麼說：監獄代表珍的內在客體世界，在那裡她雖然繼續受困，卻是安全的；犯人代表她的性慾自我，渴望有更多的自由和接觸（在這些會談中，分析師是興奮的客體的體現）；典獄長則代表她的反性慾自我，認同長期對父母的失望以及遭到他們拒絕的經驗，而自己也因為這些經驗而變得冷酷。

由於喜歡使用圖示化和新的術語，費爾貝恩分裂的自我和內在客體的概念很容易遭到誤解。他並不是指在心靈「裡面」有一些小矮人，也不單純指幻想或影像（自我心理學家所謂的「代表」〔representations〕）；雖然我們大部分的人經驗到自己是個單一、連續的自我，費爾貝恩所想像的人類實際上卻有著多重、微妙的不連續自我結構，而不同版本的自我各具特定的特性與觀點。

每個人根據最早的重要關係中內化的模式塑造他的關係，而與早期客體連結的方式成為與新客體之間的優先連結方式。人類關係中重複的模式可以用另外一個方式來描述：我們都將自己的

內在客體關係投射到新的人際關係中，於是新的愛的客體因為和
過去壞（挫折）客體相似而被選擇；以會激起舊有的、可預期行
為的方式和新伴侶互動；新的經驗被詮釋成如同它們實現了老的
期待。就是因為這種舊有模式的投射，以及自我實現預言重新內
化的循環，使得人際關係的特性與困擾如此難以改變。

費爾貝恩的分析情境

在費爾貝恩對分析情境的理解中，雖然病人滿懷希望地搜
尋一些新的東西，但他不可避免地將分析師（在移情中）經驗為
舊有的壞客體。在過去建立起並在內在客體關係中保存下來的，
屬於人類連結的基本假設和原型，塑造了他和分析師的經驗。如
果分析師不是經由舊有的模式被體驗，那麼分析師可說是舉無輕
重，也意味著分析並沒有深刻地進行。但如果分析師只是以舊
有、挫折的關係被病人體驗，新的東西又是如何發生的？

佛洛伊德認為是「領悟」釋放了被分析者。病人開始理解，
他潛意識追求的、幼年努力獲得的快感有如緣木求魚，此時現實
原則（reality principle）壓倒快感原則，而童年早期注定失敗的渴
望被放棄了。但費爾貝恩認為，並不是潛意識對快感的尋求將被
分析者囚禁在精神官能症中，而是精神官能症體現了分析者相信
的、唯一和他人的關係形態。只有經由痛苦的心靈狀態和自我挫
敗的行為模式，病人才感覺到與真實世界和內在世界中的他人有
所連結，他相信放棄這些痛苦的狀態與舊有的模式會導致完全的
孤立、被拋棄和毀滅。因此領悟是不夠的，只靠領悟無法讓被分
析者明白精神官能症的努力是不可能達到目的的；他無法想像沒
有了這些，他還是他自己。

　　根據費爾貝恩的看法，除非病人能相信有可能得到新的客體，而且有其他方式可以和他人形成讓他感覺被看見和被碰到的關係，否則沒有人能放棄對舊有客體強大且成癮的連結。要讓被分析者放棄他對分析師舊有的、移情形式的連結，他一定得開始相信有新的、較不強制的關係模式。

　　費爾貝恩並未詳加說明，病人是經由什麼過程開始經驗分析師是一個不同種類的客體。有些作者（例如芮克爾）主張提供詮釋的行動，讓分析師成為不同的客體；其他人（例如溫尼考特）認為不是詮釋，而是讓分析可以發生的可靠分析架構（frame）使得分析師成為新的客體。無論是什麼機制，費爾貝恩不認為分析的改變來自領悟，關鍵在於形成關係能力的改變，以及以新的方式與分析師連結的能力。

123

　　寶拉（Paula）是一位中年女性病人，她的家庭有嚴重的男尊女卑觀念，她喜歡將每段關係，尤其是分析會談，當成儀式化的被羞辱機會。寶拉會以一種多年前可能激起父親接管一切的方式，回顧她的失敗、無能與無助，雖然父親的接管會同時摧毀與保護她。她相信分析師帶著強烈的鄙夷看待她，而她以自己嚴重的缺陷為恥，相信自己必須把那些缺陷揭露並記錄下來。

　　分析工作進行了好幾年之後，寶拉談到一種費爾貝恩認為是分析改變關鍵性的經驗。當她準備將財務記錄交給會計師時，發現自己去年賺的錢遠遠超過自己的想像。她報告一開始感覺很棒，但它稍縱即逝，接下來浮現而出的，是對現在要多付的稅金感到的強大沮喪和無助感。分析師鼓勵她描述這兩種狀態的經驗。當她在賺錢能力上感覺自己更有力量時，她很快地經驗到一種「一個人獨自在外面的感受」，有些孤立、無可依附且不受歡

迎。

她無法想像如果自己是一個能幹、有貢獻的人，分析師會對她有任何溫暖或深刻的感覺。她想像治療會突然間結束，當她墜入自己熟悉的憂鬱和羞慚的狀態時，卻感覺到與分析師更有關連也更受到保護，如此一來分析師會可憐她並把她留在身邊；諷刺的是，她越感覺到自己的力量就覺得越危險。只有透過在分析關係中度過這些包含「非所預料」的心靈狀態的、在舊有模式以外的時刻，病人才能逐漸開始相信並將自己交託給新的關係形成方式。

分析快結束時，寶拉描述一種感覺，自己像是被關在籠子裡的叢林貓，而門是打開的。她看見自己舊有的組織經驗和關係的方式如何束縛她，並且感覺到脫離這些方式以及獲得更多自由的可能性；然而籠子提供給她安全感，雖然只是幻覺卻很難放棄。她在籠中來回踱步，感覺自己身懷力量卻自我限制。直到她感覺不會陡然墜落之前，她都不能離開——除非她能相信，籠門外有穩固的立足點（形成關係的新方式），而不是深淵。

124 溫尼考特

溫尼考特（Donald Winnicott, 1896-1971）成為精神分析師前是一位小兒科醫師，並且他在整個分析事業中繼續從事小兒科的工作。因為花了很多時間觀察嬰兒和他們的母親，他在關於促進健康發育、導致發育偏離正軌的母性照顧上，發展出卓越的改革和富激發性的想法。

和費爾貝恩一樣，溫尼考特早年的報告是以克萊恩學派的模

式寫成。作為一個克萊恩學派學者，溫尼考特的經歷是無懈可擊的：他的第一個分析師是協助克萊恩搬到英國的史崔齊（James Strachey，佛洛伊德全集的英文版翻譯者），第二個分析師是克萊恩最親近的合作者之一瑞菲耶（Joan Riviere）。他接受克萊恩親自督導，但最終他的特質還是太獨立了，他對心理動力與發展的看法也太有原創性，無法被克萊恩要求學生遵循的正統說法限制住（參考葛羅庫斯〔1986〕對溫尼考特與克萊恩關係引人入勝的說明）。

「一個嬰兒可以被不帶愛意的餵養，」他寫道，「但是少了愛的無情管理，無法成功養育出一個獨立自主的孩子。」（1971, p.127）這種來自溫尼考特晚年作品的典型聲明包含許多他最關心的事，也象徵他帶進精神分析思考的，有關母嬰關係以及與之平行的分析關係的清新觀點。

假我病症

溫尼考特的臨床焦點並非放在傳統定義的心靈病態上，無論是有關於症狀（例如強迫型精神官能症），或是表現在行為上的性格畸形（例如分裂症的退縮）。溫尼考特關心的是主觀經驗的品質：內在現實的感覺、使生命充滿個人意義的感受，以及自己是經驗的分明且有創造力的中心的自我形象。他最感興趣的病人不是被強烈衝突撕裂的人，或是被痛苦而又令人費解的症狀折磨的人，也不是飽受憂鬱或罪惡感煩惱的人，而是能像個人一樣行動和運作，卻不覺得自己像是個人的人。假我病症（false self disorder）是溫尼考特用來形容這種病態的術語，在此病態中主體性生病了，也就是說個人特質的品質生病了。

125 　　這種心理病態是如何產生的呢？溫尼考特主張自我的根本病變起源於伊底帕斯階段（佛洛伊德將精神官能症追溯到這個時期）之前，甚至比嬰兒期後期（克萊恩將憂鬱症的起源追溯到此時期）還早。溫尼考特最深刻且最有力的洞察，就是他將在成年病人身上看到的假我病症，和他觀察到的，從生命中一開始母嬰互動的微妙變化之間所做的連結。

　　看起來，最能說明問題的不是顯著的虐待或嚴重的剝奪，而是母親回應嬰兒的品質，她對嬰兒需要的「處理」（management）。重要的不是只有餵食，而是愛；不是需要的滿足，而是母親對於嬰兒經驗中「個人」（personal）特質的回應。溫尼考特在成人主體的品質及細微變化，與母嬰互動中的微妙變化之間所建構的橋樑，為觀察自我發育與分析程序提供一個有力的新觀點。

　　溫尼考特描述新生兒漂流在未整合（unintegrated）片刻的流動中；各別的願望和需要自然浮現，當這些需要被滿足時他又逐漸回到漂流中，他稱這種狀況為「繼續的存在」（going-on-being）。溫尼考特選擇用未整合來描述孩子最早的心靈狀態這點很重要，他的看法和克萊恩相反，未整合的經驗是舒適的不連結，但卻不破碎；是散開的，但卻不恐怖。溫尼考特認為在生命最初幾個月中，嬰兒經驗的品質對於個人特質的浮現極為重要，母親所提供的環境（而不是孩子衝突的本能壓抑）決定了這個結果，在他的觀點中，假我病症是「環境缺失的疾病」（environmental deficiency diseases）。

　　使一個「夠好的母親」（good-enough mother）有能力提供嬰兒所需環境的心靈狀態，溫尼考特稱為「原始母性的關注」（primary maternal preoccupation），母親在懷孕的最後三個

月，經由自然地專注在嬰兒身上，為這種經過演化的淬煉、深刻
生物性的能力做好準備。這段期間，胎兒在母體內的發育壓迫到
她的器官，影響到她的行動力、消化與排泄功能，甚至是呼吸的
能力；她越來越遠離自己的主體性以及對外在世界的興趣，反而
越來越注意嬰兒的活動與生命力。懷孕的最後一個階段，除了成
為象徵的標誌，實際上也讓母親準備好在嬰兒生命的最初幾個月
中，提供他一個培育自我發育的環境；當母親提供嬰兒這個環境
時，她發現自己的主體性、個人興趣、自己的節奏和關切的事物
都消失到背景中，她調整自己的動作、活動，甚至是她自己，以
適應嬰兒的願望及需要。

　　母親創造出來的這個由生物性受命的環境，使嬰兒能沉浸在 126
一種極為重要的經驗，溫尼考特認為這種經驗使主體性變得更活
躍，促使能夠感覺到生命是真實而有意義的、明顯「有人性的」
（human）人清楚地浮現。當嬰兒的需要和願望從未整合的意識漂
流中浮現，一個夠好的母親能憑直覺就非常快速地知道孩子的慾
望，並將圍繞在孩子周遭的世界塑造成能滿足那個慾望。出現在
哺乳中的母親身體上的生理性回應（泌乳），是母親對嬰兒「自
發示意」（spontaneous gestures）更普遍的回應的原型，代表母
親深刻地感覺到需要提供自己作為嬰兒需要與表達的媒介。

　　在這一段特別的時期，嬰兒的經驗使他感覺到自己是所有存
在的全能中心，溫尼考特稱之為「主觀的全能感」（subjective
omnipotence）：是他的願望使事情得以發生。如果他因為餓了
想要乳房，乳房就會出現──是他使乳房出現，他創造了乳房；
如果他感覺冷、不舒服，世界就變得暖和了──他控制周遭世界
的溫度，他創造了他的環境。母親毫不遲疑地「把世界帶給」嬰

兒，而溫尼考特認為正是母親的回應讓嬰兒產生這種幻覺的時刻，使嬰兒相信是他的慾望創造了慾望的客體。

當嬰兒需要母親時，她就能出現是非常重要的，同樣重要地，她還能在不被需要時退開，這時她創造了溫尼考特所謂的「支持性環境」（holding environment），這是一個生理和心理的空間，在裡面的嬰兒能在不知道自己是受到保護的情況下被保護著，就是這種不經意，為下一個自然出現的經驗做好準備。

讀者可能已經想到，沒有一個正常人會願意長時間為另一個人提供這種經驗，不管他有多可愛，而這正是重點所在。在溫尼考特的觀點中，母親此時並非處於精神正常的狀態，原始母性的關注狀態是一種帶有建設性的暫時瘋狂狀態，她能暫時中止自己的主體性以成為嬰兒主體性的發育環境。在最佳情況下，母親逐漸從這個代理的自我狀態中脫身，開始變得對自己的舒適、所關切的事物、個人特質越來越感興趣，因此對嬰兒的願望及表示的回應變得越來越懶散。她開始慢一拍、慢兩拍，然後慢三拍。

由於母親把世界帶給嬰兒的功能逐漸地失效，它對嬰兒的經驗造成一種有力、有些痛苦，卻有建設性的衝擊。在慾望和滿足間逐漸變大的距離中，嬰兒慢慢地開始明白，原來他的慾望不是全能的，這和他早先似乎真實而又可信的看法相反。原來並不是他的需要和表示創造了自己的滿足，而是由母親回應性的協助達成的。這種慢慢清楚的瞭解有重大涵義，其一是對外在觀察者而言一直都相當無助和依賴的嬰兒，開始第一次感覺到自己的依賴。嬰兒逐漸覺察到這個世界不是由一個主體性所組成，而是由許多主體性；慾望的滿足不能只靠將慾望表達出來，而是要和其他人協調，而其他人也有他們自己的慾望和事情。

過渡經驗

在孩子主觀的全能經驗上,最後加上了客觀現實(objective reality)的經驗。後者並不取代前者,而是與它一起存在,或相互影響。溫尼考特並不認為發育是線性的順序,每一個階段取代前一個階段,這種看法在他對心理健康創新的看法中非常重要。

一個完全生活在客觀現實的人,是一個沒有主體性核心的假我,完全配合他人的期待以及外在的刺激;而一個有人性的個人有持續再生的自我感受與個人意義,主觀的全能經驗必須被保存下來,作為深刻個人的、從未完全被揭露的經驗核心。由母親的支持和協助提供給嬰兒的暫時主觀全能經驗,會一直成為珍貴的遺產和資源,這個關鍵的早年經驗讓成長中的孩子能繼續經驗到,自己自然浮現的慾望和任何表示都是真實、重要且有深刻意義的,即使這些必須整合到與他人之間的適應性協調。

在溫尼考特所謂的主觀的全能和客觀現實兩種經驗型態之間,存在著第三種型態:過渡經驗(transitional experience)。在主觀的全能中,孩子感覺自己創造了慾望的客體,例如乳房,而且相信對它有完全的控制;但在根據客觀現實所組織的經驗中,孩子感覺自己必須在外面的世界中找到慾望的客體,他清楚地知道客體的分離和不同,而他無法控制它。「過渡客體」(transitional object)被經驗為既非主觀地創造出來或受到控制,也不是被發現的、分離的,而是介於兩者之間。在定義上,過渡客體的地位模糊而又弔詭,若想要有夠好的養育,最重要的是父母不去挑戰這個經驗的模稜兩可狀態。

過渡客體這個詞,就像許多精神分析的詞一樣被接受,並在普遍的使用中得以擴充。其中一個最受歡迎的應用,就是用來 128

解釋佛洛伊德學派自我心理學家們，尤其是馬勒所提出的，從依賴母親的共生融合轉變到分離—個體化的過程。孩子的過渡客體——像是泰迪熊——用來作為母親的代表，使孩子能在他逐漸和母親分離越來越久的時間中，維持和母親之間幻想的連結。

但溫尼考特所想的是不一樣的，不是從依賴變成獨立，而是在兩種不同的經驗組織模式之間的過渡，兩種在與他人的關係中不同的自我定位模式。泰迪熊這麼重要的原因不只是因為它代表母親，而是它構成孩子自我的一種特別延伸，它位於孩子在主觀的全能中創造的母親，和孩子在客觀的世界中找到的、代表她自己運作的母親之間的中途。過渡的客體和它弔詭的模稜兩可，緩衝了孩子從一個憑他的慾望就能全能創造客體的世界中，跌落到一個慾望需要別人的配合和合作才能得到滿足的世界。

溫尼考特所提出的過渡客體和過渡經驗的概念與特定的發育順序有關，不過他在晚期的著作中大幅擴展這些概念，使之成為對心理健康與創作力的想法。過渡經驗成為一個被保護的領域，在裡面，有創作力的自我能夠運作和玩耍，而藝術和文化就是從經驗的這個區域中產生出來的。

如果一個人基本上活在主觀的全能中，與客觀的現實沒有連結，那他就是自閉與自我中心；如果一個人基本上活在客觀的現實中，沒有主觀全能的根基，可以說他是膚淺地適應了，但缺乏熱情和原創力。正是過渡領域的模稜兩可，使經驗扎根在自我深刻而又自發的源頭，並同時將自我表達與其他主體性的世界連結起來。

客體的使用（object usage）是另一個溫尼考特於晚期著作中提出來的概念，當時他正探討從主觀全能過渡到客觀現實時，侵

略的位置。在主觀的全能中，孩子無情地使用客體，他創造它並為了樂趣利用它，而且在對它的完全占有中摧毀它。從孩子主體性以外的觀點來看，這個經驗需要一個能聽任自己被使用，並且在使用後還能生存下來的母親，孩子才能逐漸開始覺察到這個在他的摧毀下仍存活下來的他人。就在這種全能的創造、摧毀和生存的循環過程裡，開始為孩子建立起一些外在性的感受，因為真實的他人憑著本身的條件存在於孩子全能的控制之外。 129

如果母親無法在孩子的使用下生存下來，如果她退縮、崩潰或是採取報復，嬰兒就必須過早注意到外在事物，並為此付出無法充分經驗到自己慾望的代價，因為自己的慾望感覺上全能又危險，這導致孩子不敢充分地需要並使用他的客體，長大後可能成為精神官能症且抑制慾望的成人。溫尼考特認為，成人的愛牽涉到間歇的相互客體使用，這讓每個伴侶能沉醉在自己慾望的韻律和強度中，而不用擔心他人能不能存活下來。正是對於他人的耐用性有穩固而又可靠的感受，使一個人能和自己的熱情有充分而又強烈的連結。

不夠好的母親造成的心理病態

當一個母親無法提供穩固健康自我感受所需的那種夠好的環境時，溫尼考特認為孩子心理的發展基本上就中斷了。孩子卡在一段心理時光中，而性格中的其他部分則繞過這個不在的核心繼續成長。真實個人特質的核心暫時擱置一旁，對不足環境的適應性服從被用來當作緩衝，直到他找到一個支持性環境，能允許更自主及真實的主體性經驗浮現為止。

溫尼考特相信當事情出差錯時，孩子不是感覺到被支持，而

是經驗到妨礙（impingement）。妨礙有好幾種型態，如果孩子表達了自發的慾望，而慾望不被滿足、感到被忽略或誤解時，妨礙就發生了；如果漂流繼續地存在且無法維持支持性的未整合，孩子感覺自己被迫聚焦在外在世界的某些要求上，還得應付這些要求，此時妨礙就發生了。不夠好的母親提供孩子一個他必須立即勉強順從和適應的世界，而不是給他一個受到保護的心靈空間，讓自我在裡面玩耍時能擴展和穩固。對外在世界過早的關注，限制及防礙了孩子主體性的發育與穩固。

彼得（Peter）是一位四十多歲的機械工程師，專長是修理複雜的電子機械，他因為覺察到一種模糊但痛苦的、與生命隔離的感受而尋求分析治療。在尋求與別人的關係和互動中他是躊躇的，他的腦袋裡有某種程度的「噪音」，將他的注意力從生活中分散開來，擋在他和外在世界之間。有時「噪音」是在背景中，有時比較明顯，而近來，他發現那個噪音總是在那裡。

一種彼得無法解釋的特別的抑制促使他進入分析。長久以來他一直想學會駕駛無引擎的滑翔機，從他還是個小男孩時就對此非常著迷。他會花好幾個小時出神地看著雲和鳥被氣流托起、移動和穿過氣流，因為某些原因，他強烈地受到滑翔吸引，但他卻逃避去學習該怎麼做，說服自己說他太忙了。最近他甚至已經到了機場，卻發作了一次令他感到完全困惑的恐慌，導致他尋求協助。

彼得談起滑翔時，明白自己像是在滑翔中尋求某種特定的經驗，也就是懸浮在能托住他的空氣中，而他以可控制、不費力的方式逐漸下降。他一向都很喜歡游泳，因為游泳也提供了類似的經驗；他解釋潛水也很像滑翔，人被看不見的東西支持著懸浮

在那裡，而他很愛用像是滑翔機升降搖擺的方式，在水底旋轉身體。

他等著上第一堂滑翔課時所感覺到的焦慮，和潛水時游到珊瑚礁的邊緣，海底忽然下降成深淵時所感覺到的奇怪的恐懼很像。除了視覺上的轉變之外，當然在離海底幾十公尺處漂浮，和離五或十公尺處漂浮沒有任何差別，但彼得的感受是很不一樣的。當海底從視野中消失時，他感到一種鮮明的恐懼，不再覺得自己被支持著和浮起，而是無助和危險。

一旦他學會駕駛滑翔機，對於駕駛滑翔機的預期就不再造成什麼焦慮。所有的焦慮都聚焦在第一堂課，當他得和坐在後面控制飛機的教練一起飛行時。滑翔的本身並不是問題，問題是對教練的依賴。彼得想像他的滑翔機被另一架飛機牽引到天空中，以及飛機和滑翔機之間繩子要斷開的那一刻，他開始明白那正是他擔心的——現在，他被交到坐在後面的教練手中，而他的生存只能仰賴這名教練。

在分析過程中，他理解到自己試圖藉著潛水和滑翔，在自然環境中尋找一種他在人性環境中缺乏的經驗。彼得從不覺得他能仰賴父母用一種讓他專注在自己的願望和想法的方式照顧他。他 131 的父母長年爭吵，而他從很小時就成為兩人的協調者。他變成全然的理性，過早地運用智慧穩定一個隨時可能爆發的環境。

他的父母都是十分憂鬱的人，彷彿被生命打敗了，「何必呢？」是這個家的座右銘。彼得富有創造性的興奮和熱情，經常受到「別讓自己抱太大希望」、「實際點」、「別搞得你自己這麼興奮」等的回應。他的智能開始不平均地發展，複雜而又模稜兩可的抽象概念對他來說很難，但他卻在組合與修理機械上非常

內行：「只要我能看見它，我就能理解它」、「我修理的東西定義了我（I am what I fix）」。彼得開始瞭解，他用自己的智慧，在一個他感到不斷變化又不可靠的世界中，為自己「固定」（fix）一個位置。此外，那些沒辦法立即掌握及處理的知識或情緒上的問題，以及必須忍受某種模稜兩可和懸在不知道中的問題，則會讓他感到非常困惑且極其焦慮。

有一次，彼得想起一個顯然象徵童年的回憶。在他四歲之前，他們搬到另一個城市。生日那一天，母親很晚才想到可以開一個派對，當然他們不認識任何可以受邀來參加派對的人，於是母親派他的哥哥到附近找一些小朋友來參加派對，但無論是那時或現在，彼得都非常反感。「何不乾脆用紙板剪的小孩子就好？」現在他能用當初無法表達的憤慨問出這個問題。

彼得的成人生活，可視為不斷對關鍵性但又錯過的經驗的搜尋。自發的興奮遇到的是恐懼和謹慎，而不是響應的配合和實現，因此他從來都無法將人性的環境視為理所當然的，也無法讓自己如遊戲般地探索自己的主體性，反而被迫發展出早熟的理性警覺以及對他的世界的控制。他渴望能交出早已學會且非得維持的警戒和控制，只想單純地漂流和漂浮在自己的經驗裡，但同時又很恐懼這麼做，特別是當他必須依賴另一個人的參與時。

溫尼考特認為，是長期的母親的失職引起自我在慾望及意義的真實泉源（真實自我〔true self〕），和順從的自我（偽造的自我〔false self〕）之間根本的分裂，而假我是因為被迫過早就得應付外在世界而形成。蘇利文在自傳的某個片段中，生動地捕捉住溫尼考特所想的這種分裂：「在我、和我母親的兒子之間有這麼132 大的不同，以至於我經常感覺到自己只不過是個母親掛上她的幻

覺的衣架。」

　　成為具有穩固的自我感受、被體驗為真實的、能製造出屬於個人意義的「我」，必須要有一個母性環境，能夠調整自己去適應孩子浮現的主體性。只有當「我」是被扎實地建立起並被相信、被享受之後，嬰兒才開始感覺到自己是「母親的兒子」，這是他必須設法適應的影象與期望。如果一個人太早就得應付成為「母親的兒子」，他付出了認識和表達「我」的代價，導致在經驗的核心裡造成痛苦的中斷。

　　多莉絲（Doris）是一位年輕的女性，第一次接受分析。在初次會談中，她用滔滔不絕、快速而又簡短的方式說話。在她呈現的諸多問題中，其中之一是對朋友黏人的依賴以及獨處的困難。多莉絲獨居，她會持續開著收音機或電視，以製造還有別人在的感覺，她也非常擔憂在分析中沒話可講——她相信沉默會導致她被逐出分析——每次會談前，她都會做好周全的準備。她似乎極為注意分析師的反應。

　　分析中發現，多莉絲對沉默的擔憂，和她對分析師在她沉默時的想像有關：強烈的無聊可能會越來越不愉快，到最後變得無法忍受。她開始瞭解，自己把分析師的心理想像成一個恐怖的地方，而且假設分析師利用專注在病人身上，藉此逃避自己內在的恐怖；她也感覺到她對分析師、分析師的期待及需要的注意，能將分析師從自己的惡魔手中拯救出來，如果她允許自己專注在自己的經驗和繼續的存在上，分析師就會感受到無法忍受的焦慮。

　　後來的探索中發現，許多跡象顯示出多莉絲的父母不穩定的心理平衡狀態。他們對女兒顯然不恰當和侵犯的行為，顯示出不願意讓女兒有自己的生活，這也表示病人早年在建立內在與外在

的微妙平衡時，也遭受到類似的侵犯和妨礙。因為父母自己沒有能力感覺安適，以至於女兒從未獲得一個可以讓她從裡面認識並探索自己主體性的環境，於是多莉絲學會強迫式的製造假我經驗以滿足父母的需要，並解決她自己經驗中恐怖的缺口，她從來都不知道如何在自己的經驗中生存下來，或是享受它。

後來在分析中她向分析師報告，為了替拜訪父母做準備，她試著達到一種「消除自己」的狀態；她記得自己十或十一歲時，曾花好幾個小時瞪著鏡子，強迫自己不能眨眼以試圖消除「我」的感覺，結果竟然相當成功。她還報告一個重複出現的夢：「有一個嬰兒，其實不是真的嬰兒。我不確定這是誰的嬰兒，它只不過是一顆頭，像一個蠟做的東西。他應該是一個嬰兒，但他會融化掉。」

根據溫尼考特的觀點，當嬰兒面對不足的支持性環境，唯一的選擇就是將他的心靈（嬰兒的頭），和心靈在身體以及較自發性經驗中的根源切斷，並根據外在世界所提供的模子形成他的經驗。嬰兒不再真的是嬰兒，因為他不再是真實的個人主體性的開始，他形成一個假我，不僅應付他必須監視和協調的外在世界，同時也庇護更真實經驗的種子，直到找出一個更適合的環境為止。

溫尼考特的分析情境

溫尼考特所理解的分析情境，是完全為探索並重新製造個人主體性所設計的。分析師就像夠好的母親般提供一個環境，在裡面他自己的主體性是暫時中斷的，而他像夠好的母親一樣，試著理解病人經驗中深刻個人的部分，以及病人自然升起的慾望；病人則擁有一個能避開外在世界要求的庇護所，在分析情境中，除

133

了要病人「存在」（be）外，對他沒有其他期望，他只要和他的
經驗連結以及表達它就好。沒有對於連續性或秩序的要求，未整
合和不連續性也都被預期和被接受，分析師和分析情境提供一個
支持性環境，在裡面，夭折的自我發育能再度活過來，這個環境
也夠安全到能讓真實的自我開始浮現。

這些由溫尼考特提出的思考分析情境的方式，和先前的作者
們非常不同。佛洛伊德認為病人的困難來自祕密和回憶的缺口，
病人的自由聯想提供分析師挖掘內心祕密的工具以重建那些回
憶，並且揭露、改變病人自己對於知道和回憶起的內在抗拒，而
痊癒包含放棄以這種方式揭露出來的、有衝突的幼年渴望。

然而溫尼考特認為，病人的困難來自內在的分裂，它使病
人的個人經驗源頭被消除與分離。問題並不在於特定的慾望、衝
突或回憶，而在於經驗被製造出來的方式，分析情境的退化拉
力所促進的不是舊有慾望的浮現，而是舊有「自我需要」（ego
needs）的浮現，這是自我成長的發育必要條件。溫尼考特認為病
人有強大的自我修復力量，能將分析情境塑造成可提供他童年所
缺少的環境特質。內容和詮釋在溫尼考特的解釋中幾乎都無關緊
要，最重要的是在關係中自我的經驗。

在溫尼考特對較嚴重病人的治療中，所有的努力都放在根
據病人自然升起的需要去設計治療。即使是設定規律的會談時
間，也製造出一種病人需要去適應的人為外在結構，就像嬰兒的
餵食是根據時刻表而不是他的需要，所以溫尼考特會試著在病人
要求的時段提供會談。他提到自己站在窗簾後面等待一位年輕女
病人，時機是最重要的關鍵，當病人接近門並抬起手來正要敲門
時，溫尼考特會打開門，彷彿病人對他的願望創造了他一樣。

134

　　　嬰兒在興奮時靠近乳房，並.準備好製造出一個適合
吃的幻覺，就在那時，真實的乳頭出現了，此時他感覺到
乳頭是他製造出來的幻覺，因此景象、觸摸和味道的真實
細節豐富了他的想法，這些材料也用在下一次他製造的
幻覺裡。嬰兒以這種方式，開始建構起能喚起實際上可
獲得事物的能力，而母親必須繼續給予嬰兒這種經驗。
（1958, pp.152-153）

　　同樣地，病人來到分析情境中尋找讓自我恢復生氣的必要經
驗。在提供病人他所缺少的經驗時，分析師也慷慨地提供自己好
讓病人使用。分析師允許病人感覺是自己創造了分析師，並藉由
不去挑戰病人對他的使用，病人得以重新發現自己想像與幻想的
能力，從而製造出感覺非常真實及有意義的經驗。

獨立團體的其他改革者

　　在英國精神分析學會裡，「獨立」學派的其他主要改革者
有巴林、約翰‧鮑比和岡崔普。在這個學派裡，獨立不僅是指與
克萊恩學派以及（安娜）佛洛伊德學派之間的關係，也是指他們
互相的關係。他們都大量引用克萊恩的著作，也都將重點從驅力
和防衛之間的衝突，轉移到與他人之間關係的建立和維持上。然
而，他們每一個人都用自己獨特的方式去達成這個轉換[3]。

3　那些著作起源於獨立團體傳統並更接近近代的作者包括：瑪殊‧汗（Masud Khan）、妮
　　娜‧考特（Nina Coltart）、博拉斯（Christopher Bollas）、克勞貝爾（John Klauber）、
　　亞當‧菲利普斯（Adam Phillips）、內維爾‧賽明頓（Neville Symington），以及派屈
　　克‧凱薩門特（Patrick Casement）。

從費倫齊到巴林

巴林（Michael Balint, 1896-1970）接受費倫齊的分析，從很多方面來說，他的貢獻可說是費倫齊的延伸。費倫齊（Sandor Ferenczi, 1873-1933）是佛洛伊德早年學生中，在理論和臨床實踐上最創新的一位，他在生命的最後幾年中越來越專注於早期剝奪對性格發展的影響，而他最強調的重點是早期慢性的創傷，包括性經驗。這是重新回到佛洛伊德在一八九七年拋棄的幼年誘惑理論，並選擇本能驅力理論和幻想的中心位置時被否決的觀點。

費倫齊也是一位臨床技巧的改革者。與他在理論上強調創傷和剝奪一致的是，他越來越相信分析師提供衡量過的愛與情感的重要性，而不是對病人的需要及願望提供節制的不滿足；他也反對在傳統分析關係中那種階級制度的、權威的安排——分析師發放詮釋，而病人接受它們。這導致一個很快被放棄的短暫實驗出現，在這個實驗裡，病人和分析師「互相分析」（mutual analysis），輪流躺在分析椅上自由聯想。

身為巴林、克萊恩和湯普森的分析師，費倫齊在將佛洛伊德的工作過渡到幾個當代精神分析思想中最重要的潮流上，是個關鍵人物。

巴林對費倫齊改革的延伸，導致他確信病人——尤其是較嚴重的病人——在分析情境中尋找的不是幼年性和侵略願望的滿足，而是一種無條件的愛，一種他們在童年被剝奪的「原始客體的愛」（primary object love）。和費爾貝恩不同的是，巴林從

4　費倫齊不再受到佛洛伊德的喜愛，似乎是因為複雜的個人、概念與政治上的差異綜合起來的緣故。由於費倫齊的臨床日記，以及佛洛伊德與他往來的書信集陸續出版，才使這個在精神分析史中重要的分裂故事更完整地揭露出來，詳情請參考阿倫及哈里斯（Aron and Harris, 1993）周詳及平衡地深思，費倫齊在精神分析史上扮演的深具影響的角色。

未摒棄佛洛伊德的驅力理論，然而他也和費爾貝恩一樣，認為客
體關係並非驅力的衍生物，而是生命一開始就存在的。「這種型
態的客體關係（原始客體的愛）和任何性感帶無關，它不是口腔
的、口腔吸吮的、肛門的，或是生殖器等等的愛，而是一個獨立
存在的東西。」（1937, pp.84-85）。

　　巴林認為和母親之間最早的關係是一種被動的狀態，被體驗
為「原始物質」的「和諧的、互相滲透的混合」（1968, p.66），
而更為主動形態的關係和對樂趣的尋求是從這種被動狀態中產生
的。這種早期關係的破裂造成了他所謂的「基本缺陷」（the basic
fault），它發生在自我核心的破碎和分裂，而基本上，病人來到分
析情境中就是渴望癒合這些裂痕。

　　巴林的貢獻提供了一個創新的方法來重新構想通常艱難的臨
床情境，以突顯出往往只得到模糊理解的病人的努力，病人努力
經由他所謂的「良性退化」（benign regression）來重新捕捉錯過
的機會，並重新擁有被解離的自我部分。

鮑比

　　在過去幾十年間，所有對精神分析思想有重要貢獻的人中，
沒有人在概念化精神分析和其他學問之間的關聯上，勝過鮑比
（John Bowlby, 1907-1990）的影響力——其他的學問包括生物
學、人類學、動物行為學、資訊處理，以及對兒童和家庭的研究。

　　鮑比對精神分析的態度就像佛洛伊德一樣，穩固地扎根於達
爾文的學說，但不同於佛洛伊德的十九世紀版本，他的達爾文主
義顯然是二十世紀的。佛洛伊德認為達爾文的演化中最核心也最
醒目的訊息是，人類是由「較低等的物種」演化而來，這導致佛

136

洛伊德推測出一種像是在大鍋中沸騰的來自（佛洛伊德與他的同儕們認為的）動物天性的潛在動機。對鮑比和哈特曼（參考第二章）來說，達爾文的演化論最核心的訊息是「適應」在塑造動物與人類天性上所扮演的角色。佛洛伊德認為本能是難以駕馭與反社會的，只有經過自我長久及費力的搏鬥後才能迫使它們有適應性的改變；然而鮑比認為本能可以更有用地當作是預先適應人類的環境，為了生存的目地經由幾百萬年的自然選擇雕琢而成。

哈特曼探索的適應面向是認知與感知的功能，而鮑比最關切的、有關於適應本能的動機則牽涉到孩子與母親的連結，他稱之為依附（attachment）。他認為建立與母親深刻而又堅韌的連結是一種本能的系統，增加了孩子生存的機會，越接近母親就越保證有較好的照顧，也越能防備掠食者。鮑比描繪五種欲力要素反應：吸吮、微笑、黏人、哭泣和跟隨，它們能讓母嬰更為接近並促進依附。

在傳統驅力理論的架構中，孩子之所以能認出母親這個人並感覺到她的重要性，只是因為她具有滿足需要的客體功能，根據這個邏輯，早年稱職的照顧者可以互相替代，當孩子早年失去屬於滿足需要（而非性慾的）的客體的母親，並不會產生嚴重的心靈創傷，因此也不會哀悼。

但鮑比認為孩子對母親的依附是本能的，而不是養成的，它原本就存在，而不是源自母親滿足需要的行動。他廣泛地調查 137 有關動物與人類的分離和失落的實證研究，用以證實他的論點：早年的失落會導致真實的哀悼。這代表了孩子和母親連結的原始性。

鮑比的依附概念，和費爾貝恩對性慾是尋求客體的想法密切

相關，這成為他對性格發育與心理病態所有重要特徵重新構思的中心。情緒的安全感反應出對於是否可以得到依附對象的信心，它是經由早期童年經驗逐漸建構起來的，所有不同種類的焦慮根源，都和與依附客體分離的基本焦慮有關，而憤怒在根本上是一種對分離的反應和抗議。鮑比認為冷漠是所有防衛的根源，防衛分開了情緒經驗組織中核心、根本且重要的依附需要。

岡崔普

岡崔普接受過費爾貝恩和溫尼考特的分析，他在解釋、編纂與（用他自己的方式）整合所有英國獨立學派作者的貢獻上，扮演極為重要的角色。岡崔普比任何人更將精神分析描述為「替代治療」（replacement therapy），分析師在代理父母的立場上運作，提供一個健康的自我生長與發育所必要，但病人卻沒有得到的人際環境。岡崔普認為，正是高度個人化與人際化的滋養分析關係，成為痊癒的媒介。

費爾貝恩和岡崔普都認為，退縮和疏離的分裂現象潛在於所有其他形態的心理病態中。費爾貝恩曾認為，精神分裂的退縮只不過是從外在世界的真人旁邊退開，但他們強烈地被幻想出來的內在客體纏住並忠於它們，因此性慾的自我（希望和渴望）和興奮的客體有許多的牽扯，而反性慾自我（恨與絕望）則是認同拒絕的客體。

岡崔普認為在嚴重的剝奪狀況下，性慾的自我本身分裂了，部分的自我完全放棄了對客體的尋求，不僅放棄外在客體，也放棄了內在客體，進而退縮到深刻、隱藏的孤立。他強烈地渴望重新回到子宮，以及在一個更為適宜的母性環境中重新開始，而這

個部分的自己——退化的自我（regressed ego）——以一種瀰漫的自我軟弱（ego weakness）感，和徹底的無助與絕望的感覺表現自己。

在整合費爾貝恩和溫尼考特貢獻的努力中，岡崔普提出他對 138 退化自我的概念，它僵立於孤立狀態裡，同時包含逃離挫折客體的自我（在費爾貝恩的概念中，性慾自我被分裂出去的部分），以及因為缺乏適合的協助母性環境，所以從來都沒有實現的自我部分（溫尼考特的真實自我）。

岡崔普的退化自我概念能廣泛地應用在（無論是在夢中或是在清醒時的幻想中）體驗與描繪自己為小嬰兒的被分析者身上，他們常感覺被忽略或是被遺棄，尤其是在分析中碰觸到那些先前未整合以及難接近的渴望感覺狀態時。通俗心理學把這種方法經由像「內在小孩」（the inner child）之類的概念散播出去，不過岡崔普的方法還是非常分析的，他相信直到性格較為表面與防衛的層面能被緩慢而又仔細的分析解決後，受到壓抑的自我才能以真實而且對治療有效的方式靠近。

英國精神分析學會中的獨立團體，對近幾十年間的精神分析理論與實踐帶來巨大的衝擊，在他們與佛洛伊德的驅力理論完全而明顯的分裂中，費爾貝恩與鮑比激進地重新編織心靈的性質、發育和分析情境的思考。在正統精神分析中，鮑比的工作只獲得次要的地位，但他多產而具影響力的依附研究及理論路線，滲透進對父母和嬰兒關係重要的普遍態度中，這不僅影響個人的生活，也影響了公共政策。

費爾貝恩的工作則促進精神分析朝向「雙人心理學」（two-person psychology）的運動，尤其是近來關係精神分析（relational psychoanalysis，參考第九章）對客體關係理論與人際理論的整合。

　　至於溫尼考特，雖然他從未清楚地與佛洛伊德學派的傳統分裂，但他針對早年發育提出的發人深省的想像，對正統精神分析領域之內與之外都有廣泛的影響；此外，溫尼考特勾勒出的父母功能，例如支持性環境，也提供思考分析關係與分析程序有利而又新穎的發展隱喻。

【第六章】身分心理學與自體心理學：
艾瑞克森和寇哈特

在某些情況下，希望和恐懼是一體兩面，它們互相摧毀，並在　　139
晦黯的冷淡中迷失。

——歌德（Johann Goethe）

一個人必得學會愛他自己……以一種有益身心健康的愛，如此
他才能忍受和自己相處而無須流浪。

——尼采（Friedrich Nietzsche）

一個生命如何變成人？那些被我們定義為人性的特質，是
不是加在基本上是動物的天性之上？或者，人性的本質是與生
俱來的固有潛力，等待必要的環境以便浮現出來？或者嬰兒的
天性基本上是善於接受且沒有固定形狀的，需要文化的教育及
社會化，將這些未成形的潛力創造並塑造成人類的存在？最後，
要為這些問題找到有意義的答案，我們是不是必須將「就行動與
樣子上『是』（being）一個人」，和「在主觀經驗上『感覺』
（feeling）像一個人」區分開來？這些問題的答案定義了當代精神
分析學派思想間關鍵性的不同，這些差異也延伸成他們對心靈、
生活中的困難，以及對治療非常不同的理解。

　　佛洛伊德所處的年代，有關這類問題的思考正值過渡時期，　　140
在那之前眾人普遍將人類看作是神的孩子，以上帝的形象為依據
並用獨特的方式被設計出來，不過佛洛伊德時代的科學推測，讓

人類不再享有這種毋庸置疑的特權，達爾文的影響為人類和其他生物間的明顯區分籠罩上一道長長的灰色陰影，而讓佛洛伊德著迷的不是人類像神一般的外表，而是在男人和女人裡面的野獸。佛洛伊德為當代對人類經驗的理解帶來的豐富啟發，包括指出在文明的行為舉止這個薄弱外殼下的野性呼喚、原始的衝動與幻想。

佛洛伊德認為社會化的程序包含了對野獸的馴服，他認為早期的經驗由原始的性和侵略衝動所主宰，在伊底帕斯危機中達到最高峰。當伊底帕斯危機在閹割的威脅下獲得解決時，性與侵略性的能量必須被疏導到較不危險的通道中，這些能量現在以社會所能接受的、昇華的形態表達出來，用以作為對文化的適應。佛洛伊德認為人類形態的存在，顯然正是經由控制原始、野獸的性與侵略衝動的程序製造出來的。

在第二章中，我們追溯了佛洛伊德的晚期著作如何逐漸強調除了驅力（起源於本我）之外的自我，以及這個變化如何在之後的佛洛伊德學派自我心理學中複雜地詳細闡述。自我的範圍包括佛洛伊德早年聚焦的幼年性與侵略性能量釋放的途徑，以及改變釋放途徑的所有被認為是理所當然的程序。安娜‧佛洛伊德對防衛的複雜研究、哈特曼提出的適應和自主性自我功能的重要性，以及發展自我心理學家對嬰兒和照顧者早年關係的探索，都將自我、它的發展和一般的發展程序塑造為精神分析關切的重要領域，無論在理論或臨床實踐上都是如此。

「本我」和「自我」既不是某個地方也不是某項物品；這些用詞將組織與思考人類經驗極為複雜的方式具體化。從本我心理學到自我心理學的轉換，也代表構想精神分析基本工作規劃方式

的轉換。大體而言,本我心理學探討的是達爾文的革命對於研究
人類心靈的可能影響;自我心理學研究個體如何發展出分明及穩
固的自我感的途徑。不過自我心理學從來沒有拋棄驅力理論,性 141
慾與侵略驅力仍被視為提供自我功能燃料的能量(就像第二章討
論到的,即使這個能量是被「中和」或「融合」),並認為早期
自我發展的關鍵程序仰賴驅力程序的變化,馬勒詳細描述了性慾
滿足對促進成長的影響;賈克森(Jacobson)清楚解釋激起侵略性
的挫折經驗,是刺激成長的補充撞擊。

艾瑞克森對身分(identity)概念的詳細闡述(也就是身分心
理學〔identity psychology〕),以及由寇哈特所發展而出的自體
心理學(self psychology),是自我心理學最重要及最具影響力的
兩個支派。他們都浸淫在佛洛伊德學派自我心理學中,並引用其
中許多概念,同時也都以自己特有的方式,創造了與自我心理學
在根本上分裂的精神分析觀點。自我心理學是在本能衝突的架構
之內追溯個體的發展,但艾瑞克森與寇哈特卻建立新的架構,集
中在深刻而又複雜的個人主體性如何在人際與文化的脈絡之中浮
現出來[1]。

艾瑞克森與寇哈特不常被連結在一起,然而他們的貢獻同樣
源於佛洛伊德學派自我心理學,而且兩人的革新是互補的。艾瑞
克森將個體放在歷史的時間與文化的脈絡中,寇哈特則探索自體
(self)的現象,他們共同(加上溫尼考特)為當代精神分析探索
開啟了個人主體性與意義的問題。

艾瑞克森的遺產對當代精神分析思想而言,是最有意思的一
個諷刺。無論是在流行文化或相關學問如歷史和人類學等中,艾

---

1   艾瑞克森的著作中,有許多特點和蘇利文、佛洛姆與荷妮等文化學家的觀點很類似。

瑞克森都是所有精神分析作者中最被廣泛閱讀與最有影響力的，
然而在精神分析文獻中，他的地位卻極少被承認。艾瑞克森本人
一向認為自己的貢獻不過是擴大已存在的佛洛伊德學派的思想範
圍，然而佛洛伊德學派的作者們卻覺得很難將傳統上對心靈內部
本能衝動的強調，與艾瑞克森對個體和環繞它的文化之間複雜關
係的豐富理解相連結。在這方面，艾瑞克森是走在他的時代前端
的。

　　二十年後，在一九七〇年代初期，寇哈特也以類似的方式提
出他的改革，用以詳細闡述自我心理學系統，但他逐漸感覺到自
己對自體的探索構成了一個獨立而又分明的心理學派。雖然他明
顯地和傳統驅力理論分裂，但他在當代精神分析對話上仍是重要
的存在，他被議論、被摒棄、被某些人作為理論建構的基礎或被
其他人吸收，但不像艾瑞克森，他沒有被忽略。

142 艾瑞克森

　　艾瑞克森（Erik Erikson, 1902-1994）的人生跨越了整個二十
世紀，因此目睹了在精神分析思想史上大部分重要的轉變與發展
（參考高爾〔Coles〕於一九七〇年為艾瑞克森撰寫的見解深刻的
傳記）。

　　艾瑞克森的父母都是丹麥人，在他出生前就已分開，他是
在德國繼父的家中長大的；雖然他才華橫溢、極為聰明，但在結
束中學教育後，他就不願再接受正規教育，反而成為藝術家與
流浪者。他在學校時，一位到維也納接受分析的美國人柏林罕
（Dorothy Burlingham），雇用他的朋友布勞斯（Peter Blos）為

孩子們的老師，當時柏林罕和安娜・佛洛伊德的關係十分親近。
到了一九二九年，柏林罕和安娜・佛洛伊德鼓勵布勞斯根據精神
分析的原則成立一所小型的先進學校，於是布勞斯便邀請艾瑞克
森到維也納，並在那所學校任教。

艾瑞克森和布勞斯從而成為「被選中」的成員，這一小群
學生被帶進佛洛伊德家庭的圈子裡並直接接受他們的訓練，因此
艾瑞克森再度成為一名繼子，開始接受安娜・佛洛伊德本人的分
析，並以此作為訓練的一部分。這些試驗性的起頭顯然對日後精
神分析的歷史有重大影響，柏林罕與安娜・佛洛伊德成為將精神
分析想法應用於兒童發展及教育的合作者與先鋒，布勞斯成為佛洛
伊德學派對青少年的理解極為重要的貢獻者，而艾瑞克森則成為繼
佛洛伊德後，作品最被廣泛閱讀及最具影響力的精神分析作者。

我們來看一看，艾瑞克森是在何種（精神分析）的歷史背景
中，開始瞭解日後他專注一生的工作。佛洛伊德在一九二三年發
表《自我與本我》，預告了焦點的轉換，將原本完全著重於本能
的焦點轉為對自我及其與外在關係的研究，而艾瑞克森沉浸在精
神分析中的第一個十年裡，佛洛伊德學派自我心理學的經典作品
陸續出現，包括一九三六年安娜・佛洛伊德發表了《自我與防衛
機轉》；一九三七年哈特曼發表了《自我心理學和適應問題》。

雖然佛洛伊德當時已有超過二十年分析成人的經驗，並對兒
童的發育發展出驚人且創新的理論，然而他卻極少對兒童有直接
的觀察或治療；然而艾瑞克森很愛和孩子一起工作，他結合自己
所受的精神分析教育，和他身為老師所接受的蒙特梭利訓練，當
他進入精神分析領域時，正是精神分析所涉及的範圍即將戲劇性
地擴展時：從驅力的內在世界擴展到個體和環境之間的關係；從 143

心靈病態到常態；從成年病人到兒童發育等。

　　艾瑞克森於一九三三年搬到美國時，再度成為一名流浪者。他在跨文化差異中直接感受到的個人經驗，因為和露絲・班奈迪克（Ruth Benedict）、瑪格麗特・米德（Margaret Mead）與葛雷格里・貝特森（Gregory Bateson）等文化人類學者的接觸而有所補充。他利用所有機會加強與兒童的精神分析工作，包括在不同文化及次文化的環境中，對正常兒童和兒童發展的研究。正是這種混合了新的精神分析想法與興趣、對文化比較性的研究發展，以及對搬遷與被迫轉變的個人經驗，創造出一種好比藝術創作的媒材，使艾瑞克森得以對處於群居世界中的個體發展，創作出極為豐富與複雜的精神分析解釋。

心靈與文化

　　艾瑞克森經典著作《童年與社會》（*Childhood and Society*），簡潔地概括了他最根本關切的事物。

　　佛洛伊德對兒童發展的複雜解釋，是以在成熟的過程中相繼展開的、以身體為基礎的本能驅力為中心，他的理解基本上是心理生物學的：心靈是身體的延伸及衍生物，而心靈的發展是為了疏通與控制本能的能量，這些能量以一種專橫的生理張力方式浮現，強力要求行動與釋放。在佛洛伊德的系統中，群體的世界就是驅力與現實相遇的地方，因此對驅力的控制、壓抑或大致上是偽裝過的滿足成為必要的。以傳統精神分析觀點來看，社會在規範驅力的戰役中只不過是自我的延伸，例如文化領袖們類似父母、社會的力量是偽裝過的防衛等，而團體程序是心理動力的擴大版。

　　艾瑞克森認為就他對世界的理解，這種看法是片面的，在這個世界，是文化與文化差異塑造了個體的發展。在他整個理論中，最重要的主題就是個體和文化之間互相滲透：個別心靈的產生和塑造都發生在特定文化脈絡的要求、價值與感受能力內；文化和歷史的變化是由個體努力在生命中尋找意義和連續性所造成的結果。

　　例如他在對美國不同原住民文化的研究中發現，地形和經濟間接地經由養育孩子的方式影響了性格的塑造，藉此創造出文化所需要的個體種類。平原上的獵人蘇族（Sioux）是流浪者，他們有離心式（centrifugally）組織的世界；優族（Yurok）是漁人，他們撈捕每年游到克拉馬斯河的鮭魚，有一個向心式組織的世界。蘇族看重力量，優族則強調控制和整潔；蘇族的焦慮主要和變得柔弱與無法移動有關，優族的焦慮則集中在糧食短缺。

144

　　優族養育孩子的方式和蘇族正好相反，他們強調對貪婪的克制和禁止，不在嬰兒一哭時就哺乳，並藉由強力地將嬰兒與母親分開，逼孩子相當早且突然地斷奶。艾瑞克森認為這些慣例製造出一種對豐足時光的幼年懷舊，以及對超自然力量的懇求態度，這些都適合捕鮭魚人的生活。

　　因此艾瑞克森在佛洛伊德的心理生物學上加入了等重的心理社會學特點。佛洛伊德將童年視為心理生物性的驅力顯露、表達，然後被控制住的一段時光，艾瑞克森對童年的觀點則加上是文化藉由賦予幼年焦慮與身體經驗意義以保存自己的途徑。傳統精神分析的理解將本能驅力設定為心靈的東西，被外在的社會力量塑造及雕琢，但艾瑞克森認為是文化及歷史給予心靈生命，在這個媒介中，沒有固定型態的生物潛力能轉化為清楚無疑的人類

生命。

> 與其強調社會結構的壓力傾向於拒絕孩子的什麼，我
> 們希望能夠澄清，社會秩序在維持孩子生命時可能先給予
> 他的是什麼，並且，以特定方式提供嬰兒所需時，社會也
> 讓孩子認識了特定的文化形態。與其接受像伊底帕斯三人
> 組這種本能的「已知事實」（givens），用來作為人的不
> 理性舉止最簡化的圖式，我們希望探索社會形態是以什麼
> 方式共同決定了家庭的結構。（Erikson, 1968, p.47）

這個轉變的重要性是全面性的。艾瑞克森建議的不只是一種
重點的改變，他重新安置了心靈的組成要素，因而引進了一個完
全不同的精神分析架構，這對臨床實踐與精神分析思想如何影響
當代文化及經驗的方式帶來極大影響。

有關深度的隱喻一直是佛洛伊德見解中的核心特性：在心靈
的表面下有個隱藏的心理動力力量在運作；在現今的表面下埋藏
著過去的殘餘物，不僅對個人是如此，對整個物種也是；而在表
露出來的社交互動層面下，本能的驅力努力想表達。因此，每個
配對的前一個元素只能依據後面的元素被還原理解，對佛洛伊德
而言，這就是讓精神分析是「深度」心理學的原因。

145 雖然持續引用傳統心理動力的理解，艾瑞克森仍努力使這些
元素之間的關係是辨證性而非歸納的，他認為文化和個人、現今
與過去、社會和生物性相互貫穿並相互創造，因此對精神分析的
方式極為不滿。

> 發展出一種起源論（originology）……一種思考的習

慣,將每個人的處境歸納為較早處境的類比,「最後」歸
納為「最早」一個處境的類比,而最簡單的、最早年的先
驅被認為是它的「起源」(origin)。(1958, p.18)

現在讓我們仔細來看看,在將經驗組成成分的分級方式上,
傳統自我心理學家們與艾瑞克森隱微的差異。在第二章曾提到,
哈特曼與克里斯將精神分析所關注的事物從深處擴展到表面,
拉到在個體和環境之間的接合處、在幼年衝突與成人日常功能之
間。不過對哈特曼、克利斯與他們的合作者羅文斯坦而言,這些
表面東西的較深意義仍是由底下的東西塑造的。

> 無疑地,在法國人、英國人、紐約人、波士頓人和分
> 析師之間,最初的接觸建立涵蓋了很廣的範圍,例如從好
> 奇到克制、從熟悉到懷疑,這些態度中,某一些在這個團
> 體中會比在另一個團體中出現得更頻繁。不過,一旦這種
> 表面與最初的接觸發展成為移情,差異就非常有限……在
> 移情——不論是正向或負向——的形成上,或是在它的強
> 度、結構或基本的表現上並不存在顯著的差異……隨著精
> 神分析工作的進展,以及當可得的資訊從周邊移到中心,
> 也就是從外露的行為轉移到只有經由分析調查才能夠得到
> 的資料,(不同的國民性格)對於分析觀察者所造成的
> 衝擊逐漸減少。(Hartmann, Kris, & Loewenstein, 1951,
> pp.19-20)

和較為傳統的佛洛伊德學派自我心理學家們相反的是,艾瑞
克森認為文化的程序構成一種獨立、成為原因的部分,它創造出

屬於自己的意義。艾瑞克森提出的架構並非只有單一的中心,而是包含了兩個中心,彼此間有複雜的辨證關係。

> 因為我們處理的程序「位於」**個人的核心**,同時也位於他的**社區文化的核心**,事實上這個程序建立起這兩者的身分……在整個心理和社會、發育與歷史間的相互影響上,身分的組成有原型的意義,這種相互影響只能概念化為一種社會心理的現實(psychosocial relativity)。(Erikson, 1968, pp.22-23)

新生論和發育

艾瑞克森理論的中心是他的自我發育的理論,自我被想像為像驅力一樣,穿過一連串的階段或危機且依序展開:

基本信任相對於基本懷疑

自主相對於羞恥與疑慮

主動性相對於罪惡感

勤勉相對於自卑感

身分相對於角色混淆

親密感相對於隔離

有生產力相對於停滯

自我健全相對於絕望

每一個自我階段和驅力成熟的性慾時期相符合,並互有辨證的關係,例如基本信任和基本懷疑間的衝突和口腔期毗連。哺乳以及在哺乳時的玩耍所得到的性慾滿足,就某種意義來說,使得嬰兒突然陷入對外在世界態度的危機:自己能舒適地接受外在的

供應嗎？它們危險嗎？嬰兒的世界能不能以一種讓他放鬆及感覺安適的方式維持下去？

因此艾瑞克森採用佛洛伊德口慾的概念，把這個在嬰兒時期展開的性心理成分當作中心，並在它的四周建構了複雜的主體性。他想像的嬰兒是努力在世界中找到定位、企圖掌握一個存在於自我與他人關係核心的問題、努力找出方法為自己在世界中找到一個位置，以便他的自我在未來能夠成長。

將艾瑞克森對這些發展通道的態度，和其他精神分析式的發展模型比較是有啟發性的。例如克萊恩的妄想分裂心理位置概念，是根據好乳房和壞乳房之間的兩極化組織而成，她處理的部分和艾瑞克森描述的第一個自我發育階段中的掙扎是一樣的。

克萊恩認為，好與壞來自嬰兒在性慾和侵略性之間的本能衝突；艾瑞克森認為信任和懷疑來自孩子與照顧者之間成功與不成功的互動經驗；溫尼考特認為提供真實自我或假我經驗機會的支持性環境品質，是由母親、母親自己的心理動力和性格決定的；同樣地，蘇利文認為母親的焦慮點正是孩子早年好與壞分裂的起源，艾瑞克森則認為母親是文化對生活態度的代表與媒介，這種態度將安全與危險、樂趣與克制、滿足與挫折組織起來並分級，因此嬰兒的經驗與後來的身分，都是經由反映出嬰兒所生存的文化的價值觀及需要的教養方式塑造出來的。

在許多方面，艾瑞克森對佛洛伊德學派理論的轉化，和其他對後古典精神分析思想有主要貢獻的人有所共鳴，不過藉由聯繫佛洛伊德以生物學為基礎的驅力理論，和借用人類學的文化領域時，艾瑞克森的見解跳過且沒有發展其他主要的後佛洛伊德學派精神分析理論所發展的主要範圍：孩子和特定照顧者之間的關係

147

（參考Seligman & Shanok, in press）。

艾瑞克森以類似的方式處理自我發育的其他階段，將佛洛伊德的性心理階段詳細闡述成，為了在文化和歷史的脈絡中找到一個地位和立場所做的努力：自主性相對於羞恥和疑慮，與肛門期相關；主動相對於罪惡感，和陽具及伊底帕斯階段相關；勤勉相對於自卑感，和潛伏期相關。不過，這時艾瑞克森已用盡佛洛伊德學派的性心理階段，沒有更多階段可以用來形成他理論中自我發育順序的骨架。

在佛洛伊德的發育理論中，所有重要的程序都在伊底帕斯情結獲得解決，以及潛伏期的開端時完成，後來的人生基本上只是重演在那段期間所建立的結構；但艾瑞克森認為自我的成長顯然超過伊底帕斯階段，所以他在佛洛伊德所說的時期之外，另外加上了身體危機（somatic crisis）和心理生物事件（psychobiological events），用以支撐自己的社會心理學貢獻。他將身分相對於角色混淆，以及親密感相對於隔離和青春期與青少年時期連結；將生產力相對於停滯，與孕育子女連結；將自我建全相對於絕望，和年紀增長時身體的衰老連結。

艾瑞克森從生物學中借用了**新生論**（epigenesis）這個詞，用以形容他對自我成長及發展的洞察。胎兒在子宮中發育，透過器官系統，一個接一個有系統地出現與搶得主要發育地位，在正常運作的嬰兒體內，每一個系統最後在複雜的生理程序中各就各
148 位；而自我的發育同樣經過生物的程序，不同的能力和特質在這一連串的危機中逐漸展現，最終造就了存在人類社會中的個體的社會心理整合。

艾瑞克森的發展理論極為繁複與高度結構化，但因為呈現

理論的方式中有幾個特質，導致它們容易被過度簡化及誤解。首先，艾瑞克森由戰爭的觀點來表達自我的危機，一樣東西與另一樣東西對立，彷彿他認為健康的發育在每個階段會導致一方勝利與另一方被清除；事實上，艾瑞克森比較把這些危機當作是處於辯證的張力，而不是在戰役中，例如信任一定與懷疑配對，並與之處於創造性的張力中，自主性與羞恥和疑慮等也都一樣。

另外，即使一個或另一個危機在特定時間內站在第一線，但所有的議題及張力都在整個人生中保持活躍，每個階段在後來的自我特質努力中會再次重新修訂。艾瑞克森所想像的跨越整個生命週期的自我發育，比較不是階梯式的，而是一套複雜的必要張力逐漸展現，而且持續地彼此共鳴。

第二，艾瑞克森將他的心理階段視為佛洛伊德性心理階段的延伸，然而它們不只是延伸，他改變了驅力的概念，並非只是在它的上面附加新東西[2]。在整合佛洛伊德生物本能的成熟時刻表與社會制度結構的過程中，艾瑞克森轉變了精神分析對驅力及社會的理解。佛洛伊德認為社會現實是驅力得到滿足或遭受挫折的領域，艾瑞克森則認為社會現實是一個以文化獨特的方式塑造驅力的領域；在佛洛伊德的架構中，個體受到驅力的推動，但在艾瑞克森的架構中，個體同時受到驅力的推動及社會制度的牽引，「因此在自我程序中的一些東西，和在社會程序中的一些東西是完全一樣的。」（1968, p.224）。

艾瑞克森最知名的概念就是他對自我身分（ego identity）的構想，這和從童年過渡到成年的青少年時期有關，此時正是個體

2　自我心理學最重要的歷史學家與說明者拉帕坡（David Rapaport），注意到哈特曼保留了佛洛伊德對本我的觀點，它不受環境的影響；然而對艾瑞克森而言，沒有任何一個心靈的部分是不受社會影響的（1958, p.620）。

與社會的世界的交叉點。艾瑞克森刻意以各種不同的方式使用身分這個詞,正是這種彈性促使他探索在精神分析所理解的個體和其他學問,例如歷史、生物學與文化人類學之間的界面。

> 藉著讓身分這個詞在各種不同的隱含意義中為自己說話,有時……它似乎指的是一種有意識的**個人身分感**(sense of individual identity),在第二種情況中則是意味著為了獲得**個人性格的連貫性**(continuity of personal character)而做的一種潛意識的努力。而在第三種狀況中,它是**自我合成**(ego synthesis)沉默行動的準則;而在最後一種情況,它則是與團體的理想及身分在內在**團結一致**(solidarity)的維持。(1959, p.102)

寇哈特

如先前所說,佛洛伊德想像「人性」特質的建立,是在獸性慾望與行為的文明標準間長期抗戰的結果,在他的觀點中,痛苦地感到罪惡的良知是一種勝利,它向除了它以外的較低等的特質宣布倫理的文明規範。佛洛伊德認為,心理病態反應出這些必然相衝突的內在力量間的不平衡。

寇哈特(1923-1981)則提供一種對人類經驗非常不同的想像,和二十世紀後期的文學及社會分析的重要主題一致。他談到的不是戰鬥而是隔離(isolation),也就是個人疏離的痛苦感覺。卡夫卡所寫的《變形記》(Metamorphosis)預先且令人印象深刻地捕捉住這種存在的經驗,書中描寫一個人恐怖地和自己的人性

感受分離,並感覺自己像一個「非人的怪物」(1977, p.287)。

寇哈特認為有困難的人並非充滿對被禁止慾望的罪惡感,而是在沒有意義的情況下度過一生,他們缺乏為平凡注入趣味的對生命的熱情,他們的模樣和行為舉止都像一個人,但體驗到的人生卻是沉悶單調的,而且毫無成就。或許他們被囚禁在情緒的雲霄飛車裡,生氣勃勃的突發性創造能量,和因為對失敗的感知所引起的不夠格的痛苦感覺交替進行,因此富有創造性的程序短路了,使帶有創造性的努力無法有所成就。他們熱切、甚至拚命地追求關係,卻因為越來越覺得不可能從別人那裡獲得自己真正「需要」的,而一再放棄。佛洛伊德描述的人是內疚的,而寇哈特所描述的人是「悲劇的」(tragic)(1977, pp.132-133)。

寇哈特和哈特曼一樣,比較不是將發展想像為文明社會影響、而且最後馴服野獸般的人類這種「文化震盪」(culture shock),而是固有的「適合」(fit)。寇哈特相信人類一定是被設計成可以在某種人性環境中成長茁壯,那個環境必定以某種方式提供了讓孩子長大後不僅是一個人,而且**感覺**像一個人所必要的經驗,讓他能成為精力充沛、和人類社會有關連的一員。他試圖在兒童的早年生命中辨識出這些關鍵的環境條件。

不過,寇哈特的著作不只是對前輩想法的延伸及闡明,就像許多精神分析的改革者一樣,寇哈特思想上的轉變,主要是因為遇到在既存理論架構中很難理解與棘手的臨床問題。 150

自戀型人格疾患

寇哈特最初的貢獻,是對佛洛伊德自戀概念的激進重新構思並討論。佛洛伊德相信所有嬰兒的性慾能量最初都是指向自己

的，並將這種狀態稱為原始自戀（primary narcissism）。嬰兒早年的經驗是神奇而又夢幻的，陷在佛洛伊德所謂的想法的全能性（omnipotence of thought），感覺自己完美而全能。經由這些全能自大的幻想滿足自己時，嬰兒所遭受的早期挫折經驗打斷他自戀的自我專注，並由於無法經由這種途徑獲得滿足，嬰兒將性慾的能量轉向他人，企圖尋求雖不完美卻摸得到的滿足。

在這個過程中，自戀的性慾往往被轉換為對客體的性慾（object libido），而孩子將父母變成嬰兒時期最主要的愛的客體。對父母的這種依附，以及在此依附中發展出的伊底帕斯幻想，形成下一道需要跨過的精神跳欄，如果孩子無法放棄這些伊底帕斯幻想，他的性慾將固著在早年愛的客體上，並將罹患精神官能症。成人之後，當他進入精神分析治療時，會將那些持續已久的幼年依附轉移到分析師身上，讓這些依附能同時強烈地被經驗到，並用在具有療效的分析詮釋中。

客體性慾及自戀的性慾被視為是反比的關係。佛洛伊德將性慾的儲藏比喻為阿米巴原蟲的原生質：在阿米巴身體中心的原生質越多，伸出去的偽足中的原生質就越少；反之亦然。而人越專注在自己身上，他能用來和別人形成依附的能量就越少；反之也是如此。

佛洛伊德所理解的精神分裂症狀態，是大量的性慾從客體身上撤回成為次自戀（secondary narcissism）狀態的結果，它驅策一個人越過幼年對父母的依附，回到生命最初幾個月特有的神奇自我專注狀態中，此時他無法將對父母的性慾依附轉移到分析師身上，因為根本就沒有依附可以轉移。當代的分析師們繼續引用這個自戀的理論，解釋他們所遭遇的某些臨床困難。

　　愛德華（Eduardo）是一位二十出頭的同性戀男子，因為一種模糊而又瀰漫的憂鬱，以及「不知道做什麼才好」的感覺尋求治療，他認為「我似乎沒辦法找到自己」。不久前才從大學畢業的他，有種世故的紳士風度，他充滿精力地開始分析，描述自己想成為百萬富翁的野心。雖然他當時並沒有工作也缺乏工作經驗，卻很少考慮去發展自己的專長，或是想出策略與長期計畫來達成這個目標。愛德華似乎對他為自己設定的這個任務的困難毫無概念，他以強迫的樂觀期待面試，討論要在即將面試的公司中爬到最高層的計畫，卻對自己或許不會受雇的可能性毫無覺察，也不知道一旦錄取後他不會自動升到最高層，而是必須付出極大的努力為代價。

　　在早期的會談中，愛德華的社交生活是最常討論到的主題。雖然他頗有吸引力，但他仍在尋找一個更完美的他人，一個英俊且有著「大陽具」的肌肉男，他說這個人會「把我裝滿」並且「讓我有力量」。他的憂鬱和這種渴望密切相關，當他在「打獵期間」時不會煩躁不安，這時他感覺自己積極地追求對方，而且看起來可以成功，但當他無法得到戰利品時，憂鬱就會以一種模糊的空虛、脆弱的感覺再度出現。這種失望導致他的退縮，他完全失去和別人在一起的興趣，只能在公寓中度過漫漫長夜——通常都是在自慰。

　　愛德華是一位英俊、聰明且能言善道的男士，他的拉丁背景使他帶有異國情調，吸引許多男人的興趣，不過他對這些人的注意感到鄙視與不屑，更不覺得這些注意有什麼特別的意義。這些只不過是在達成他難以捉摸的目標路途上所搜集的微不足道的戰利品，他處理關係的方式就像下棋一樣，跳過那些對他感興趣的

151

人,並毫不留情地將他們從追求勝利的棋盤上移除。

　　當分析師企圖說明和探討這些模式時,一再接收到同樣的反應:愛德華會暫停,總是很禮貌地等分析師說完她的觀察,然後彷彿覺得分析師所說的毫無意義一般,繼續講他自己的。愛德華把分析師的建議當成他表達自己經驗時的干擾,很有耐心地忍受這個干擾,直到分析師終於停止說話,並再度回到專注的聽眾的位置上。

　　這個模式只在最初的會談中打破過一次,當時愛德華在談話中停頓下來,好像有什麼東西吸引了他的注意,他沉默地研究了分析師一會兒,然後困惑的表情消失了,他批評道:「妳知道嗎?灰色不適合妳,藍色會讓妳更有吸引力。」當分析師對這個評論表示有興趣時,愛德華卻把她的問題撥到一邊,告訴分析師她「讀太多書了」,他認為分析師對這個隨意的評論想太多了。接著,他又繼續先前打斷的話題。

　　在這些早期的會談中,因為感覺自己無法提供病人任何看起來有點用處的東西,分析師漸漸沉默下來。她開始覺察到自己和病人在一起時會出現短暫的幻想,她想像自己站起來安靜地離開房間,想像只要自己在會談結束時再出現向他告別,病人絕不會注意到她走了。不過更讓人困擾的是,分析師開始感覺自己變成隱形人,她感覺自己不存在了。很明顯地,古典觀點中的移情並沒有發生,因此後來當她需要取消一次會談,而愛德華變得生氣和沮喪時,分析師真的非常驚訝。

自戀的移情:古典的觀點

　　對佛洛伊德而言,移情成了分析治療的情緒心臟。佛洛伊德

認為有衝突的潛意識努力，無疑地一定是在情緒交流的脈絡中被發現，在其中病人對分析師產生來自童年強烈且衝突的情緒，所以他將發展出移情的能力指定為分析病人的必要條件：「我們得在這個領域中贏得勝利——這個勝利代表著精神官能症的永久痊癒，因為我們不可能在任何人**缺席**或只有**肖像**時（in absentia or in effigie）摧毀他。」（Freud, 1912, p.108）

對佛洛伊德而言，病人是否能被分析，移情是非常重要的特徵，以至於他將移情當作對不同類型心理病態最主要的診斷區分依據。佛洛伊德相信，精神分裂症病人無法治療的原因是其嚴重的自我專注，它使移情無法發展[3]；因此他將「移情型精神官能症」（transference neuroses）和「自戀型精神官能症」（narcissistic neuroses）區分開來，移情型精神官能症包括各種能被分析的精神官能症狀況，例如強迫症和歇斯底里症；而自戀型精神官能症包括了各種不能被精神分析程序影響的精神分裂狀況，例如精神分裂症與嚴重的憂鬱症。

像愛德華這種病人，為傳統精神分析的參照標準帶來一個大問題。他顯然不是精神分裂，他有現實感、有功能、社交上也沒問題，而且非常健談，應該是能被分析的，然而，就像他的分析師很快就發現，要在有意義的分析程序中與他互動似乎是不可能的。雖然他並沒有脫離現實，仍陷在自大與自認完美的感覺中，以至於分析師（和幾乎所有其他人）似乎對他一點都不重要。愛 153 德華不像精神分裂患者，他能配合精神分析治療的實際要求，然

3　不是所有的分析師都同意，佛洛伊德認為比較嚴重的病人無法使用分析的看法，於是發展出「精神分裂的移情」（psychotic transferences）與「邊緣性移情」（borderline transferences）的概念，用以描述那些患有嚴重心理病態的病人和分析師之間，所發展出來的典型移情關係。

而似乎在情緒上教人捉摸不透。

愛德華具有自戀型性格疾患（narcissistic character disorder）所有的症候，這在古典傳統中幾乎等於宣判他不能被分析：自我專注、膚淺的優雅儀態、自大、對輕視的敏感，以及不帶感情地使用分析師，而不是真實地參與合作性的分析探尋。根據古典驅力理論，這種病人的性慾一度是比較朝外的，但為了避免更成熟涉入真實世界時必然會遭遇到的伊底帕斯失望，他撤退並回到防衛的自戀傾向中。

讓治療能影響這種病人的唯一希望，是看分析師有沒有能力將病人指向自己的性慾，從防衛性自戀的傾向轉移到較為成熟、指向外在的管道，因為在定義上，就是這種自我專注使移情這個有利的治療媒介無法發展，等於分析師是在極為不利的條件下開始分析工作。治療這種病人的傳統臨床方法極為仰賴對抗拒及防衛的分析，藉此揭露並解除使真實移情無法建立的防衛表現，例如使用持續而又重複的面質，指出病人幼稚的自我中心，或是對於應得權利的傲慢感。有時候，為了打破自戀病人的自大，分析師會「採取一種應該會激起病人幽默感的玩笑與挖苦態度，但是往往在不知不覺中變成諷刺、譏笑，甚至是嘲弄。」（Kligerman, 1985, p.12）

寇哈特與古典的傳統

直到寇哈特生命中的最後十年，到他的著作開始和主流過於分歧為止，他一直都是古典分析卓越的發言人和老師。從二十七歲到六十八歲去世前，寇哈特一直住在芝加哥，但他與佛洛伊德共同的維也納根源對他有深刻的影響。他享受和安娜·佛洛伊德

與哈特曼的私人親誼,並對自己在佛洛伊德強大世系的傳人中有一個位置感到深深滿足。

　　儘管寇哈特與古典的思考路線有如此深刻的連結,卻越來越不滿意古典方式在理解和處理像愛德華這種病人最根本議題上的限制。寇哈特在一九七九年發表的報告《Z先生的兩段分析》(*The Two Analyses of Mr. Z*)中,同時示範了他治療自戀型病態最初的臨床方法,以及造成他放棄古典方法,選擇另一種他稱為自體心理學方向的強烈臨床經驗[4]。

154

　　Z先生是一位和母親同住的英俊年輕人,最初尋求治療時只有二十出頭,他的主訴是模糊的身體問題,以及不容易和女性建立關係。就像愛德華一樣,Z先生的父親在他生命最重要的幾年裡缺席,而母親與他則有非常強烈的糾結。他也和愛德華相似,對分析師對他的專注極為敏感,當規律的會談被打斷時,挫折會讓他感到苦惱和生氣。他很難接受分析師的介入,甚至會公然拒絕。

　　依照原本的古典觀點,寇哈特觀察到患者得到母親過度的注意與涉入,也就是「寵壞了」,這不當地鼓勵病人幼稚的自大逐漸壯大,加上父親在伊底帕斯時期的缺席,寇哈特推測,母親這種過度的放縱養成了最令Z先生滿足與不切實際的幻想:他是母親唯一的所有人。

　　因此在五歲時,當他的幻想因為父親重回家庭而直接遭受挑戰時,Z先生不願接受下一個發展階段的挑戰:面對父親顯然是伊

4　一位在寇哈特死後編輯他的書信的歷史學家認為,寇哈特利用自己的經驗作為治療Z先生的靈感(Cocks, 1994)。從佛洛伊德最早的著作開始,分析師使用自己的經驗以理解心靈的運作一直都是精神分析的基本特性,因為佛洛伊德的自我分析提供了他對心靈非常重要的理解。精神分析的歷史學家提供了一個很有說服力的示範:在精神分析理論、文化背景和這些理論的作者們個人掙扎間的共鳴(可參考Stolorow & Atwood〔1979〕,文中以此觀點討論佛洛伊德、榮格、賴希和蘭克的人生)。

底帕斯勝利者的現實。他無法運用正常的競爭性和侵略性，去幫助他忍受父親以閹割報復他的恐怖幻想，以及失去母親的事實。由於他對自己擁有的權力與獨特的前伊底帕斯幻想獲得過度的滿足，於是他的性慾退化、回到早期自戀的結構，即使在父親回家後，他仍然覺得自己是前伊底帕斯期母親摯愛的客體。

從這個古典的觀點來看，Z先生被理解為透過命令「分析情境應該恢復（他）獨有控制權的位置，並且為一位溺愛的母親所讚美和迎合」（1979, p.5），在治療中複製這種防衛性的不成熟心理立場。寇哈特使用古典的技巧，試著將Z先生的心靈從這種退化的途徑中移開，他一再面質Z先生的防衛：他的自戀、不切實際、妄想自大，以及他使用否認，在心中刪除父親回家的現實。Z先生以強烈的憤怒回應這些面質，分析師詮釋這種回應，是他企圖藉由假裝競爭和侵略性的議題在他的人生中沒有任何重要性以消除現實，他認為所有的注意力都應該以他這個倍受寵愛的小男孩為中心，他不該忍受挫折。

許多愛德華歷史中的特性，都能放進寇哈特在這份報告中所描述的古典架構裡。當他還小時，母親曾熱烈地讚美愛德華很完美，強調他比父親好太多了，而在忍受不滿足的太太多年的言語虐待後，父親在他四歲時拋棄了家庭。母親稱她英俊的兒子為「我的小王子」，參加社交活動時把他帶在身邊，由於過於放縱愛德華幼稚的自我形象成長，他相信自己是母親完美且偏愛的男性，而不是讓他感覺到這種自我形象，因為一位成年男性在母親生命中的地位與重要性而被削弱。從這個古典觀點來看，他在分析中的表現可視為防衛的幼年系統再度上演：只有他是重要的、只有他應該得到讚賞、關懷和所有他想要的、他在任何方面的抱

負都不該被限制。

雖然愛德華的生命歷史就像Z先生一樣，似乎恰好落在古典精神分析認定的自戀型人格疾患類型上，不過寇哈特漸漸覺察到，在治療自戀病人的經驗中，某些關鍵性的面向仍未被注意到。例如要說服像愛德華這樣的病人放棄他的保護性自戀結構，必然讓他暴露在深刻的缺陷感與痛苦的羞辱中，以病人的缺點面質病人往往讓他們產生徹底絕望的感覺，儘管在定義上他們是極為自大的，但這種自戀病人非常脆弱，這麼做等於是讓他們從翱翔空中的優越感急轉直下，笨拙地迫降在地面上。

更讓人困擾的是，寇哈特觀察到一個進行得很好、「成功的」精神分析治療，似乎無法接近這類人的經驗中某些特別造成困擾的特性。當Z先生完成他和寇哈特最初四年的古典分析時，他放棄要求特別待遇的堅持，搬離母親的家、開始和女性約會，並在工作上表現得更有主張（1979）；不過當他五年後再度回來尋求治療時，他表示他發展出來的愛情關係似乎在情緒上都很膚淺，也感覺不到真正的性滿足，而且他的工作既非樂趣，也不是讓人感到興奮的挑戰，反而比較是像雜務與負擔。

從佛洛伊德到寇哈特

佛洛伊德曾提出，所謂的「正常」是由愛與工作的能力來定義（Erikson, 1950, p.264），根據這個標準，Z先生最初的分析應該算是成功的。不過五年後，當寇哈特傾聽Z先生的描述時，赫然發現佛洛伊德的構思中缺少一個極為重要的元素：對這些能力感覺到快樂與驕傲的能力。少了這種內在的活力，勝利是空洞的。精神分析曾經提供Z先生一個更為「實際」的面向，讓他認識到自

156　已獨特的幻想是不切實際的，卻沒有提供任何東西取代那被放棄的自戀自大幻想所提供的火花和刺激。從寇哈特的觀點來看，既存的精神分析理論似乎沒有提供真正的方法去概念化這種問題。

　　寇哈特認為，佛洛伊德對性慾發展的理論——在對自己的愛和對別人的愛之間，相對立的關係——需要重新思考。對自己的愛真的和對他人的愛在根本上相互牴觸嗎？不再認為高自尊，以及渴望別人的注意和讚美是不成熟的表現，是否真的有益於我們的心理健康？如果追求與他人的關係，必須付出對自己的愛為代價，這真的值得嗎？難道對自己的好的感覺，並不會增加和他人接觸時的活力與豐富性？

　　這類問題的思考促使寇哈特挑戰佛洛伊德的自戀理論，而這個行動被許多人當作幾近於離經叛道。有趣的是，寇哈特最初並不認同這個觀點，他不認為自己的構思和古典傳統有所分歧，畢竟他對佛洛伊德才華的肯定、在知識與專業上對他深刻的忠誠，並非以佛洛伊德特定的理論為中心，而是以他的精神分析方法為中心。寇哈特覺得這個方法在精神分析治療最早的說明記載中就已明確確立了，他認為為精神分析下定義的那一刻，正是當安娜·歐告訴布魯爾：

　　　　我想說一些我想到的東西，而一個夠科學的科學家說：「說吧。」——接著他坐下來，為了讓資料有條有理而記下她所說的。這就是創造出精神分析的一大步，佛洛伊德井井有條的頭腦所創立的特定理論只不過是特定的理論，他也許算是精神分析界的牛頓——毫無疑問地他的確是——但並不表示沒有其他方法可以整理資料。（Kohut, in kirsner, 1982, p.492）

最後寇哈特總結出，由於精神分析的理論被抬高到如此不可侵犯的地位，以至於對精神分析的過程（process）帶來破壞性的影響，偏偏過程才是佛洛伊德給後世真正的禮物。對佛洛伊德特定理論內容過度僵化的嚴守（例如自戀理論），助長了分析師將預先形成的信念系統加諸於過程，因而病人所說的便歸類到預先決定好的意義種類中，而非形成試驗性的假說，讓分析師能持續且開放地接收病人對自己困境的獨特經驗。

替代性內省與自戀人格

在治療自戀型病人時，寇哈特試著暫停古典理論準則，以及所有關於病人溝通意義的成見。他試著把自己放在病人的立場，從病人的觀點去瞭解他的經驗，並稱這種方式為「同理的沉浸」（empathic immersion）與「替代性內省」（vicarious introspection）（1959）。對他而言，這是精神分析方法的定義特性。「如果我們將內省與同理包括在觀察方式的必要成分中，就能將所觀察的現象定名為心理的（mental）、心靈的（psychic），或是心理學。」（p.462）這個方法讓寇哈特「能意識到那些先前我無法感知到的意義，或意義的重要性。」（1979, p.3）。

使用替代性內省方法，可以獲得什麼樣的新意義？如果愛德華的分析師試著聽出病人的溝通對於病人自己有何意義，而不是試著把這些溝通放進一個已經建立起的心靈功能和意義的框架裡，她會有什麼發現呢？

157

　　儘管愛德華明顯地自我專注，卻也感覺到別人對他是非常重要的，所以努力讓別人和他交往、花很大的力氣尋找理想伴侶，並明顯透露出訊息，藉此讓分析師留下來陪他。他帶有暗示的要求如此異乎尋常，以及很難被察覺到的原因，是因為他對別人的需要雖然如此強烈，卻也是極為特定的，它的目的不包括關係裡通常重要的經驗區域。

　　具體來說，他的分析師覺察到愛德華似乎追求兩種與他人在一起時的特定經驗，第一種經驗在他與分析師的關係裡最明顯，也就是專注在他身上並表示對他感興趣的他人、那個人能讓他表現自己而不被打斷、在他心煩意亂或是太過興奮時維持鎮定並讓他放心；而第二種經驗，一開始在治療以外的生活裡比較明顯，也就是與一位理想化、有力量的他人有所連結，他希望藉由這個經驗感覺自己也是強壯有力的。這兩種關係對他的自尊都有根本的影響，當他有可能獲得這兩種關係、當分析關係在該有的位置上，以及當他感覺有希望追求到理想的男性時，他看起來非常有自信、泰然自若並充滿活力；但當它們被打斷或是無法獲得時，他就情緒崩潰了。

　　當我們以既存的精神分析理解來檢視，愛德華的歷史強烈地暗示他被「寵壞了」，他的自大被放縱成長，但假使分析調查的焦點是在此人的經驗上，我們又會如何理解同一段歷史？當愛德華覺得分析師越來越瞭解他，他是母親特別而又完美的小男孩的形象就消退了，取而代之的是，他對於和母親的關係表達出非常158　不同的觀點。有個夢生動地描繪了這種自我經驗狀態：愛德華夢見自己是一個單薄的木偶，掛在由母親操控的線上。他根本不是母親王宮中的王儲，反而焦慮地回想起他一再感覺到自己沒有自

我；他是一個非人類的、脆弱的表演者，沒有個人意志可言，雖然曾經擁有強烈的突發性能量，卻無法組織或駕馭它，讓它長期幫助自己[5]。他的母親曾經樂於炫耀這個英俊又有才華的兒子，但愛德華卻感覺母親是為了自己的需要而利用他，她感覺不到他真實的樣子、他想要什麼、他要往哪裡去，也不知道該如何協助兒子發展，反而在他求助於人時以強烈的占有慾批評他。

　　若要使用寇哈特描述的方法，必須以完全不同的角度來看待愛德華，也就是去看他得到的是哪一種關注。他母親提供的是一種有毒的組合：激勵他幼稚的自大和全能，因而使他感覺自己應該要什麼都行，但對他是一個什麼樣的人一無所知，因此嚴重阻礙他發展的能力。愛德華逐漸覺察到，他和母親的連結必須仰賴自己看起來很好，而且不需要幫助，因此他建立起一個圓滑且顯然有能力的角色並隱藏自己真實的經驗，他形容自己是「一顆包在一層超薄而又完美的外殼中的生蛋」。

　　在將像愛德華這種困難的病人概念化時，寇哈特以佛洛伊德自我心理學的背景為跳板，強調早年發育上的問題，而非衝突的議題。這些病人（寇哈特最後認為所有的病人）在體驗到自己為**自體**的根本方式上，有某些東西被扭曲了，無論他們有何種關於性與侵略衝動的衝突，底下都有著和自體組織（self

---

5　在第一章曾提到，古典精神分析詮釋夢的方法，並不會認為作夢者所報告的夢十分重要，他們認為夢的「顯意」掩蓋住，只有經由病人對明顯可見的夢元素做額外聯想才能獲得的、在分析中極為關鍵的製造夢的動力，而分析師會詮釋這些聯想，進而揭露它們更深刻的意義。但在自體心理學中，夢的顯意獲得更多的注意，認為它是一種對分析師的潛在溝通，藉此陳述病人的自體狀態（稱之為「自體狀態的夢」〔self state dreams〕），在此，愛德華將自己描述為母親的掌中戲，這鮮明地描繪出他的自體的內在感受是脆弱的、非人的與被控制的。詳情可參考福斯奇（Fosshage, 1987, 1989）對自體心理學中對夢的分析的充分討論。

organization）、自體感受（self feeling）與自尊（self regard）有關的根本問題（這被愛德華找不到自己的沉痛感覺捕捉住）。

寇哈特相信，如果我們認為這個和「太多」的自戀有關，這樣的理解無疑過於淺薄，他認為健康自戀的正常發育應該會反映在內在一致與充滿活力的感覺、能利用自己的才華並堅定地朝著目標前進的能力、遭逢失望時可靠而又堅韌的自尊，以及能在成功時感受到坦率的驕傲與樂趣上。像愛德華這類病人的臨床情況記錄了這種正常發育過程的瓦解，最後讓他極端自大卻缺乏持續努力的能力、自尊擺盪在令人暈眩的高點和極為恐怖的低點間，沒有穩固的平衡力能緩和不切實際的計劃或幫助他承受挫折與失敗。

159 ## 正常的自戀發展

兒童活在有超級英雄與超級力量的世界中，有時幻想自己徹底的完美且有能力做任何事，有時想像自己依附的照顧者比天還大而且是萬能的。傳統精神分析理論家們以這些詞彙形容早期發育階段：全能（omnipotence）、自大（grandiosity）、暴露狂（exhibitionism）和原始理想化（archaic idealism）。傳統的理論認為生命早期對於自己和照顧者膨脹的過度評價特性中充滿著幼稚的幻想，這是一種不成熟的非理性，必須要克服它才能夠發展和他人以及外在世界的真實聯結。

寇哈特按照病人的自戀疾患，重新研究這些早年經驗。他看到存在於童年早期世界中的活力、生氣勃勃、開朗與個人化的創意，往往是生命中缺乏激動和意義的成人所缺乏的經驗，要不就像愛德華一般，防衛性地保護著一個脆弱而又誇張的自我形象，

以至於隔離並逐漸破壞這些童年早期的重要經驗。寇哈特開始對幼年的活力與健壯自尊的命運感興趣，它是經由何種發展過程得以保留到健康的成年期，或是脫軌成為病態的自戀？

根據寇哈特最後完成的理論，健康的自體是在三種特定的自體客體（selfobject）經驗的發展環境中演化而來。第一種經驗需要自體客體「能回應並肯定孩子天生的活力、偉大與完美的感受」，任何一位自體客體帶著愉悅和認可看待孩子並支持孩子開朗的心靈狀態；第二種發育的必要經驗需要孩子和強大的他人形成關係，「孩子能敬仰這個人，並和他融合成一個鎮定、無過失且全能的形象。」（Kohut & Wolf, 1978, p.414）。最後，健康的發育需要經驗到，自體客體以他們的開明和與孩子的相似處，在孩子與自己之間喚起本質上是相似的感受。

兒童如何擺脫這些童年的自戀狀態？寇哈特相信並不是藉由面質它們不切實際的特性。一個穿著超人斗篷在客廳橫衝直撞的孩子，需要的是別人能欣賞他生氣蓬勃的行動，而不是將他的幻想詮釋為自大；一個相信是自己的母親讓太陽在早上升起的孩子，需要的是允許他享受自己在這偉大行動中也湊了一腳，而不是告訴他，他母親在宇宙中是多麼微不足道。

這些心靈的早期自戀狀態包含了健康自戀的種子，它們必須單純地經由與現實的接觸緩慢地轉化。當孩子遭受日常生活中的「平常」打擊而失望、幻滅時，他開始理解在對自我與父母觀感中不切實際的特性：他不能穿過牆壁、他的爸爸不能決定他的足球隊總是會贏等等。在健康的發育中，膨脹的自我和他人形象一點一點地削減，直到和實際狀況差不多。挫折是無法避免的，但最理想的挫折是孩子能夠應付的，並且是發生在一個大體上是支

160

持性的環境中，在這個安全的背景中孩子應付自如，能在挫折失望中存活下來，並在過程中內化自體客體有用的特色，例如學會安撫自己，而不是在絕望中崩潰；縱使被打敗，也能經驗到內在的力量。寇哈特認為這個他稱為「蛻變的內化」（transmuting internalization）的程序，以不計其數的微小方式重複著，並藉此建構內在的結構，最後形成一個穩固且有韌性的自體，並保留了最初不成熟自戀狀態中的激動與活力的種子。

自體客體移情

寇哈特在病人的自戀移情中找到幼年自戀運作的線索，他認為這些移情定義了病人早年生活中被連累的正常和必要的經驗，而早期的分析師誤解這些「自體客體移情」（selfobject transferences），因為他們所做的準備工作是為了處理傳統的精神官能症移情，在這種移情中，病人將分析師當成分開的個體，並向他尋求某種形態的強烈滿足；但愛德華這種自戀的病人對待分析師的方式，以及對理想伴侶的想像，都是將對方當成自己的延伸，屬於強烈需要且是自己主觀經驗中實用的那一部分。

愛德華一直很難找到的伴侶——非常強壯、他的陽具會填滿愛德華——事實上他想像的是一種類似將手伸入手套裡的結合，而不是兩個獨立的人的關係。同樣地，當分析師在一個愛德華想要的位置上時天衣無縫地配合了愛德華的經驗，會讓她無法清楚地感覺到自己和愛德華並非同一個人。寇哈特認為這名分析師在反移情中，已透過經驗領會他所定義的自體客體移情。

寇哈特辨識出三種基本的自體客體移情種類（它們反映在童年需要的自體客體經驗），像愛德華這樣的病人根據一種需要，

建立起對分析師的強烈依附，他們需要分析師能理解並反映他們對自己的體驗、他們的激動、他們的感知與他們的失望。雖然以傳統角度來看，分析師對病人來說似乎並不重要，但實際上，分析師在作為某種培育的背景上（很像溫尼考特所說的「支持性環境」）是非常重要的，在這個背景中，病人感覺到自己更被看見、更真實，內在也更為充實，對此寇哈特稱之為「鏡射的移情」（mirroring transference）。

第二種自戀移情的發展，是病人將分析師看成完美而奇妙的，並經由與這個有力量而又重要的他人連結，感受到自己也變得越來越強壯和重要，寇哈特稱此為理想化移情（idealizing transference）。最後，寇哈特辨識出變樣自我（alter ego）或孿生（twinship）移情，在這種移情中，病人渴望感覺到自己和分析師是一樣的——並非外表上相似，而是在重要性或功能上一樣（也就是感覺到同性別的分析師與他共享身為男性或女性的感受）。

在這些移情形態中，分析師並非被體驗為分開的存在，而是病人變弱的自體所需要的延伸，因此病人期待他對分析師／自體客體的控制，比較接近一個成人期待自己能控制自己的身體和心靈的經驗（Kohut & Wolf, 1978, p.414），例如愛德華很輕鬆地針對分析師衣服顏色的選擇給予指導（也許他選擇的藍色代表了他對同性別共鳴的渴望）。

這些移情都不像具有古典精神分析標誌的伊底帕斯移情，而寇哈特發現最驚人的是，如果根據傳統技巧對自戀型移情做出詮釋，結果往往都很悲慘。如果分析師詮釋（在鏡射移情中）病人的自我感覺是膨脹的，而且必須放棄；或是（在理想化移情中）病人對分析師的觀感是膨脹的，而且需要放棄；或是（在變樣自

161

我移情中）病人相信與分析師的相似是防衛性或是幻覺的，自尊就瓦解了，接踵而來的是令人洩氣的空虛與徒勞感，或是流露出憤恨。

如果這些移情不受詮釋的干擾，而是被允許發展，結果又會如何？古典理論會預測，當分析師與病人共謀滿足他幼稚的自我專注幻想時，會加深固著或退化，不過寇哈特卻發現，他的病人需要長期沉浸在這種移情狀態中，以便逐漸發展出更為可靠的活力或健康的感覺。經過一段時間後，這些病人不但沒有退化，反而變得更為強壯，他們發展出更有凝聚性、有韌性與堅固的自我感，能夠忍受失望、適應生命中的現實，並找到賦予個人經驗活力的樂趣。因此對像愛德華這樣的病人而言，以這種移情方式讓自己涉入治療正是他想成長的自發性努力：和分析師建立一個關係，幫助他從一度是生的「蛋」中，孵化出更為穩固實在的自體。

162 分析情境

寇哈特提倡的新技巧直接挑戰了古典技巧長久以來的原則。就像我們已經看到的，他提出一種截然不同的處理移情方式，認為病人在分析情境中企圖使一個被打斷的發展過程再度復活，儘管這可能造成反移情焦慮，分析師一定不能忽視或抗拒這些移情，反而要允許病人將分析師體驗為他在發育上所需要的角色，藉此讓病人已暫停的發展程序再度繼續（寇哈特的臨床方法與溫尼考特及巴林有許多共同點，請參考第五章）。

即使在寇哈特出現之前，反映在態度與介入中的同理回應，無疑已是任何良好分析技巧的一部分，但由於「不滿足」（nongratification）是古典模式的基本治療原則，所以存在於病人和分析師之間的這部分經驗很少公開討論，因此也從來沒有被琢磨過。同樣地，病人對分析師的理想化也不曾成為焦點，或考慮過它的治療潛力，往往較為極端的表現被詮釋成病人將對自己的過度自戀評價投射到分析師身上，而較為和緩的形態則大多消失在佛洛伊德所謂「無異議的正向移情」（unobjectionable positive transference）這個大類型中。

佛洛伊德認為，此類型是由病人對分析師一般的良性感覺組成，提供分析師前進的軌道，因此直到治療的最後階段前都不應該被詮釋，但寇哈特將這兩種病人與分析師之間的經驗面向從陰影中拉出來，好去探索它們促進病人發育的潛力，從而思考如何以更熟練的技巧運用它們。

寇哈特發現，在自體客體移情的早期階段中（有時需要很長一段時間），詮釋不僅是不必要的，而且具有破壞性，詮釋讓病人注意到分析師是分開的個體，對病人沉浸在發展所必要的自體客體經驗造成干擾。分析師介入的目標不該是詮釋，而是向病人說明他多麼需要注意分析師在移情中的功能、坦然地接受這方面的需要，並且當病人體驗到分析師在這個角色中能力不足時，去同理病人的經驗。分析師就像父母一樣，不能（的確也不應該）總是完美無瑕地專注在病人的需要上，而事實上，他也無法讓太陽升起或者保護病人不讓他接觸到生命中的嚴酷現實。分析師得像稱職的父母，緩慢且逐漸地讓病人失望，這樣才能讓自戀的移情轉化（經由蛻變的內化）成為一個更實際、但仍然充滿活力與穩定的自體與他人感受。

163

舊瓶中的新酒

自從寇哈特一九七一年於《自體的分析》（*Analysis of Self*）中提出自體心理學理論後，它在廣度和複雜性上都有所發展。寇哈特在審慎的科學觀察架構中提出他的工作，說他注意到一種迄今尚未辨識出的新移情，它似乎反映出第三種本能驅力的壓力，也就是「自戀的性慾」（narcissistic libido）。他的確非常想留在古典的傳統中，不過這仍無法長久遏制他思想中豪邁的創造力。從最早期的著作開始到現在，我們越來越感受到寇哈特的見解在基本上和佛洛伊德相左，他對人的經驗及其意義有不同的感受。

寇哈特強調病人的早期人性環境中慢性的創傷性背景，而非強調在當中形成的原始衝動；他描述病人自我保護的焦慮努力，而不是獲得禁忌滿足的巧妙途徑。特別是寇哈特一再對病人不幸的、而又永遠抱著希望努力在逆境中成長的態度，流露出深刻的尊敬和欣賞，這是在古典文獻中難得一見的。

> 就像一棵樹會適度繞過障礙物繼續生長，最後能將葉子暴露在維持生命的陽光下：自體也會在發育的搜尋中，放棄朝著某個特定方向的努力，並試著朝另一個方向前進。（1984, p.205）

佛洛伊德定義為人類動機基礎的強烈的性和侵略的壓力，寇哈特則將之看作是次要的、「崩潰的副產品」（disintegrative by products），是因為自體形成被打斷而造成的後果，它表達自體要從除此之外枯竭的內在世界中搶救出一些活力的感覺。在關於性的議題上，寇哈特更是有創意地探索這個想法，例如他討論自慰在維持一個人內在經驗上的功能時提到：

由於即使在幻想中他也無法高興地經驗到，成長中的
自體界定以及獨立所帶來的令人振奮的極喜，於是他試著
經由自我刺激獲得一點點樂趣——一個挫敗的自我沉悶無
趣的樂趣。換句話說，自慰並非由驅力驅動，它不是一個
健康的孩子尋求快感的穩固自我所採取的精力充沛行動，
而是他企圖經由刺激身體最敏感的區域，獲得暫時的保證
——他還活著，還存在。（1979, p.17）

164

同樣地，寇哈特不將病人在治療中的侵略性和狂怒理解為固
有力量的表達，反而視為脆弱的遺跡。攻擊的損貶可能是病人保
護自己的方法，避免在接受分析師為自體客體時固有的再度創傷
風險[6]；而激烈的狂怒被理解為是由病人所感受到分析師的不可
靠、弱點、缺乏調和所促成，因為病人已經進入他所需要的自體
客體連結的復甦，他變得深刻而不顧一切地依賴這種連結有效的
運作。對寇哈特而言，侵略性是一種反應，而非基本的。

寇哈特著作中所涵蓋的主題範圍，逐漸超越自尊的本身，他
徹底地重新概念化人類的基本功課。對於像創造力、內在凝聚性
和生命力的感受，以及功能的調和等議題的調查，取代了傳統精
神分析專注於性和侵略驅力滿足的變化；而病人自我實現的主觀
感受，以及感受自己是整合的、完整的，在時光流逝中仍然能夠
維持一樣、涵容並平衡各種情緒狀態的潛在經驗，成了重要的焦
點。

6　參考奧恩斯坦（A. Ornstein, 1974）對這個主題有趣的討論。有些人對肯伯格提出異議，因
　　為他將移情描述為「被發現」的，而非分析師組織臨床材料的特別方式創造出來的。而經
　　由這個方式來看移情所造成的哲學上的兩難與分析的盲點，可參考薛佛（1983）與布萊克
　　（Black, 1987）更多的討論。

　　寇哈特試著挑選出在「自我實現」（self-realization）中可能
有用的基礎材料，他選定兩個基本成分：一個有活力而又開朗的野
心，以及基本的理想目標。寇哈特所認為的健康自體是從這個供給
能量的野心平台出發，憑著才華與能力朝著理想化、充滿個人意義
的目標前進。他再次強調重點不在於「做得」正確，而是一個人感
覺自己的生命經驗是精力充沛的、有創造力的與有意義的能力。

　　彷彿要為日後他描述為健康自我發展的程序以身作則一般，
寇哈特終於從這個舊瓶子中取出了他一開始倒進去的新酒。他的
看法變得更清楚、更詳盡也更有凝聚性，就如同雖然努力留在古
典傳統中，但他受到某種內在力量的驅策，催促他成長並且實踐
自己「固有的計劃」（intrinsic design）。

　　佛洛伊德偶然且無系統地使用自體（self）的概念；哈特曼
曾經很小心，但卻很抽象地將自體定義為一種「在自我之內的表
徵」；當賈克森將它以發育的觀念建構，成為一種逐步對體質、
驅力、自我發育，以及與他人關係相互貫穿的想像時，這個概念
變得更加鮮明。不過對寇哈特而言，自體變成「性格的核心」，
165　也就是人類主動性的中心，它有自己的動力並朝向「實現它自己
特定的行動計劃」（Kohut & Wolf, 1978, p.414）。

　　到了一九七七年（在《自體的修復》〔The Restoration of the
Self〕中），寇哈特不再將他的理論視為只能應用在少數比較嚴重
的病人身上，而是在觀察所有的病人及所有的人時，提供一個和
佛洛伊德互補的觀點，認為所有人都在根本上與自我調節、自尊
及個人的生命力問題搏鬥。最後，在一九八一年，也就是他去世
前幾年，我們已清楚看見寇哈特不再將自體心理學視為佛洛伊德
驅力理論的補充，而是一個更好的、無所不包的選擇。

自體心理學內部的爭議

在自體心理學的傳統中產生了許多爭議點，其中一個和佛洛伊德最初所描述的那種移情的結局有關。在那種移情中，病人很顯然地經驗（並且表達）分析師是與他分離的個體（例如病人想誘惑分析師，或認為他被分析師所控制，「就如同」病人的母親控制他一樣）。寇哈特在一開始為自戀性慾整理出一個發展程序，在將此程序，及其在自體客體移情中的表現作為臨床焦點時，他多少有些將與分化他人之間的關係留在臨床情境之外，但隨著視野的擴展，驅力（例如自戀的性慾與客體性慾）從基本的動機力量中被剔除；自體心理學被認為具有普遍的應用性，而不是專為像愛德華一樣呈現出傳統定義為自戀疾患的病人所提供的特定種類的治療計劃。現在，分化的客體關係在發育與在臨床情境中所扮演的角色，都需要重新思考過。

馬勒所描述的發育是由共生進行到分離—個體化（在第二章曾提及），它有釐清這個問題的潛力；如果她的理論是正確的，出現這兩類移情就很合理了：在發育上較早的自體客體移情（根據和客體的融合），以及在發育較晚時開始的移情（根據和客體之間的分化）。不過，史登（Daniel Stern）整理許多的嬰兒實證研究後發現，有許多證據顯示嬰兒在最初幾個月中就能將自己與重要他人區分開來，因此史登認為兒童（及後來的成人）無論是藉由自己能使用的何種生理能力，終其一生都在連結點與分離點之間往返。這個模型和馬勒的描述相反，馬勒認為嬰兒時期的共生融合狀態在最初是全面性的，只有經過許多個月重要的母性參與之後，才進化成分離與分化，透過這個過程嬰兒能夠離開融合的狀態。

166

　　史登想像，人的經驗從生命的一開始就擺盪在強烈的連結與分化間，這和寇哈特最後的自體客體經驗的概念相共鳴，寇哈特將自體客體經驗看作是一種持續的、時而在背景時而在前景的心理生活特性。寇哈特認為對肯定、欽佩，以及和一位我們尊敬且能支持我們的他人之間連結的自體客體需要，會經歷成熟及型態的改變，但從出生到死亡都持續運作，就像對陪伴和獨處的需要一樣，這是人類經驗中的基礎，不會因為成年了，就不再有這些需要。

　　史登所描述的嬰兒不僅和母親有深刻的連結，而且是從一出生就「朝外看」的，並展現出初步的自我界定。這是建立客體關係的根本條件，也和在自體心理學內演化出來的較新移情觀點一致。成人就像嬰兒一樣，也可能在兩種一直存在的、與他人的經驗面向間來回轉換，其中一個面向對發展和持續生命力之自體需要極為根本（自體客體面向），另外一個面向則仰賴和被看作是與自己分開的他人之間的經驗，而他人被需要的方式也相當不同——為了愛、為了交換想法、為了競爭等。分析師要有能力決定在任何特定時刻中，病人的移情經驗裡哪一個面向是在前景，哪一個面向是在背景（參考Fosshage, 1994; Lachmann & Beebe, 1992; Stolorow & Lachmann, 1984/85）。

　　在最近的自體心理學文獻中，有個很有趣的努力是將移情特性重新概念化。最初在古典理論的傳統中，移情代表過去的情感轉移，病人為了讓出空間給某些受困的早年幻想或經驗表達而扭曲當下；另一種構思則將移情視為反映出「一種共通的心靈努力，為了要組織經驗並建構意義」，它持續運作，「一種在病人早年塑造性經驗中形成的組織原則和影像，**持續影響地表達。**」

移情不是病人藉由扭曲，將某些來自遙遠過去的東西走私進分析關係裡，而是病人此時此地對分析師的體驗[7]。這個構思中隱含著對病人體驗分析師的主觀正確性的承認，病人將分析師的人和行動「吸收」進塑造他主觀經驗的意義結構中（Stolorow & Lachmann, 1984/85, pp.35, 26）。

167

自從一九八一年寇哈特去世後，原本主宰自體心理學領域的單一聲音，開始被一些相互間有著複雜關係的多重聲音替代[8]。有些聲音認為，來自寇哈特貢獻的各種發展和副產品完全被包含在自體心理學之內，其它聲音則各自認為某個後寇哈特自體心理學的主要發展是正確的途徑。只有時間能告訴我們寇哈特自體心理學的各個傳人是否會聚於同一個屋簷下，或者最後分歧為完全獨立的理論與臨床理解。

所有後寇哈特自體心理學家們都認為，就方法上的革新而言，寇哈特的貢獻中最重要、最有創造性的特徵是持續地同理沉浸在病人的主觀現實中；而就理論概念而論，是自體客體和自體客體移情。或許相互促進發展最有收穫的領域，存在於探索寇哈特的發展概念和迅速成長的嬰兒研究領域的界面中，李希登伯格（Joseph Lichtenberg）在這個領域做了大量研究，他挑選並整合出許多實證研究的區域，其中特別聚焦在動機系統的理論上；拉赫曼（Lachmann）和畢比（Beatrice Beebe, 1994）將母嬰互動的實證研究擴大為對發展過程的觀點，認為發展過程是由互相互惠調節的互動範疇中產生，此支派的理論以寇哈特的種子概念為起

7　這些對移情的重新構思，與在人際互動傳統中發展出來的對移情的理解密切相關，我們將在第九章中更詳細探討吉爾（Merton Gill）的貢獻。

8　由於篇幅的限制，我們無法討論巴什（Michael Basch）、郭德堡（Arnold Goldberg）、格林塔爾（Ruth Gruenthal）及歐恩斯坦（Paul Ornstein）等人非常重要的貢獻。

點，擴大並且豐富它。對拉赫曼與畢比而言，寇哈特認為內化是
逐漸挫折的結果的概念（蛻變的內化）需要被擴展為內化的多重
途徑所造成的結果，包括相互以及自我調節、分裂和修復，以及
情感強烈的時刻。

　　至於其他當代的作者們就更有野心了，他們將寇哈特的
畢生之作當成形成一個更為無所不包、更完全創新範例的過渡
發展。例如，史托羅洛（Robert Stolorow）與合作者們，發
展出他們認為是更完整的領域或系統模型的「互為主體理論」
（intersubjectivity theory），（並說明他們的方法和引用英國客體
關係理論與人際互動精神分析的「關係」理論間的相似處，例如
米契爾〔Mitchell, 1988〕著作中所整合的），史托羅洛強調的不
是個別、隔離的自體，而是更完全取決於互動脈絡的主體性間的
互惠及相互的影響。

　　以一種不同但密切相關的方式，巴卡爾（Howard Bacal）也
認為寇哈特的自體心理學是不完整、過渡性（Bacal, 1995; Bacal &
168　Newman, 1990），他將自體心理學定位為半個關係理論的革命，
而客體關係理論是缺了的另一半。自體心理學讓他人只存在於與
自體的關係中不言明的狀態；客體關係理論則將自體留在與客體
關係中不言明的狀態。根據巴卡爾的說法，人們不僅為自體的耗
竭所苦，也為自體的扭曲所苦，他（就如同客體關係理論家們）
強調與他人挫折關係的歷史是嵌在自體裡面的。

　　在整個精神分析的歷史中，由精神分析激起的最深刻恐懼，
就是分析可能會摧毀創意和熱情。許多藝術家認為精神分析會危
及創意，害怕分析得出的理解雖然能解決精神官能症的痛苦，卻
也可能掩埋藝術靈感的泉源，如同里爾克（Rilke）所說的：「如

果我的魔鬼離開了我，恐怕我的天使也會逃走。」（1969），而彼得‧謝弗（Peter Shaffer）的舞台劇《戀馬狂》（*Equus*, 1973）探索的正是精神分析對性變態的理解很可能會驅散熱情泉源的擔憂。

這些恐懼可能不會成真，許多藝術家都曾經在工作與生活上受到精神分析的幫助，而且沒有任何我們知道的實證證據與精神分析對藝術家的衝擊有關，不過古典精神分析界的確瀰漫著理性主義、客觀主義、僵化的父系制度主義，以及對傳統認為的成熟的理想化（一種發展上的道德觀），這些都和在創意與熱情中固有的非理性或不合理相對立。佛洛伊德及其同儕所採用的「分析」一詞，明顯暗示將東西分解成基本的組成成分，成人的熱情與強迫作用被看作由幼年的願望及反社會的衝動所驅動。

古典的精神分析詮釋具有一種還原的特性，揭露成人活動與經驗中潛在且衝突的原始意義。另外，古典精神分析的程序以放棄的精神為標記：一旦幼年時期的願望被揭露就必須放棄它，讓性和侵略的能量能找到更成熟的方式獲得滿足。在這個構架中，自戀──包括伴隨很多創作的自我專注及自大的奔放幻想──只能視為自我放縱與幼稚。

使後古典精神分析如此傑出的基本特質之一是重點上的轉換，它將基本價值觀從理性主義與客觀主義轉換為主觀論（subjectivism）與個人意義（參考Mitchell, 1993）。溫尼考特及寇哈特都是這個運動中最重要的人物之一，在第五章，我們看到溫尼考特強調遊戲及真實的自我經驗維繫在主體性經驗中的全能上，同樣地，寇哈特的革命中有個最重要的特性，那就是無論在理論或在臨床實踐上，他都將自戀重新概念化，將它從一種幼稚

169

症轉變為生命力、意義與創意的來源。

對許多當代精神分析作者而言，分析師的詮釋性理解的重要性，遠不及病人的材料**對病人**的真實性與個人意義，從這點來看，當代精神分析思想的基本特性和後現代主義一致，它反映出後現代主義、也在後現代主義的形成中扮演了一個角色。我們無法在客觀、理性的觀點中找到意義，它存在於當事人、個人的觀點中；而生命的價值不能以它是否符合一個成熟及卓越的美景來衡量，而是以它的生命力和熱情的真實性。

艾瑞克森對精神分析理解的本質所做的轉化，就是這個方向更進一步的延伸。童年的衝突不再被看作是單純為了獲得驅力滿足的戰役，而是人終其一生對意義的搜尋中的存在的危機（existential crises）。在對歷史人物如路德與甘地的研究中，艾瑞克森不將他們成年期的成就及勝利視為幼年衝突還原的衍生物；相反地，他提出一種超越年紀的連續性，它介於無數與兒童相關的問題中的童年掙扎，以及為了意義、奉獻、奮鬥和承諾，在一個無數與成人相關的問題中的成人掙扎之間（在第七章，我們將看到佛洛伊德學派的革新者薛佛、婁沃與拉岡，以他們的方式極有重要性地參與對精神分析的價值觀與認識論的重新定向）。

此外，我們也必須指出，寇哈特的工作（及溫尼考特的工作）為分析師的角色在關於傳統性別角色方面重新定位。古典分析師的聲音在靜默與提出明確的詮釋間交替，這正是傳統父親的象徵（拉岡認為分析師象徵法律及「父親之名」，便是此觀點的制度化），但寇哈特提倡較不客觀的立場與較少的詮釋介入，他鼓勵分析師與病人經驗的同理共鳴，以及將曾經被標示為「滿足」的治療影響合法化。這些都偏離了標準技巧，因而引出更像

是由傳統女性特質組織而成的精神分析，以此觀點來看，當代精
神分析的思考不僅反映也幫助了對權威性質的重新定義，以及對
傳統性別角色的修訂，這兩者都是後現代潮流中極為重要的特色。

【第七章】當代佛洛伊德學派的改革者：
肯伯格、薛佛、婁沃與拉岡

並沒有所謂絕對明確而固定的佛洛伊德學派本質，除了每位作 170
者的修辭──意即除了不言明的，與直接了當的對話領域──
之外，沒有什麼存在。

──洛伊‧薛佛

　　佛洛伊德認為自己的天賦有種不受拘束的潛力。他很愛對那
些占據哲學家、歷史學家與人類學家心思、最廣泛及最普遍的問
題，發展出重大而又推測性的理論。因為這對他是如此有趣而容
易，因此他害怕奔放的思緒可能會將他從辛苦、瑣碎的臨床研究
和科學的理論工作中引開，是以他只允許自己在勘測潛意識，以
及為心靈程序建構模型的主要工程中有短暫的思想假期。

　　其中一個假期導致《圖騰與禁忌》（*Totem and Taboo*, 1913）
這本書出版，佛洛伊德發展出人類學（anthropology）的幻想，一
種對於人類起源的神話。當時他的臨床研究與理論建構正如火如
荼地進行著，一八九七年，他的理論從幼年誘惑轉為幼年性慾，
這不僅開啟大量在概念化和技巧上令人眼花撩亂的途徑，他也在
這些途徑中繼續前進：驅力理論、幼年的性、移情與抗拒、精神 171
官能症的衝突及症狀的形成。當佛洛伊德挪出時間讓自己的思緒
不受限制地漫遊時，他開始思索被他視為精神生活中心的伊底帕

斯情結究竟是如何形成的。

在《圖騰與禁忌》中，佛洛伊德想像最初的人類社會是一種「原始遊牧部落」（primal horde），由一個強勢的男性領導並霸占所有女性及她們的子女。當年輕男性成熟時，這個原始的父親成了最大的絆腳石，因為他不准他們得到權力以及性。當佛洛伊德檢視當時人類學家所蒐集到的非西方圖騰神話時，他發現有些證據顯示出原始父親被兒子們組成的團體謀殺，而事後，兒子們承受不了罪惡感與恐懼。於是，佛洛伊德主張許多「原始宗教」的儀式——禁令、殺死並儀式化地吃掉他們所崇拜的強大動物——都是對這種弒父的原型罪惡，象徵性地重演與贖罪。因此佛洛伊德想像的，存在於每個人的潛意識中並主宰每個人童年的伊底帕斯情結，正是對人類的父親實際進行伊底帕斯謀殺的再現。

雖然從人類學來看，這樣的論點並不扎實，但佛洛伊德對原始遊牧部落的推測提供豐富的架構，讓我們能理解世代之間的衝突是共通的人類經驗[1]。生命力逐漸強壯的年輕世代，如何獲得生命力逐漸衰落的老一輩們所擁有的權力？世代之間權力與權威的轉移，一直是所有人類文化及次文化中最大的挑戰之一。

在精神分析的次文化中，世代的接替也十分複雜多變。原始父親的兒子和女兒們經由許多不同的策略處理佛洛伊德的遺產，並獲得屬於自己的財產。在精神分析連續線的一端，是繼續忠於佛洛伊德文本原始型態的傳人們，正統（或「嚴格」）的佛洛伊德學者試著保留他特有的概念，作為當下臨床實踐足夠且唯一的基礎；而在連續線的另一端，是那些認為最令人信服的方式就是將許多佛洛伊德的臨床洞察與發現，吸收進自己新興的思想體系

1　可參考卜倫（Harold Bloom, 1973）解釋重要詩人如何有系統地誤讀前輩的著作。

中，並以根本上不同的選擇取代佛洛伊德的基本理論概念（例如蘇利文、費爾貝恩與寇哈特所做的）。

為了讓原始父親形象更合乎時代，我們可以試著想像精神分析的父親在死後留給他的繼承人一幢座落於山上的維多利亞豪宅。在連續線一端的遺產繼承人就是那些想保存豪宅原始狀況的人；而另一端就是那些想夷平豪宅，在同一個高級地點建立一座更加現代化建築的人，他們還結合一些從原有豪宅搶救下來的材料（這裡裝一扇彩色玻璃窗、那裡放一張貴妃椅），將房子裝潢成時髦且前衛的樣子。

在這兩個極端之間，有一群佛洛伊德學派的改革者，他們想保存佛洛伊德的概念，同時也在根本上改變它，也就是留住舊有的建築，但找到一種方法讓它變得現代化，讓它像一棟當代住宅一樣供人使用。有許多方式能進行這樣一個工程，在這一章我們將細看最具創意與影響力的四位改革者：肯伯格、薛佛、婁沃與拉岡，並按照這個順序討論他們，因為從肯伯格到薛佛、婁沃，再到拉岡，佛洛伊德的文本被延伸的程度甚至超出他的同儕（以及佛洛伊德本人）對它的瞭解。

從佛洛伊德的時代開始，精神分析就與其他學問，如文學、人類學、比較神話學、視覺藝術、歷史、哲學與社會學等豐富地相互影響，這些關係都以古典佛洛伊德學派的系統為依據，並由這個系統的愛好者塑造，因此直到最近，在大部分學科的努力成果中，所引用的都是佛洛伊德以生物學為根據的驅力理論。

過去二十年來，精神分析與其他學科的關係大幅改變，最有生產力與刺激性的想法已不再引用自古典佛洛伊德學派系統，而是來自當代的精神分析作者們，其中許多人對基本的佛洛伊德概

172

念採取改革者的立場。正因為如此，任何想討論精神分析在現代
思想中的地位的嘗試，無論是欣賞或是批判的，都必須超越佛洛
伊德，看看作者與臨床實踐者如何修訂、轉化佛洛伊德的思想。

肯伯格

　　肯伯格是讓當代精神分析系統化的傑出人物，他最主要的
工程（1975, 1976, 1980, 1984）就是以真誠的整合及無所不包的
方式，將傳統本能理論和佛洛伊德結構理論中主要的特色、克萊
恩與費爾貝恩的客體關係理論、佛洛伊德學派自我心理學的發展
觀點——尤其是賈克森對早期認同之病態型式的研究——組合起
來，同時他關切的範圍還包括從治療嚴重病人時所面臨的最細節
和具體的臨床問題，到後設心理學最抽象的部分。對於古典臨床
原則認為詮釋在造成有意義的改變上所占有的中心位置，他堅定
地支持；然而在探索分析師的性格，以及分析師熱烈的經驗在分
析程序中的關連上，他也是一個關鍵人物。

　　不過，大量使用專用術語讓他成為當代精神分析作者中最
不易理解的人之一，他的基本參考準則始終一致，一旦理解就能
獲得必要的概念地圖，上面還標示著寇哈特造訪各個人類經驗領
域的圖表。廣義來說，肯伯格的貢獻可以在他將三種相當不同的
人類經驗發展理論——也就是佛洛伊德、賈克森／馬勒、克萊恩
——以層次體系整合的脈絡中確定，同時也只能在這個脈絡中正
確地理解他。

　　讓我們回想一下佛洛伊德發展觀點中的主要特色：人類一出
生就具有大量以身體為基礎、有關於性和侵略性的衝動，它們在

173

童年早期過程中相繼展開。這些衝動在伊底帕斯時期的生殖階段增強到最高點，在那時，人經驗到這些衝動的亂倫與弒父的目標極度危險。心靈正因為要疏導這些危險的驅力而變得具有組織和結構，以便獲得驅力所能提供的最大滿足，同時讓它們反社會的意圖能隱藏起來，以及／或是被轉移。

賈克森結合了自我心理學領域中許多人的貢獻，其中也包括了馬勒，她主張人類心靈的誕生和身體的誕生並非同時發生的。一個分明而可靠的個人自我感在生命最初的十八個月中逐漸產生出來，在較早的存在模式中沒有獨立的自我感，而是如同她所概念化的，一種散漫地與母親之間共生的融合。賈克森相信，母親的認知能力與生理資源，在一段長久的時間裡被嬰兒體驗為存在於他的自我界限內，分開的自我只有在分離─個體化的程序中才逐漸成為有系統的整體，當孩子的自我能力成熟與發展後，才可能在心靈上與母親分化。

在克萊恩想像的人類經驗本質中，我們有兩種與生俱來的強烈、原始而又熱情的模式可以和世界產生關係：一種是愛慕的、徹底關懷並深刻感恩的愛，一種是有恐怖摧毀性的、糟蹋的且懷抱強烈嫉羨與惡意的恨。我們的愛創造了與被體驗為善意及撫育的他人間，關懷及修復關係的可能性；恨則創造了與被體驗為邪惡及危險的他人間，侵略性且互相摧毀的關係。從出生後的最初幾個月直到死亡，所有人終其一生都努力地調和這兩種經驗模式，這麼做不僅是為了保護善意和愛的經驗，不讓它受到恨與毀滅性感覺的污染，也是為了將在這兩種經驗中運作的兩極化情緒編織在一起。

雖然佛洛伊德、賈克森與克萊恩有某些共同處，但他們對心

174

靈及它的起源、根本特性與張力也提出相當不同的看法。肯伯格
不顧這些理論上的界限，因為他認為這些不同的看法之間有潛在
的互補性，此外他還將有關內化客體關係病態上所做的貢獻組合
在一起，並覺得這個議題在理解嚴重的性格疾患上特別中肯。在
某種程度上，肯伯格將這三種理論堆疊在一起，創造出一個詳細
而又複雜的建構，用以理解情緒的發展和心靈的衝突，並根據嚴
重程度來定位心理病態。

發展模型

　　和賈克森與馬勒一致的是，肯伯格也想像嬰兒在生命最初的
幾個月中乃是根據情感的數價挑出經驗，因此嬰兒擺盪在性質極
為不同且顯然相異的兩種情感狀態間：愉悅的滿足狀態和不愉快
的痛苦挫折狀態。自我與他人在兩種狀態中都是沒有區分的，也
就是說，在母親和嬰兒之間沒有分別。在一種情境中，滿足的嬰
兒感覺到，他與使他滿足以及給他快感的環境是融合的；而在另
一種情境中，挫折且充滿張力的嬰兒感覺自己受困在一個不能給
他滿足而又痛苦的環境中。

　　在肯伯格的系統中，第一個主要的發育任務包含在心靈中澄
清什麼是自我、什麼是他人（將自我形象與客體形象分開）。如
果這項任務沒有達成，就無法產生獨立且分明的穩固自我感，也
無法在內在與外在間發展出穩定的界限，於是嬰兒無法清楚區分
自己的經驗和心靈，以及他人的經驗和心靈。第一個主要發育任
務的失敗，是精神分裂狀態最重要及關鍵的前兆，所有精神分裂
症的症狀，例如幻覺、妄想、心靈的破碎等，都來自於在區分自
我和客體形象上根本的失敗。

　　第二個主要的發育任務是克服分裂。在區分自我與客體形象後，它們仍然維持情感上的隔離：善意和關愛的自我形象，以及善意和令人滿足的客體形象被正向（性慾）的情感連接在一起，並與被負向（侵略性）情感連接在一起的壞的、憎恨的自我形象，與壞的、挫折的客體形象區分開來。一旦克服了這種發展上正常的分裂後，嬰兒就能發展出經驗到同時是好與壞、令人滿足與挫折的「完整客體」的能力。

　　和客體形象整合同時發生的，是自我形象的整合，現在自我被感受到是完整的，被體驗為同時是好與壞、關愛與憎恨的。這種整合使基本驅力的性情有可能被整合，因為好與壞的感覺結合在一起，愛或恨單獨存在時的強度緩和了。當第二個發育任務無法達成時，會導致「邊緣性」病態；和精神分裂相反的是，邊緣性人格在發展上能區分自我和他人影像，但患者防衛性地從將好與壞情感與客體關係接合在一起的能力上撤退了。

　　透過以上論述，肯伯格建立起發展的階層並和心理病態的程度相呼應。在第一個層級中是種種精神分裂病態，那些無法完成第一個主要發展任務（如同賈克森所推斷的）的人，無法建立介於自我與他人之間的清楚界限。在第二個層級中是種種邊緣性人格，那些能體驗到存在於自我與他人間的清楚界限，卻無法完成第二個主要發展任務（如同克萊恩所推論的）的人，則無法將愛與恨的感覺整合為與複雜的他人間更為完整而又矛盾的關係。而肯伯格的第三個層級是佛洛伊德將精神官能症當成結構性衝突的古典理論，它反映出在具有較高級性格發展的心理病態中，自我—客體界限是完整的，而且自我形像和客體形象也都是整合的。

　　在一開始，肯伯格的系統中是沒有驅力的。在早期發育的

過程中，嬰兒四散的好與壞情緒狀態開始合併並形成性與侵略的
驅力，一段時間後，和令人滿足的他人間，被主觀標示為善意、
讓人愉快及讓人滿足的互動，合併成一種尋找快感（性慾）的驅
力；同樣地，一段時間後，那些和令人不滿足的他人間，被主觀
標示為壞的、讓人不愉快及讓人不滿足的經驗合併成摧毀的（侵
略性）驅力。此時孩子們想要與好客體之間的愉悅經驗增強至最
大限度，並且想摧毀那些激起不愉快經驗的壞客體。

　　從有力的情緒狀態中出現的性和侵略的力量，主宰了早期
客體關係。在肯伯格的解釋中，它們本身就是衝突的，佛洛伊德
的解釋也是如此。由於性慾的衝動充滿了童年的性的目的（亂
倫），所以被經驗為有反社會和危險的潛力；而（一旦分裂被克
服後）侵略性衝動也帶有危險，因為它們會針對那些愛的客體，
因此肯伯格對心理病態所做的發展分級系統中，第三個層級就是
精神官能症。那些已完成自我與他人分離並克服分裂的人，才有
資格產生構成古典佛洛伊德學派病態理論中，那種介於衝動和防
衛之間的精神官能症衝突。

　　肯伯格的做法和賈克森一樣，經由將驅力視為起源於以早期
客體關係為依據的複雜發展順序，他將佛洛伊德的驅力理論擴展
並加深。對佛洛伊德而言，驅力是必然且天生的，但對肯伯格來
說，驅力仍需仰賴天生的素質，並在最後於與他人的互動中鍛鍊
出來，因此也可以說是在發展中建構起的。

　　肯伯格將這些理論堆疊在一起，並藉由在古典驅力理論下挖
掘並樹立新的支架，保留了佛洛伊德的基本理解，他認為精神官
能症是由本能衝突造成的，同時他也採用克萊恩學派理論、客體
關係理論與自我心理學，用以理解更為嚴重的心理病態。

176

性格與愛的關係的病態

　　肯伯格對佛洛伊德學派理論的修訂似乎相當抽象，但它們對於理解人根本上是怎麼一回事仍造成極大的影響。在古典佛洛伊德學派理論中，性格的中心是占有支配地位的本能滿足模式，但肯伯格認為性格的中心是病人內在客體關係的發育程度。藉由比較佛洛伊德與肯伯格將性格分類的方式，可以告訴我們肯伯格的革新對佛洛伊德學派理論帶來多大的影響。

　　一九二〇年，佛洛伊德（和卡爾·亞伯拉罕的合作中）根據本能組織的層次將人分類。當性慾經歷其發育階段時──口腔、肛門、陽具和生殖器──它的目的和客體一定是多變且多樣的（多相變態〔polymorphously perverse〕）；但在每個階段中，佛洛伊德推論某個性慾的目的會占優勢並對其他目的形成霸權，而日後於成年期出現的心理病態種類，是由性慾固著點（libidinal fixation point），也就是有最強數價的某個童年性慾階段所決定。因此，佛洛伊德和亞伯拉罕相信憂鬱症是口腔期固著的結果（來自對撫育的渴望以及被拋棄的感覺），而強迫型精神官能症源自肛門期的固著（詳見第一章）。在正常範圍中的人們也能根據他們占優勢的性慾組織被分類為口腔性格、肛門性格、陽具性格，以及心理健康的模範──生殖器性格。

　　口腔、肛門或陽具性格是什麼意思呢？我們的經驗能被無限的方式組織及處理，根據古典的理論，占優勢的性慾固著提供每個人一組以身體為基礎的最主要隱喻，所有的經驗都根據它而組織起來。且讓我們看看亞伯拉罕對強迫型（肛門）性格描述的摘錄：

177

　　有時肛門性格似乎將它的標誌烙印在擁有者的相貌
上，特別是呈現出一種陰沉的表情……以及無禮……。鼻
孔的線條總是緊縮的，加上稍微上揚的上嘴唇，這兩者似
乎是這種人最明顯的臉部特徵。有時候他們會給人一種彷
彿一直在聞什麼的印象，這個特點大概能回溯到他們從嗅
覺中得到嗜糞癖的快感。（1921, p.391）

　在佛洛伊德／亞伯拉罕的系統中，即使是最成熟的性格型
態也一樣是以身體部位與程序為基礎，只不過最主要的器官及活
動轉換成不同的性慾組成要素罷了。賴希（1929）對「生殖器性
格」（genital character）提出了以下的描述：

　　因為有能力得到滿足，他不需要透過強制或壓抑就能
做到一夫一妻制，但是在合理的動機下，也能更改他的客
體而不受傷。他不會因為罪惡感或是道德的考慮而追隨他
的性慾客體，而是因為對樂趣的健康慾望而維持忠誠，因
為忠誠滿足了他。如果他對多個對象的慾望和他與愛的客
體間的關係有所衝突時，他能控制這個慾望而不需要壓抑
它；但當這些慾望過度干擾他時，他也能向它們屈服，並
以實在的態度去解決之後產生的真實衝突。他幾乎沒有任
何精神官能症的罪惡感。（p.161）

　肯伯格最重要的貢獻之一，是有關於愛的性質及愛的能力，
在這裡我們最能清楚看見他在古典豪宅中所做的激進改革。在肯
伯格愛的關係系統中，最嚴重的人是在無法建立及維持自我和他
人間穩定界限的脈絡中經驗到愛和性。對他們而言，和別人的關
係不是發生在從獨處到親密關係這個連續線上，反而是一種要不

就是沒有關係，或是一種完全、混淆且往往十分恐怖的融合。

舉個例子。到了中年，羅伯（Robert）已經放棄了和真人之間的性經驗，他將自己較早的性接觸描述成有如天搖地動般，這讓他體驗到性興奮是一種危險又興奮的恐怖狀態。他的母親有臨床憂鬱，父親則在他三歲時過世，童年時他長期處於孤立狀態中，以至於和吸引他的女人約會時，他感覺自己幾乎想立刻強迫性地發生親密的性接觸。

興奮的感覺令人無法忍受，它使他在急迫地需要占有以重新獲得控制和完整感覺的女人面前是完全脆弱的，如果他不能成功地和這個女人上床，接下來好幾天他都會感到心煩意亂；但要是成功了，他又會感覺到一股想擺脫她的強烈需要，於是接連好幾天都處於把自己保護得很好的孤立中，並覺得自己在這種孤立中會完成最好也最有創意的工作。

羅伯的淫慾有一種未分化的特性，女人對他而言似乎極少是可區別的人。她們最重要的特性就是在他心中激起了危險的興奮。到了前中年期，除了和妓女，他已放棄和其他女人之間的性，因為只有在和妓女的接觸中他能控制，讓這些女人較不擾亂也較不危險。到最後，只有在自慰幻想中的完全控制才能提供他所需要的保護，避免性的慾望在自我完整性上打開危險的裂縫。

在肯伯格的解釋中，身處邊緣型病態範圍中的人，是在無法將好與壞客體關係整合為一個單一又複雜的關係的脈絡中體驗到愛與性。對他們而言，性慾往往定調在極為特定的情節中，由於它變態、且往往是暴力的性質過於擾亂，以至於無法被整合進關係中溫柔與親密的一面。

喬伊（Joyce）是一位二十多歲的作家，能在許多不同的情

境中和不同類型的男人體驗性的興奮，但無論是和男人在一起或者是自慰，她都只能藉由喚起被粗暴地對待和懲罰的幻想達到高潮。她的父母都是極為自我專注而自戀的人，童年時他們往往長時間地忽略她，把她丟在一邊，而當他們和喬伊在一起時，卻殘酷地戲弄她。分析的探索發現，只有當一個男人對她夠專注到去懲罰或虐待她時，她才能感覺到真正的連結；而經由認同男人的施虐狂，她才能感覺到自己的毀滅性得到安全的涵容。

雖然她會和感受到被關愛與親切的男人形成關係，私下卻相信所有男人都會虐待人，如果現在沒有，不久後也一定會開始。在愛與溫柔的脈絡中放任自己達到高潮，在她的潛意識中是極為危險的；愛必定會被她自己的侵略性或這個男人變成毀滅性的轉變所摧毀，只有藉由激起她已經知道、瞭解並且不會被嚇一跳的虐待影像，她才覺得安全並能縱情於性中。諷刺的是，喬伊和男人的關係只能維持很短一段時間，當她認定他們不夠友善或是對親密關係沒有興趣時（也就是當她感覺他們實際上符合自己所需要的性幻想），她便中斷關係，轉身尋找另一個她能親近的男人。

哈羅德（Harold）的性也能以類似的激烈分裂來描述。他和女人間的關係往往是無性的，雖然他有豐富的性幻想生活，但他的交往基本上都是柏拉圖式的關係，而且他會在回顧過往戀情時擔心自己對過去和他發生性關係的女人是否太過侵略性及強迫。這些基本上是柏拉圖式關係的女友中，有一位有著慢性陰道疼痛及廣泛的性壓抑與恐懼，她允許哈羅德一年和她性交一、兩次，但他得在陰莖上塗抹抗生素藥膏，慢慢地插進去而且很快地抽出來。

在肯伯格的架構中，喬伊對性的體驗被放入遭到兩極化的善與惡、愛與恨所撕裂的邊緣世界中。性的熱情充滿了和侵略與暴力有關的意義，愛與溫柔無法和性慾整合在一起，因此喬伊只能藉由妥協的安排讓自己獲得性的釋放，在這個安排中，施虐與被虐在幻想中上演。而哈羅德唯一能允許自己性交的情況，是提供自己作為一個塗藥器，藉由仰賴外在的儀式涵容並控制他預期中的侵略性。

精神官能症程度所牽涉到的愛和性，在肯伯格的系統裡乃是以古典的衝動—防衛衝突來理解。精神官能症病人已經建立起自我—客體分化，並克服了分裂，他們以一個整合後的自我和完整的客體建立關係，而他們的困難則和衝動的衝突有關（這和彼此分離的自我版本間無法調和的分裂形成對比）；至於肯伯格對葛蘿麗亞（在第一章中曾討論過的個案）的理解和佛洛伊德大致相同，她的關係是完整客體關係，受伊底帕斯衝突及後來的壓抑所連累。

透過將佛洛伊德的系統放在一個更廣泛的參考準則脈絡中，以及藉由讓佛洛伊德的驅力心理學起源於早於它的自我分化和客體關係的發展程序，肯伯格所做的整合保留了大部分佛洛伊德的系統。在這個經過修訂的佛洛伊德學派理論中，性仍然扮演重要、卻不再是原因的角色，性的意義起源於自我—客體關係組成的更早且更深刻的結構，就像肯伯格強調的，「正是內化與外在 180 的客體關係世界維持性的生命，並提供了『無窮的』性滿足的潛力。」（1980, pp. 294-295）

精神分析文獻近年來最有趣的意識型態戰役之一，就發生在肯伯格與自體心理學家們之間。區隔兩派的某些議題是很值得

注意的，因為它們反應出兩種位置間的差異，一種是改革者的位置，像肯伯格，他仍然對佛洛伊德思想的某些基本特性維持忠誠，而另一個是更為激進的位置，例如寇哈特，則完全拋棄了佛洛伊德的驅力理論。

肯伯格認為寇哈特的自體心理學降低了身體、性，以及（尤其是）侵略性的重要性，他認為最重要的動力鬥爭發生在愛與恨之間，而這些衝突必定會表現在對分析師的移情中。第六章中曾提到，寇哈特認為侵略性及衝動的性都是自戀受傷的副產品，在他的理論模型中，人們努力地想達到自體組織及自體表達，但在肯伯格的模型中，人們卻是為強烈的愛與恨的熱情所撕扯；寇哈特認為自戀的人企圖保護一個脆弱的自尊，肯伯格將自戀的人看作是藐視、貶低別人的；寇哈特認為分析師應該要同理地反映出自戀患者的自體經驗，讓更為統一、更穩固的自體能夠發展，肯伯格卻相信分析師應該詮釋自戀患者潛在的敵意，才能讓更為整合的客體關係有機會發展。這兩種往往互為鏡像的方式之間的張力，對精神分析理論的發展帶來鼓舞的效用，並擴展了治療者臨床選擇的範圍[2]。

洛伊・薛佛

薛佛探索了許多精神分析理論及臨床實踐的領域，對當代精神分析思想的形成與發展有極大的影響。由於薛佛的貢獻範圍廣大且具多樣性，我們得從許多不同的觀點來看它們。他的改革

---

[2]　參考米契爾（1988, chaps. 7 and 8; 1993, chap. 6）關於企圖將寇哈特種種理論的特點，與肯伯格對自戀及侵略性的看法整合在一起的方法。

包括對古典佛洛伊德理論專用術語的分析與重新定義（1968），以維根斯坦（Wittgenstein）及萊爾（Ryle）的分析哲學為依據，對精神分析的語言做哲學性的評論，這有重要的臨床涵義（1976）；以及與史班斯（Donald Spence）共同將解釋學和「敘事」（narratives）的概念引進精神分析的論述（1983, 1992）。

由此可知，光是在當下精神分析理論的領域中為薛佛定位就已經很困難了。從某些角度來看，他是佛洛伊德學派見解最有說服力的發言人之一，而從其他角度來看，他也是最銳利、最具破壞性的批判家。

代理

181

要掌握薛佛多變而又範圍極廣的貢獻間的關係，最簡單的辦法是透過他在一個基本而又反覆出現的議題上的掙扎：有關於代理（agency）的問題。要瞭解為什麼代理對他而言變成如此激惱他，卻又同時讓他極有收穫的掙扎，我們必須再度回到佛洛伊德，不過這次是從另一個有利的位置來看他。

佛洛伊德令人信服地證明，他的同儕們對心靈的性質懷抱嚴重過度簡化的理解，他們認為心靈對自己是透明的，而且是單一、完整的一塊：「我就是我所知道的自己，而且我控制著我是誰。」但佛洛伊德證明心靈並非完整的一塊，而是由許多互相衝突的動機和意圖所組成，心靈對想知道它的人並非一目了然，而是包含了許多不易理解且難以接近的、大量的潛意識程序。

當佛洛伊德在發展這種對心靈更為複雜的想像時，引用了當時的科學知識，他向牛頓的物理學借用宇宙是由物質和力量組成的錯綜複雜的機制系統，並將此想法應用在心靈上，將心靈想像

成一個精神裝置，由許多結構與心理動力組成。佛洛伊德說明，自我是人的經驗和行動的全能代理人（agent）的主觀感受，它不過是個幻覺，有意識只不過是冰山的一角，實際上（心理上）想法和感覺是由反省也無法接近的潛意識力量決定的。

事實上，人往往不知道自己真的在做什麼，在佛洛伊德的系統中稱之為「代理人」的人消失了，代理的有意識感覺是幻象，而有意識的自我好比一個木偶，線由別的地方控制著——在潛意識裡被心靈審級（本我、自我與超我）和動力（本能的衝動和防衛）控制。

克萊恩的理論，和各個受到費爾貝恩與溫尼考特啟發的英國客體關係理論，在一九五〇與六〇年代為精神分析的潛意識類代理人（quasiagent）世界帶來人口爆炸。現在，心靈的線不僅被佛洛伊德的木偶操控人（衝動、防衛、本我、自我、超我）所控制，更加上各種化身，例如內在客體、內射的形象（introjects）、認同的形象（identifications）、被合併的形象（incorporations）、部分客體等，分析師們開始在書寫與說話時，將意圖和權力分配給這些內在的行動者（例如「他內射的母親毫不留情地攻擊他」）。

薛佛第一本篇幅較長的精神分析著作（1968），被視為回應了這種精神分析討論中類代理人的激增。承繼良師拉帕坡（David Rapaport，他曾經企圖將精神分析的理論系統化、編撰及實證化）的風格，薛佛更為精確及清楚地定義精神分析的概念與專用術語，而貫穿這些再定義的，是將人重新建立為他自己經驗的代理人的努力，也就是重新召集在創造精神分析理解中消散的主體。薛佛認為，澄清到底是誰對誰做了什麼是極為重要的。

182

　　到了一九七○年代早期，薛佛放棄了可能被認為屬於拉帕坡的計劃，放棄拯救傳統精神分析語言的企圖，真正的問題無疑是更深入且更瀰漫的，因此他認為需要一種全新的談話方式。精神分析思想被理解及溝通的方式有某種根本上的不對勁——它和精神分析程序的基本性質並不一致。

　　簡單地說，在精神分析過程中到底發生了什麼？病人帶著一組對自己及所處世界的信念進入治療：「我是壞掉的，因為我的父親摧毀了我；這個世界是危險的地方，有人在追捕我。」在分析過程中，這些信念改變了，它們開始以非常不同的方式被經驗和理解，而這種改變的性質是什麼？

　　薛佛解釋，在分析過程中發生的基本轉化，就是病人逐漸承擔起先前被否認的行動的代理功能。一開始，病人認為那組和自己與世界有關的信念就是真相——她被摧毀，而世界是危險的——這些都被當作是已知及客觀的事實。在分析中，病人能看到這些「事實」實際上是她自己創造的；縱使她因此而受苦，她需要，也想要用這種方法看待自己和世界。她開始理解自己從這些信念中私下獲得什麼樣的滿足、它們製造潛意識的快感，而且提供她一種安全及控制的感覺。她開始看見雖然她很討厭用這種方式看待自己和世界，卻有系統地拒絕接受其他的方法。

　　病人忠於這些信念及經驗，她對自己及世界的痛苦體驗不只是已知的事實或是被發現的，事實上是她獻身給維持自己和世界的這個樣子。她是她的世界的代理人、設計人、建立者與詮釋者，然而她卻拒絕承認自己的代理功能，反而認為自己受到情境及命運的控制。當被分析者開始理解並體驗到自己是她的（內在及外在）世界的代理人，才有可能想像自己做出其他的決定，以

更開放、更有建設性的方式，在這個世界中主動地將她的經驗組織起來。

183　　從薛佛的觀點來看，有關代理的問題從臨床精神分析一開始就極為重要，起初它被拒絕承認，然後逐漸地重新被承認，它是每個真正的精神分析程序的核心。然而，因為佛洛伊德與維多利亞時代對於全能意志看法上的爭論，以及因為當時的科學方法讓佛洛伊德建構一種談論精神分析的語言時使用非人力量的術語，於是就像精神官能症一樣，此語言有系統地排除了代理人。

接下來，薛佛帶領我們更仔細地思考，佛洛伊德選擇用來描述精神動力程序的語言：驅力自動地在心靈「裡面」累積，迫切地想獲得釋放，如果不能被釋放，它們就變為抑制並成為有毒的。薛佛指出這是原始身體程序的語言，就像小便與大便，佛洛伊德描述心靈的方式就像它是一個身體，有清楚的界限、內在的空間及物質，但這種語言不僅不足以描述心靈運作的方式，薛佛認為它還充斥著精神官能症患者需要分析以便澄清的誤解及幻想。

佛洛伊德留給我們用來理解精神官能症的語言，是一個充滿精神官能幻想以及幼年誤解的語言，然而諷刺的是，在傳統精神分析語言中最常被省略的正是一名作為代理的人，偏偏他竟是臨床精神分析實際實踐時最重要的焦點[3]。因此，在《精神分析的新語言》（*A New Language for Psychoanalysis*, 1976）中，薛佛企圖將精神分析的基本概念和原則，從力量和結構的語言翻譯成代理人及意圖的行動語言。

3　　許多薛佛對古典精神分析的批判及他提出的解決，都由存在主義哲學家及存在主義心理學者預示了，例如羅洛梅（Rollo May）及萊斯理‧法柏（Leslie Farber）。

敘事

薛佛在一九七六年提出的維根斯坦行動語言，在臨床程序及理論討論中都顯得很彆扭，也沒有被廣泛地接受，不過他對古典概念中瀰漫的，對於心靈潛在看法上的批判卻有重要的影響。到了一九八〇年代，他找到更具說服力的方法來傳達他創新的想法，也就是敘事的概念。

心靈並非如佛洛伊德所描述的，由非人力量所造成的結果，反而是由特定種類的行動造成的。薛佛提出心靈是由敘事產生出來，並根據敘事組織而成，他利用人文及社會科學中對解釋學激增的興趣，開始將傳統精神分析概念呈現為詮釋性的故事情節，而不是科學的原則（在第八章，我們將深入討論解釋學〔Hermeneutics〕對精神分析帶來的廣泛影響）。薛佛對佛洛伊德動力範疇最初所提出的替代選擇，也就是行動的代理人，現在被描述為故事的敘述者；而且這個敘事的方法還被他拿來當作堅固的脈絡，在此脈絡中他將自體心理學（在《分析的態度》〔*The Analytic Attitude*〕，1983）及克萊恩學派理論（在《重述生命》〔*Retelling a Life*〕，1992）中許多創新的特性，吸收進一個基本上是佛洛伊德學派的臨床架構中。

184

薛佛對精神分析概念及語言上的修訂，是以廣泛而抽象的哲學關切為基礎，卻對思考及處理臨床材料有非常實際的影響。且讓我們以羅納德（Ronald）的夢為例，他已經接受分析三年，這個夢出現時他感覺自己從分析中獲得很多，不過偶爾還是會被一種不知道是不是真的有任何東西能幫助他的根本疑惑控制住。

羅納德最初因為長期的憂鬱及無力感而尋求治療，在許多方面他算是相當成功的，但對自己的行動和成就總是有種不真實

的感覺。即使他通常都能熱情地投入當下，卻仍然會浮現懷疑及困惑的感受。他感覺自己像局外人，不是真的活著，反而比較像行屍走肉一般。不管他選擇採取的行動是什麼，都不是真的「適合」他的行動；不管和他在一起的女人是誰，都不是真的適合他的女人。羅納德經常覺得，似乎童年時感覺到的憂鬱和無精打采是他唯一真實的部分，而其他部分只不過是一場表演。

精神分析的探詢使羅納德的憂鬱清楚顯示出，它起源於和長期生病的母親之間的關係，並且與它密切相關。童年時，他的母親得了癌症，她多次住院，最後在羅納德十二歲時去世。他的父親是一位政要，他應付妻子生病的方式是從她身邊退縮，並將他們家遇到的困難隱藏起來不讓社區知道。在家庭外，他是非常迷人且外向的，但在家裡總是很冷淡或是很憤怒。羅納德是唯一的孩子，他覺得被父母拋棄，父親把母親丟給他；而母親雖然選擇了他，但當她的同伴和護士的責任使他不知所措。

現在，羅納德對童年早期的經驗與當下掙扎間的關係有了許多新的瞭解。他曾經感覺父親在公開場合的性格是假裝出來的，是一個謊言，而母親罹癌的可恥卻又祕密的現實，以及家庭的問題才是父母及自己的根本真相。他感覺童年遭受到的情感剝奪嚴重地傷害自己，而他經由模仿父親，也學會在公眾面前隱瞞自己的傷痛。

185　　羅納德感到自己對分析師及分析投入相當深刻的情緒。當他和分析師共同探索童年的絕望和恐懼，以及當下的衝突和懷疑時，他感覺到前所未有的關懷與連結。在治療過程中，羅納德開始感覺更能投入自己參與的任何事，彷彿自己住在一個有別人的社區中，處於人類活動的圈子裡，而不是曾經感覺到自己像是個

淒涼局外人的感覺。就在這時,他作了以下這個夢:

> 我正看著(他所就讀的研究所的)後窗外。我注意
> 到有一團東西朝著建築物前進,它一邊緩慢前進,一邊將
> 所到之處的東西全都吞噬掉。當它接近某個東西時,例如
> 一張椅子或樹叢時,它會先變成那個東西,而且是那個東
> 西的巨大版,等幾秒鐘之後,那個東西就消失了,而它恢
> 復原狀並再度變成一團。它越來越靠近。你的椅子就在外
> 面,而它正開始準備變成那張椅子的巨大版本,就在這時
> 候我醒了。

雖然這個夢一開始讓人覺得很怪異,但不久後羅納德開始感
覺到,這個夢以圖像捕捉了他典型的內在感受。那團東西就是他
的憂鬱,沒有固定外型又具有威脅,不管他試著做什麼或參與什
麼,都只是短暫地感受到真實及鮮明,接著它就消失了,意義也
不見了,而他再度變回不過是一團東西罷了。現在,分析變得比
什麼都重要,但羅納德害怕它也會消失,變得毫無意義。不管他
多麼努力都無法逃開那團東西,這個夢生動地捕捉住他的痛苦經
驗。

讓我們試想一些能理解這團東西的可能方式:這團東西是肛
門施虐狂的表現,一種由本能驅動的願望,想埋葬並毀滅一切與
他連接的東西(佛洛伊德);那團東西是他的真實自我,才剛開
始、尚未成形,它在尋找能夠成長的條件(溫尼考特);這團東
西代表他變形的、沒有結構的內在,缺乏穩固的認同及調節機制
(自我心理學);這團東西代表他自體的狀態,表達出他的主體
性,或是在作為人的感受上中斷的發育(自體心理學)。

從薛佛的觀點來看，以上所有對這個夢的詮釋都有個問題
——它們排除了作夢者的行動。薛佛認為夢是一種創作、一種敘
事的結構，羅納德為了特定的目的，循著被選擇出來的情節去組
186　織他的經驗。沒有所謂唯一正確的詮釋，相反地，夢就像其他敘
事的結構一樣，例如詩或是小說，適合各種理解，如果我們從這
個角度靠近夢的意義，重點就變為不同敘事方法的實際用途，這
不僅對作夢的羅納德是如此，對努力想使用這個夢的他和分析師
也是如此。

羅納德用一團東西來代表自己對底有什麼目的？在薛佛的觀
點中，那團東西並不是羅納德的肛門施虐狂；羅納德借用肛門的
影像及身體的隱喻來象徵他對自己經驗價值的破壞。那團東西也
不是羅納德的真實自我、自我結構或主體性，羅納德循著這個故
事的情節向自我描述自己是有多種目的的，其中可能包括以下的
動力：與生病及退縮的母親維持有力的潛意識連結、打敗父親及
他在外在世界中的生活模式、保存一種超越公眾及私下的完整性
與無限潛力的幻想等。

那麼，羅納德與分析師選擇用這種或是那種方式去理解那個
夢到底有什麼用處？薛佛認為，夢的詮釋的價值並不在於它的客
觀性或正確性，而是它有潛力開啟新的經驗型態，以及讓作夢者
對自己的行動擁有更深刻和廣泛的瞭解。

可以這麼說，薛佛最重要的貢獻是將佛洛伊德學派分析的傳
統內容重新放在適當的脈絡中去考慮，他要求我們思考，當佛洛
伊德發展心靈的心理動力方法時，他對自己所做之事的理解已過
時，如今作為那個理解下方的科學基礎已不再具有說服力。但他
也認為，如果將佛洛伊德的工作重新放在當代解釋學的架構中，

不僅更行得通,它說明臨床程序的詮釋力量也能更充分展現。

婁沃

在所有當代精神分析世界的重要人物裡,婁沃(Hans W. Loewuld, 1906-1993)可能是最不容易定位的。婁沃在追隨海德格(Martin Heidegger)學習哲學後,於一九四〇年代來到美國,他在巴爾的摩地區接受精神分析訓練時,和蘇利文與佛洛姆共事,但他一直對佛洛伊德很有興趣。他小心而又忠誠地在佛洛伊德理論中為自己所有的理論特性找到根源,然而他自己的思想卻發展成對心靈及精神分析程序極為獨特而有遠見的看法。

他寫的散文是學術性的,信息量大得極難理解,而且具有 187 嚴密的推理,然而他描述及喚起的經驗卻是非常豐富和深刻感官的,似乎需要一種神祕的轉化。他對佛洛伊德的解讀顯得很不尋常,有時是絕妙的清新,有時又無比牽強,可以說他總是和美國自我心理學主流理解佛洛伊德的方式不一樣。不過,婁沃對佛洛伊德的修正與復興,對於當今從古典理論中獲得啟示的人如何解讀佛洛伊德有非凡的影響。

婁沃的工作持續了四十年,在這些年間,他一再和同一個中心問題搏鬥,有時和這個部分,有時和那個部分,有時從一個角度,有時從另一個角度,他所關切的是精神分析理論建構中最基本的假設,也就是我們對心靈的性質、現實及分析程序最基本的偏見。

婁沃對語言的想法

從佛洛伊德早期在夢及口誤上的貢獻以來，語言一直是精神分析理論化的重要特性。婁沃處理語言的觀點在精神分析理論家中極為獨特。讓我們想像一下：一歲的孩子坐在早餐桌旁，唱著歌、發出咿呀的聲音、把玩著聲音和食物。最近她已經能說出認出來的單字，甚至偶爾會把兩個字串在一起。她很愛喝柳橙汁，今天她說出像是：「扭扭扭扭汁。」的一句話，她的父母好高興。他們滿足她的要求，邊倒邊說：「還要果汁嗎？」

這種經驗構成重要的發育橋樑。在橋樑的這一端，孩子嵌在一個顯然私人的經驗、偶然的連結及自閉幻想的，有個人特性的世界中。在這個學語前（preverbal）的世界裡她與他人有強烈的連結，這些連結是獨特的，而且是她獨有的連結，它們根據共有的私人意義形成，同時仰賴照顧者專注的理解。在橋的那一端，孩子準備進入社會的世界，包含在雙方同意下成立的經驗、議定的意義、抽象及一般的理解，這樣一來和別人的溝通與連結會變得可概括，能更容易和可靠地分享經驗。

不同的作者對這個關鍵的發育轉變抱持非常不同的態度，最極端的一種是，蘇利文認為學語前（無連詞並列〔parataxic〕）的經驗具有個人特性而且是扭曲的；語言創造了分享（有句法的）經驗的可能性，並經由雙方共同的確認而建立，個人特性的部分則逐漸被刪除，進而提供孩子奇妙的工具，讓他能逃離孤立和自我專注，進入一個清楚、共有經驗及有意義連結的世界。蘇利文相信，能使用在彼此同意下建立起的、共有的語言是一件全然的好事。

史登這位當代的研究者，在他撰寫的專業及大眾化著作中，

將實證的嬰兒研究整合進對嬰兒期及童年的洞察，他認為當經驗被包裝成語言時，會犧牲學語前經驗中的感官及感覺的豐富性，因此在「清楚」上的收穫是伴隨著「變化」上的損失。對史登而言，語言是有得有失的。

蘇利文與史登兩人的共同點，是他們都看見在學語前與語言經驗之間的鴻溝（雖然對史登而言，較早形態的經驗終其一生都永久地保留在「學語前的自我感受」中，與語言的自我感受並存）。婁沃的態度與他們非常不同。語言使用被蘇利文（樂意地）及史登（遺憾地）當作理所當然，婁沃卻認為那是一種被貶低的、膚淺的、脫離實體的溝通形態。他所想像的語言開端並非來自感官經驗的轉化，它本身就是一種感官經驗的形態：「當母親說話時，嬰兒並不是知覺到話語，而是沉浸在聲音、韻律等在一個不變的經驗中造成抑揚頓挫的成分。」（1980, p.187）當發育繼續進行，話語也開始有了能指（signifier）的意義，並與超越它們本身的事物有關。

婁沃將最早、深埋在記憶中且具體化的語言模式稱為「原過程」（primary process），將第二種、能夠被泛化與分化的語言模式稱為「次過程」（secondary process）（在這裡，婁沃將佛洛伊德對能量流動途徑的區分，重新設定為和經驗的型態有關）。他認為最重要的是在這兩種經驗模式之間的連結或是缺乏連結，而在不同等級組織間的破裂或是／以及和諧的議題，正是婁沃著作中一再探討的中心問題。對與源起的原過程分裂、與它們浮現其中的總體感官經驗分裂的語言及其他形態的次過程經驗，婁沃相信都是病態的，心理健康取決於在原過程及次過程間、原始及世故的思考間、較低及較高的智力結構形態間開放的管道所產生的

經驗的豐富性。

　　孩子還要果汁的要求本身包含著對這個要求的抽象意義，以及發出「扭扭扭扭汁」聲音時的感官享受及遊戲樂趣的張力。以婁沃的觀點來看，對孩子往後經驗的豐富性最重要的，是當她與父母坐在早餐桌前玩著食物、比手畫腳及發出聲音時，她在言語表現中漸增的清楚與泛化，沒有同時造成在經驗裡感受到的感官和感覺樂趣的損失。婁沃認為病態的發育包含了在原過程與次過程之間的分裂，以及在感官和抽象、幻想和現實、過去與現在之間的分裂。健康的發育是以持續地調和，以及這些不同經驗部分間的相互貫穿為特性。

單一的整體

　　對佛洛伊德傳統的解讀，是假設「在外面」有一個物質的現實，而包含各種生物性資源及傾向的嬰兒就出生在這個物質的現實中。嬰兒天生有一組本能的驅力迫切地想獲得釋放，而且必然會和社會環境發生衝突，而心靈就是為了疏導及調節這些驅力所建構的裝置，並在嬰兒與環境間達成必要的協商。至於其他人則是驅力的「客體」，是驅力釋放的媒介，而且（藉由內化成為超我）幫助驅力的調節與控制。

　　然而，婁沃挑戰所有傳統的前提，並以另一個假設取代它。他認為心靈發育的起點是嬰兒及照顧者組成的原始單一整體（unitary whole），在一開始，自我與他人、自我與外在現實、本能和客體間是沒有區分的。所有傳統精神分析理論所當然地認為是基本且不可縮減的，婁沃都認為是次要的，而且是從這個原始的整體中產生的分裂的衍生物。這個觀點最重要的意義是，在

發育中的兒童身上並沒有什麼東西是一開始就存在於嬰兒身上的（既沒有本能，也沒有溫尼考特認為的「真實自我」），所有在發育中兒童身上及後來在成人身上的東西，都是互動的產物。

婁沃激進的交互影響說（interactionalism）與佛洛伊德的驅力理論觀點十分不同，但他對於從佛洛伊德的語言及象徵中擷取新的意義很內行，在他對佛洛伊德的詮釋中有個關鍵的策略，他宣稱佛洛伊德本人在思考驅力時也有過觀點上突然的轉變。

在婁沃的觀點中，佛洛伊德對驅力特性有兩種非常不同的理解，並以一九二○年為分隔。在較早的理論中驅力是尋求釋放的，這通常也代表了佛洛伊德一般的想法，婁沃主張這個較早的理論來自十九世紀的科學唯物論，並且以佛洛伊德時代的水利學與機械的隱喻為基礎。

當佛洛伊德於一九二○年（在《享樂原則之外》〔*Beyond the Pleasure Principle*〕中）提出生命欲力（Eros）的概念時，婁沃相信 190 他徹底改變了對性慾作為驅力的看法，它不再是尋求釋放而是尋求連結，不再為了滿足而使用客體，而是為了建構更為複雜的心靈經驗，並重新建立在自我和他人之間失去的原始整體。

婁沃對佛洛伊德驅力理論的修訂，使所有傳統精神分析概念幾乎都得徹底重新構思，例如他對佛洛伊德的「考古學的明喻」（archaeological simile）的修訂。在佛洛伊德的理論中，本我被理解為從來都不和外在現實有任何接觸，它在真實世界中的釋放必須經由自我居中幹旋；本我在外在現實的底下運作，表達從一出生就已經存在的古老遺留物。考古學家透過挖掘更深入過去，精神分析師則透過詮釋細究表面日常的互動，用以發覺更深刻的、繼承的原始幻想。

但婁沃要求我們更仔細地思考這個明喻。古代城市的廢墟，或許和在埋葬地上面的現代國家的政治與經濟程序毫無關連，但古代城市的建造卻一定和**那個時代**的政治及經濟程序密切相關且互相影響。這些遺跡只有在與當下、表面的文化的關係中，顯得遙遠又沒有關連。

同樣地，就只是因為那些被精神分析的考古學家挖掘出來的古代遺留物可能和當下的活動沒有關連，我們就假設它們和當時的外在環境及相互影響的背景無關，這無疑犯下嚴重的大錯。本我也得應付、而且也「受〔適應〕的支配，就像自我一樣——只不過是在一個非常不同的組織層級。」（1980, p.232）

最後，佛洛伊德在過去找到的是原始的力量，它們從遙遠的深度支配當下的經驗；而婁沃找到的是由一度支配場面的古老文明所製造出來，現在卻被丟棄在一旁的遺物。佛洛伊德的本我是一種不變的生物性力量，和社會的現實相衝突；婁沃的本我是一種適應的互動產物，而非不變的生物性力量。我們的心靈並不是後來才變成有相互作用的，相互作用就是它的天性，婁沃認為生命以嬰兒與母親之間的結合為開端，母親對嬰兒的處理、嬰兒在母親心中的形象、母親對嬰兒的感官經驗，都會成為嬰兒體驗自己的基本特點。無論提供發育中孩子動機的是什麼「驅力」，它都透過與母親的互動而形成，並非事先就存在並找到母親當作它們的客體。

在將過去與現在、內在與外在、幼稚與成熟、自己與他人、幻想與現實之間形成內在連接方面，婁沃所描述的心靈是極為豐富的。他認為這些對比間豐富地相互貫穿、相互影響，而不是明顯地分裂，因此他提出當童年的經驗被壓抑，而且太嚴格地和成

人經驗分開時，幼年的伊底帕斯愛從成人的愛中被去除並受到干擾，於是童年的愛變得像鬼魂，而且就像傳說中一樣，它被不恰當地埋葬，並為了努力尋求最後的安息而纏著活人。

當童年的經驗從壓抑中釋放出來，被接受並修通時，它們和當下的經驗會有非常不一樣的關係。婁沃認為我們不需要在童年的愛與成人的愛、過去與現在之間選擇，與早年愛的客體間的關係不是被放棄，而是與成年愛的客體一起重新發現和創造。新愛並非完全不同於舊愛，也不是代替舊愛；新愛同時是新也是舊，它提供一個新的經驗，我們在其中發現和舊有經驗之間的共鳴。早期愛的客體如祖先們，為新的經驗提供指導方針，當它們被恰當地埋葬與崇敬時，仍會繼續進入當下，而不再需要從它們痛苦地孤立中來支配當下，尋求「承認的血」（blood of recognition）（1980, p.249）。

昇華和象徵化

佛洛伊德早年在昇華及象徵化之於夢與精神官能症症狀形成中的功能上的貢獻，不僅對精神分析，也對其他學問帶來深遠的影響。他認為身體的各個部位和身體的程序，以及個人經驗中各種令人困擾的部分，都以偽裝過的形態表現在夢與症狀中，例如蛇在夢中或是在恐懼症中都是陰莖的替身，牠象徵陰莖並執行一個微妙的雙重功能，同時揭露與隱藏──牠代表被壓抑的影像，卻又是偽裝的形態。

對佛洛伊德及其他人而言，類似的象徵化程序在文化中也是如此運作，例如在人類學及社會學中、在藝術和文學中，以及最後在政治及歷史中。佛洛伊德對象徵化理解的應用，經由他對

「昇華」概念的使用而被大大地擴展，象徵性的表示使本能的衝動可能找到偽裝過、被社會所接受的滿足型態，它不如直接的生理快感那麼令人滿足，但與必要的社會規範達成合理的妥協，所以弄蛇人、摩天大樓的建築師及小提琴家們都找到了等同於自慰的象徵性滿足。事實上，佛洛伊德相信文化的一切都建構在昇華，以及幼年的性和侵略驅力的偽裝滿足上。

192   無論是臨床材料或是文化現象，在精神分析詮釋的傳統運用中，象徵符號都是被象徵物的替代（用蛇來代替陰莖）。詮釋的行動揭露了蛇等於偽裝後的陰莖，一旦它的偽裝暴露了，其真實意義也就被揭露。傳統精神分析的詮釋是還原性的：象徵符號一旦被揭露，便崩解為它所象徵的事物。蛇只不過是陰莖，在迷惑人的目的下包裝起來。

　　昇華和象徵化的傳統精神分析理解，為詮釋的可能性打開了全新的視野，但也為許多精神分析師製造出一些嚴重的問題，包括婁沃。是否所有的文化——藝術、人類文明的創意成就——都能最適當地被理解為幼年的性及侵略驅力衝突的偽裝版本？

　　在前一章中，我們已經提到對這個問題及其他密切相關的問題的各種解決方式。新佛洛伊德學派的人（蘇利文、佛洛姆、荷妮），以及較為激進的客體關係理論家們（費爾貝恩、鮑比、岡崔普）完全拋棄了佛洛伊德的驅力理論，他們並不認為對文化更高的追求是來自佛洛伊德的雙驅力理論。哈特曼及其他自我心理學家們選擇一條不同的路線，他們保留驅力理論，但是用驅力中和的概念讓性與侵略以外的動機取得合法地位，將文化視為源於自我關於支配、實用的表達等的自發性動機。

　　但婁沃對於這些解決方式都不滿意，他認為佛洛伊德在幼

年的身體經驗所具有的普遍影響力及重要性上的發現,是西方思想史上最重要的發現之一。婁沃想保留佛洛伊德對性與侵略性的強調,卻不想將自我的動機和本我的動機分開(像哈特曼所主張的)。他認為,中和的概念稀釋並威脅著否定佛洛伊德思考中最珍貴及最有力的部分。

婁沃特試著找到調和的方法,而不是在兩種經驗模式及不同層級的組織之間選擇。他將創造性的文化追求這種較高層級的心靈程序,看作總是與原始的幼年經驗這種較低層級的心靈程序連接,但絕對不只是還原的關係。蛇和摩天樓總是代表陰莖,卻絕對不只是陰莖而已,一旦以蛇或摩天大樓做為象徵,它就不再只是一個陰莖,而是經由象徵化的程序被轉化並變得更加豐富。象徵化並非偽裝的過程,而是相互的轉化。

因此,象徵符號對婁沃而言並不是已存在事物的偽裝版本,象徵符號創造新的經驗,就如同在幻想與現實、過去與現在、童 193
年和成年的愛之間的關係中,象徵符號給予被象徵物新的且更豐富的生命。文化是幼年經驗的代表,但它不只是偽裝後的相等物,文化是在一個新的、擴充的,以及更豐富的組織層級中,童年經驗的再現與調和。

佛洛伊德認為驅力是人類存在以前的殘餘物,基本上和人類的文化與文明格格不入,所以他最樂觀的看法就是原始的性與侵略驅力藉由昇華降低它的強度,並被駕馭用來進行其他目的。佛洛伊德(1933, p.80)使用須德海的比喻,描述文明如何占用大自然的力量:「有本我的地方就一定有自我。」

然而婁沃所理解的「驅力」完全是先前的互動及人際整合的人類殘留物。婁沃認為,為了文明的目的而排掉海水反而是種

災難，被再度取回且不再被壓抑的早年經驗會讓成人經驗更為豐富，而不是減損它。海洋永遠在那裡，經由更複雜、更高層級的經驗給予動力、提高品質、引起共鳴，並在經驗中找到新生命。

拉岡

拉岡（Jacques Lacan, 1901-1981）在當代精神分析思想上的位置，與其他作者截然不同。他統治法國精神分析數十年，其著作在歐洲與南美洲的精神分析領域中占有支配地位。雖然他對英語系的分析師影響極小，但在學術上，尤其是文學評論上所造成的衝擊卻相當可觀。有個極大的解釋及評論的體系環繞拉岡形成，但他們對他艱澀難懂的貢獻到底是什麼卻毫無共識。

熱情的追隨者們認為他是繼笛卡兒（René Descartes）之後最重要的法國思想家（因為他不斷努力地與傳統哲學及知識論〔epistemological〕的問題搏鬥），並贊許地將他與尼采及佛洛伊德比較；而他的批判者則認為他是蓄意的故弄玄虛、一個可恥的演員，十分重視自己的風格卻沒什麼內涵（常常可以聽到毀謗他的人諷刺地談到精神分析的世界如何被詐騙了〔la-conned〕）。

拉岡透過醫學及超現實主義的奇特雙重路線加入精神分析。他住在巴黎，朋友群中包括許多重要的超現實主義畫家與作家（他和詩人布列東〔André Breton〕交情甚篤），而且為早期的超現實主義期刊寫了一些頗具影響力的論述。到了二次大戰時，法國的精神分析就像法國文化生活中其他東西一樣被大量毀滅，在戰後再度組成巴黎精神分析學會的小團體之間，拉岡位居權力鬥爭的中心。他當時進行一種縮短、可變的會談時間的實驗（和固

194

定分析時間的這種可靠慣例相反），這一度成為法國與國際精神分析圈強烈反對的焦點，最後他在一九五三年離開巴黎精神分析學會。

在幾個不同的時間點上，和他往來的一些團體都被拒絕進入國際精神分析學會中，這又加強了拉岡是個叛徒的名聲。更多的大小分裂接踵而來，到了一九六四年，拉岡成立巴黎佛洛伊德學院（Ecole Freudienne de Paris），當時他已成為法國知識界的風雲人物之一，他的公開講座變成重要的文化盛事，吸引來自世界各地和各種知識學科背景的、對他著迷而又熱情的學生們。

所有針對拉岡想法的討論，都必須以思考它們為何如此難懂為開始[4]。這有好幾個因素，第一，對非法語讀者而言，翻譯是個大問題。拉岡以語言學與文學靠近精神分析，而他極有個人特質的書寫與說話風格比較接近詩歌，而不是說明（梅爾曼〔Mehlman, 1972〕及特克〔Turkle, 1978〕等評論家認為這個風格是以馬拉梅〔Mallarmé〕為範本），根據某些評論家的看法，拉岡的中心概念就像優美的詩作一樣，根本無法被翻譯（Schneiderman, 1983, p.92）。

第二，與其說拉岡是精神分析作為臨床學科及國際運動的產物，不如說他比較接近是法國知識生活產物。再沒有什麼例子比拉岡更能說明精神分析在不同國家中呈現出明顯不同的國家特性。拉岡的表現是很戲劇化的，充滿法國知識分子特有的概念與語言上的花招：充滿廣泛的哲學、政治與文學的參考及引文、藐視而又好鬥的姿態（克莉斯蒂娃〔Julia Kristeva〕在小說《武士》〔The Samurai〕中描繪了拉岡所處的知識分子世界），以及權威的

4　讀者必須知道，任何想清楚、有系統地摘要拉岡想法的方法，都被定義為反拉岡的。

命令與反權威的挑戰複雜地混合。這些翻譯上的問題，不僅出現在語言，也出現於社會文化環境，使許多對精神分析感興趣的讀者對拉岡的貢獻敬而遠之。

而且不只如此，拉岡表現的模式，和他試著教導、有關精神分析的東西密切相關。他故意如此隱晦、難以理解和讓人生氣地困難，他不想被容易地瞭解，至少不是用我們平常理解彼此的溝通方式被瞭解。

195　　　超現實主義者將佛洛伊德的想法改編，並想像能經由驚人的表象與無約束的語言（例如自動書寫）直接進入潛意識且加以表達。有些評論家（例如奧立佛〔Oliner, 1988〕和普拉羅〔Plottel, 1985〕）認為，拉岡如此表現的目的是為了體現超現實主義者／佛洛伊德的潛意識。他那重複出現的謎語（如潛意識是他人的對話、人的慾望是他人的慾望、潛意識的結構就像語言）並不是為了傳達如何理解，而是像禪師使用心印般，目的是為了打斷慣有的思考模式，激起對更深刻意義的專注追求。

他的話語四處滑動，它們的意義不斷翻滾並顛倒，為了示範心靈玩語言的方式，他透過雙關語和笑話，以及對聲音、意義與鄰近的聯想，將話語連結在一起或是截開。最容易理解的拉岡解釋者指出，閱讀拉岡的著作時，它所傳遞的「拉岡在想什麼的印象，比他**如何**思考來得更模糊。」（Muller & Richardson, 1982, p.415）[5]。由此看來，拉岡的目的並非清楚地溝通想法，而是蘇

5　穆勒和理查森（Muller & Richardson, 1982）對拉岡的風格提出絕妙的描述：「難以捉摸、暗指的、幻影式手法；由華麗的比喻所形成的堅硬外表；千變萬化的學識；刻意的模稜兩可；聽覺的重複；拐彎抹角的諷刺；對邏輯次序的輕蔑、惡作劇式的玩笑與譏諷（有時是刻薄的幽默）──所有這些拉岡愛好的過分講究的形式，基本上都是一種以語言的風格來具體示範他所體驗到潛意識的乖戾的方式。」（p.3）

格拉底式的破壞，用來迫使讀者進入一種新的、不安的經驗（蘇利文與畢昂也都以各自的方式，同樣擔心被容易地瞭解或是被誤解，他們也像拉岡一樣很不容易閱讀）。

拉岡與語言

拉岡的貢獻與他對佛洛伊德的解讀緊密相連（透過以「回到佛洛伊德」作為宣傳的大標題）。拉岡和其他當代佛洛伊德解釋者有共同的出發點，但最後他朝著獨特的方面前進。這個共同點就是宣稱，由於佛洛伊德努力地將精神分析嵌進生物學中的做法，使他對心靈的想像科學化，進而模糊、甚至連累他最有原創性、最重要的革新（哈伯瑪斯〔Habermas〕、婁沃、薛佛及岡崔普都有類似的論點）。

拉岡和他們不同的地方，在於到底什麼是佛洛伊德最核心、最有創意的貢獻。拉岡認為佛洛伊德的本質是一九〇五年之前的佛洛伊德，那時的佛洛伊德關切的是對夢、精神官能症症狀與（佛洛伊德式的）口誤所做的詮釋。拉岡認為佛洛伊德對這些現象的理解都是來自對於語言，及其與經驗和主體性之間的關係完全創新的理解方式。

根據拉岡的說法，除非一個人具有二十世紀初期索緒爾（Ferdinand de Saushure）的語言學，以及（對拉岡來說是）同時期的傑克普生（Roman Jakobson）的語言學，和李維史陀（Claude Lèvi-Strauss）的結構人類學的基礎，否則他不可能正確地評價佛洛伊德真正的意義。這些人都是拉岡的法國思想環境中的偶像。他相信，自我心理學與客體關係理論都是以對佛洛伊德根本（以及補充）的誤讀為依據，在那裡自我和客體關係成為 196

重點，但他認為人類經驗中決定性的部分既不是自己（也就是自我）也不是和他人的關係，而是語言。

想像界

拉岡的「想像界」（imaginary）概念，在他對其他精神分析學派持續而嚴厲的批判中是不可或缺的。這個概念沿著兩條一再出現的路線發展，第一是鏡像階段（mirror stage），也就是他對於想像界的原型經驗所做的描述。在拉岡的解釋中，當六到十八個月大的嬰兒注意到，並對自己在鏡子中的影像著迷時，他經歷了一種極具影響力的轉化經驗。在那之前，嬰兒的經驗是不連續、無條理且破碎的，他無法完全控制四肢與動作，同時缺乏一個上級的結構可以用來整合各種心靈狀態。

不過，從鏡子裡反射回來的是一個相當不同的人，它是完整、整合及協調的影像。嬰兒能經由自己的動作和姿勢控制這個影像，它是自己的理想化版本。鏡中的影像成為有關他是什麼樣的人的感覺和想法裡，越來越複雜的連結的重要中心點，它成為一個核心、一個自我的「原型」（Urbild）。拉岡不是要我們就特定而具體的方式瞭解反映階段，而是將它當作一種「示範的功能」（1988a, p.74），代表自我如何根據幻覺、影像建構而成，然後這個階段成為想像界的基礎。

想像界的第二個發展基礎是拉岡對人類慾望性質的分析，他認為人類的慾望不同於需要。關於母親，嬰兒有許多需要，而母親能滿足這些需要；但是慾望——熱情的泉源——比滿足的追求及需要的消除更為無所不包，拉岡甚至認為它是不可能被滿足的。在慾望產生時，嬰兒期望自己是令人神魂顛倒的，同時是他

人（母親）的一切。要成為別人的一切，得體現出他人所慾望的一切，所以對拉岡來說，嬰兒最首要的慾望就是完全成為他人（母親）慾望的客體。

以下的例子清楚地示範了拉岡認為「慾望是他人的慾望」的這種看法。

麥可（Michael）是一位年近三十的年輕人，因為無法調和他的人生和他為自己設定的目標而進入精神分析治療。他在城市裡長大，但家境貧窮，不過一番努力後他獲得相當程度的專業及個人成就。他想擁有忠誠的關係和家庭，試著和一些能有真實親密關係的女人交往，對此他確實也頗有進展；問題是他又對另一種女人極為著迷，他常和這種女人在夜店跳舞，那個世界似乎和他追求的家居生活相互矛盾。

麥可經常去的夜店，專門迎合那些穿著精緻又暴露得看起來幾乎像穿著戲服的顧客。由於麥可十分出名且舞技高超，以至於他成為這些夜店中被認定的「角色」。他跳舞的風格極為性感而浪漫，他很享受每個晚上至少和好幾個不同的舞伴跳舞，畢竟他是個十分搶手的舞伴。這個經驗帶給他的強烈感覺是他難以割捨的。

到底麥可要的是什麼？他的慾望是什麼？在分析中他開始瞭解他所尋求的既不是他自己需要的滿足，也不是和任何特定的女人或舞者發展出親密關係，而是要在這些女人的心靈中占據一個中心位置，讓她們神魂顛倒並變成她們慾望完全的客體。當然，並不是他的真實自己占據了那個位置，而是他將自己塑造成的那個角色，它正是為了讓女人傾倒而設計的。以拉岡的說法，麥可活在想像界的世界中，根據自己的影像（把自己轉化而成的角

197

色）及他人的影像（轉化成對他的角色純然地慾望）組織而成。

在想像界範圍的人生（拉岡認為大部分平常、傳統的生活正是在這裡進行）是在一個布滿鏡子的大廳中被經驗到，根據幻覺組織而成。我們每個人所認定的自己就像麥可的角色一樣，是社會的產物，由他人的看法的映像構成[6]。我們努力成為不是我們的角色，在和其他角色的關係中有各種強烈的需要，而且因為他們也是社會的產物，所以他們也不是他們的角色。

> 如果客體都只能被理解成幻覺，一種整體的幻覺……
> …每個客體關係也都因此而受到一種根本的不確定感所污
> 染……客體，頃刻間組成為人類主體的假象、它自己的替
> 身，但是仍然有某種程度的持久外觀。（1988a, p.169）

進入診療室的病人，以一種不自覺的方式完全嵌在由影像和幻覺、映象的映像組成的疏離的世界中。「自我是主體認同的總合……就像一件又一件地添上，從我稱之為道具部門的裝飾品中借來的各種外套。」（1988b, p.155）。

198　　　從拉岡的觀點來看，其他當代精神分析學派的思想中的大錯（而且是非常大的錯誤）就是，他們把想像界當成真實界（real）：經由將焦點放在自我、它的缺陷及它的發育上，自我心理學是社會建構心理學，一個被誤認為是現實的幻覺的心理學（1977, p.238）；而由於把焦點放在自我與他人之間真實及幻想的

6　拉岡對自我在想像界中被創造出來的解釋，非常類似蘇利文的說明（他引用了米德〔George Herbert Mead〕的社會心理學），他所謂的「自我系統」是透過他人「反映的估量」（reflected appraisals）形成（參考Greenberg & Mitchell, 1983, chap. 4）。和拉岡一樣，蘇利文也認為自我透過他人的反映觀感而形成的現象，基本上是有適應性的，並且提供了安全感的需要，但人們付出了更豐富及更滿足的存在作為代價。

關係上，客體關係理論是虛構的人際心理學。

拉岡相信這些趨勢貶抑了精神分析，並埋葬了他認為佛洛伊德最重要的貢獻，也就是在病人瑣碎的日常擔心與在和別人的社交關係之下發覺到的（語言的）潛意識。病人普通的主體性是一個角色，被他當作是自己並根據它行動。它正是需要在分析中被推翻與解散，以達到和超個人的（transpersonal）、超越個體的（transindividual）（1977, p.49）潛意識，以及更有創意和強壯的生命更深刻的連結。

在第一章曾提到，佛洛伊德認為解釋夢的祕密是他最了不起的發現，因為夢是一般主體性的隱喻。真實的、夢的隱意隱藏在夢的顯意中，它經過次加工之後形成一個分散注意力的小故事。拉岡認為不只夢是如此，一般有意識的主體性經驗也被組織成分散注意力的小故事，自我心理學與客體關係理論的愚蠢之處就是相信二次加工所提供的偽裝，把幻覺的故事當成真相，而不是失落、缺少、閹割這些潛在感受的掩飾。拉岡提出「主體並不知道他說的是什麼」，而我們手邊的工作是「讓主體能從心靈的現實轉換到一個真實的現實。」（1988b, pp.244-245）。

精神分析的程序和普通主體性的解散有關，這個想法和其他重要的當代精神分析作者的想法有共通處。例如，奧格登在《分析中的主體》（*Subjects of Analysis*, 1994）一書中，將主體性離開中心，並重新安置在由各種經驗模式間相互影響的張力所組成的複雜基礎中。而布倫伯格（1991, 1993）也探索在分析中出現的不連續、不連結的心靈狀態。

將拉岡的方法和這些密切相關的工程區分開來的，是他宣稱經驗的普通主體完全是幻覺，而不是與其他經驗模式之間有相

互影響的關係。這種「對主體始終激進的人格解體」（Muller & Richardson, 1982, p.416），是以拉岡對語言、語言與經驗之間的關係的瞭解為基礎[7]。

拉岡對語言的態度是（類似其他最近的法國知識界趨勢，例如結構主義、解構主義及後現代主義），假設語言早於個體的經驗，並且主要塑造了個體的經驗，他強調：「孩子在語言中誕生。」（1977, p.103）。

就像馬克斯主義將主觀價值及個體想法視為階級地位與經濟力量的媒介，拉岡認為經驗在語言方面嵌於文化的風尚（想像界）及社會規範（象徵界〔symbolic〕）之中。傳統的個別主體，也就是病人通常體驗到的自己，在分析程序中被解散，讓潛意識的意義——那些在他之前就存在的，並努力經由他被說出來的語言意義——能被清楚地聽見。在此，「說話」和「語言」之間的區分是非常重要的，精神分析程序試圖讓更為真實的聲音能突破語言的一般束縛。

拉岡認為自由聯想是佛洛伊德在方法學上最偉大的貢獻，它讓我們有機會識破平常的對話，也就是在病人心靈中預謀的內容（拉岡稱之為「空洞的說話」〔empty speech〕），從而進入在潛意識中運作、更深刻的象徵性結構（飽滿的說話〔full speech〕）（1988, pp.50-52）。

自由聯想將病人說話和普通的主體性、自我所關切的事物、對想像的他人的依附需要分開，「我們嘗試切斷繫住談話與他人之間的繩索。」（1988a, pp.174-175）就是這種對傳統主體的解

7　由於拉岡並沒有給主體性的代理什麼分量，他的系統在奧格登的架構中可能被視為缺乏任何真實的憂鬱心理位置，它主要存在於妄想分裂的世界中，在此，人受外在力量（能指）所左右。

散，使潛意識的主體和他人能透過病人說話，如此一來，某些比主體平常的覺察更深刻的東西才能有清楚的表達。

有時候拉岡似乎將語言具體化，賦予它超越個人的作用，如此被呈現的病人變成了一道謎題，需要被拆卸以揭露真實的意義。分析師提供「代表主體在當時所意識到的東西的密碼，合格而有技巧地翻譯。」（1988a，pp.13-14），如果主體自己的聲音要能在面對文化對於語言的具體化時，仍然存在於說話當中，就需要這種翻譯或解碼（約翰・穆勒〔John Muller〕所謂的「私人的溝通」）。因此，精神分析對拉岡來說，既不是發覺本能的衝突（對大部分的佛洛伊德學派分析師是如此），也不是關係的轉化（例如客體關係理論家所認為的），而是對病人說話中無心的意義（控制它的能指）所做的注釋。

透過這種分析的程序轉化了病人和語言的關係。病人受到分析師普遍的無反應及非預期的反應刺激，得到對於語言的他物（otherness）的體會，明瞭他並沒有在創造他說的語言，而是，語言在他之前就已存在並塑造他的經驗。語言以一種「整體」（ensemble）運作，它是「先於任何特定的主體經驗的任何可能連結。」（1977, pp.63-64）。

既然病人不能從一個特別有利的位置瞭解他的言辭的意義，200
因此得由分析師破解那些意義。話語帶有的象徵意義不斷變化，根據不同的組合與選擇的原則組合及重新組合[8]，在拉岡理解語言的方法中，意義是在重要關鍵字之間的關係中被找到，而不是在那些字與它們所指（signify）事物間的關係中。

8　拉岡認為，佛洛伊德發現夢的形成利用濃縮及置換，先於後來的結構語言學家發現的隱喻以及轉喻的更一般原則。

　　拉岡對象徵化的理解和婁沃的看法明顯地對立，婁沃認為在象徵符號及被象徵物（例如蛇和陰莖）之間有相互影響及相互轉化的關係；但對拉岡而言，象徵符號或是能指（蛇）變得和被象徵物（陰莖）分開了，而能指群組（例如陽具的象徵）具有自己的生命。因此，語言能被解析成為潛在的能指連鎖，字詞在共同的交叉結點周圍聚集，在這些點上它們和其他的字詞連鎖連結。

　　拉岡在去世前十年間的著作如此令人費解，部分原因是他使用集合論（set theory）及拓撲學（Topology，近代數學的一個分支）的結構，越來越技術性、以數學及抽象的方法理解語言的運作，並使用像莫比斯環（Mobius strip）及博羅梅安結（Boromian Knot）等圖像，弔詭地玩著有關於開始和結束、內在與外在的問題。

伊底帕斯情結與「象徵界」

　　拉岡用來將佛洛伊德學派精神分析、結構語言學，以及李維史陀的結構人類學連接起來的基本概念，就是他對佛洛伊德的伊底帕斯情結的重讀。拉岡以天堂描述嬰兒和母親在一起的原始狀態，經由母親能夠滿足的需要達成；然而一旦開始覺察到自己和母親之間的分離，這個早年天衣無縫的結合很快就被打破。和母親的分離，以及嬰兒在經驗自己的身體與心靈狀態時所感受到的沒有條理，反映出拉岡認為在人類經驗中基本分裂不一致的狀態，一個先天的缺口：「在人身上……這種和大自然的關係被某種在生物中心的裂縫改變了，一種原始的不一致。」（1977, p.4）

　　這個缺口引起了慾望，而拉岡認為慾望不只是指性的衝動，或是需要能夠得到滿足的需求。慾望是永遠滿足不了的，因為慾

望來自於渴望癒合裂縫、修復分裂不一致的狀態、獲得一種不可能的（想像界）回憶，以及和母親與大自然再度合為一體。

每個人的第一個慾望，就是渴望成為母親的陽具。在這裡陽具並不是指實際的陰莖，而是母親慾望的客體，孩子想成為母親的一切，渴望由他自己滿足母親全部的慾望。阻擋我們實現這個慾望的人就是父親，他有權利占有母親，也具有是母親慾望客體的陽具，同時父親的嚴格規定切斷了孩子與母親的結合，並控管兩人的交流。由於孩子無法成為母親的陽具，因此他／她是被閹割的。 201

在這種伊底帕斯故事的重述中，慾望只是很有限地涉及佛洛伊德所強調的性衝動；拉岡用**慾望**談論對於某種存在的修復渴望，它永遠無法完成且「永恆地伸向**對另外的東西的慾望**」（1977, p.167）。

閹割是兩種性別潛在的狀態，和具有或是缺乏一個真實的陰莖無關，孩子放棄性的野心以及和母親之間雙人的結合，是經由父親的存在確立的。父親的存在代表語言的管理、組織及象徵化的功能，而拉岡不僅是指父親這個真實的人物，還包括「父親之名」。經由確定父親之名，母親打破了孩子和她之間想像的結合，並建立起「象徵界」的秩序；而經由確定父親之名，孩子被告知父親的存在，同時父親在孩子出生前就擁有的陽具，也帶來讓孩子能被生下來的事實。因此，孩子被母親帶領，進入規則及象徵化關係的合法社會秩序中[9]。

9 　拉岡把李維史陀的人類學方法作為自己解釋佛洛伊德的範本。李維史陀舉出語言學的原則作為社會結構的基礎；同樣地，拉岡就孩子被納入一個限定的語言母體的觀點，重新組織佛洛伊德對於幼年性慾如何達到最高點及被放棄的解釋。

拉岡學派的分析

　　拉岡學派的精神分析成果是什麼樣子？因為拉岡這麼難以定義，而且，因為他最關心的就是順從分析師自己的理想及價值的誘惑的危險，因此這個問題要比用其他精神分析學派思想來回答更為困難。當然，一個拉岡學派的分析師不會把目標放在消除症狀、改進關係，或是鞏固一個更凝聚、更有韌性的自我感；不過，拉岡的確偶爾暗示過他期望能達成什麼樣的目標。

　　首先，被分析者會活在一種哲學家們描述為「存在」（being或是existence）的狀態，而不是一開始的自我意識（ego-consciousness）狀態中[10]。他的自我雖然並沒有真的枯萎（像在某些東方的頓悟中），但是看起來比較不結實、更為透明，也比較不是自我察覺關注的焦點。

202
　　對主體而言，解開他與他人的關係，導致自我影像的波動、閃爍和擺動，使得它完整及不完整，因而他能辨識出他的慾望的所有階段，他必須要完整地知覺到所有給予這個影像一致性、滋養與形體的客體，這是他之前從來都不得其門而入的。（1988a, p.181）。

　　第二，被分析者將會對他和語言之間的關係有非常不一樣的領會。他不再體驗到自己是語言的創造者及原動力，反而會體驗到自己是個媒介，他的潛意識及他自己也是其中一部分的語言母體透過他說話。他發現自己的台詞只不過是一個更大的文本的一部分（出自〈他人的交談〉〔Discourse of the Other〕）。

10　拉岡引用許多海德格與沙特的說法（參考Muller & Richardson,1982的精闢分析）。

能指的熱情現在成為人類情況的新特點，因為不僅是
人在說話，而是它在人身上，而且它透過人說話……而他
的特性被語言結構的作用編織而成，他成為語言結構的材
料，因此在他身上迴盪著說話的敘述，超越想法的心理學
所能理解的。（1977, p.284）

對於拉岡經驗到的潛意識有重大塑造性影響的超現實主義
者，對自動書寫這類現象十分感興趣。自動書寫是不使用意識的
控制或意圖，一個人只是沉溺於書寫中，然後意義就浮現了。拉
岡似乎想像著類似的自動生活，在其中，潛意識的表示和言辭直
接出現，繞過了自我和客體關係的扭曲影響。拉岡的門徒將他浮
華而又戲劇化的生活方式（參考Schneiderman, 1983）當作是一種
有創意、英雄的主體性的原型，經由精神分析的程序從傳統的束
縛中釋放出來。「有創造力的主體性，無止息地努力更新在人類
交流中被帶到光天化日之下的，象徵符號那取之不盡的力量。」
（Lacan, 1977, p.71）

第三，拉岡所定義的精神分析程序，會導致主體與自己慾
望間非常不同的關係。慾望不會為了有利於更理性及成熟的觀點
而被放棄，相反地，因為被命名而且被承認，慾望能被更完全地
擁有。分析並不會帶來自由，人仍然困在象徵界及自己特定的歷
史與命運的限制中，使一個人有可能更完全地接受命運是屬於他
的，因此拉岡學派的分析師不會把麥可這個病人推向能更加適應
女性或婚姻的一致性態度，而是讓他明白，驅動他的力量是他
渴望自己被承認是他人慾望的客體。最後，愛（和被愛的慾望不
同）變得有可能出現，但拉岡暗示這需要某種放棄。 203

只有當人已經在之前經驗到束縛他的限制，例如慾望，他才能在一個由重新發現的知識組成的範疇中，勾勒出他處境的輪廓。愛——有些人可能認為我貶低了它——只能在它首先放棄了它的客體之後，才能夠獲得安置。（1978, p.276）

拉岡和女性主義

拉岡在精神分析與女性主義間的關係上扮演了一個關鍵、但以某種角度來看又極為諷刺的角色。某種解讀拉岡的方式，使他成為古典佛洛伊德學派思想中最誇張的男權特性的代表，因為拉岡賦予陽具最高的價值，將它當成非凡的能指與象徵界的中心，雖然他通常都很小心地不讓陽具等同於真實的陰莖。他相信男人和女人與陽具有非常不同的關係，這「象徵男人（認為他們）有，而女人（被認為是）缺少的。」（Grosz, 1990, p.125）

另一種對拉岡的解讀（以及經由他，對佛洛伊德的解讀）認為他將精神分析的概念從解剖學的命運中解放出來，使我們有機會以全然文化和語言的觀點理解性別。因此朱麗葉‧米契爾（Juliet Mitchell）主張採用拉岡的理解，認為佛洛伊德並非提倡，而是描述充滿西方文化語言的父權主義。在這種解讀中，拉岡對於在語言中瀰漫的、潛在的性別象徵意義的詮釋，變成激進女性主義批判西方文化最有力的基礎。

有些最重要的當代女性主義作家，以拉岡對語言及想像界、象徵界的分析為基礎；有些人（如朱麗葉‧米契爾）留在拉岡所描寫的，無法避免的父權制範圍內；而其他人（如克莉斯蒂娃及

露西‧伊瑞葛來〔Luce Irigaray〕）卻嘗試以拉岡的分析為基礎，提出更多直接是女性形態的經驗與意義。

結論：種種修正主義

在他們保留與修訂佛洛伊德貢獻的努力中，肯伯格、薛佛、婁沃與拉岡各自發展出不同的策略。回到我們在這一章開始時所提到的隱喻，肯伯格找到某些方法將佛洛伊德的豪宅大大地擴充和延伸，原來的結構和可以住的地方（如驅力理論、性心理發展）都完整地保留，但是新的房間（邊緣性及自戀的現象）加蓋 204 上去，並在它的下面挖了一個新的地基（原始的客體關係）。

薛佛將佛洛伊德的豪宅重新規劃，那些無可救藥已過時的房間（如驅力理論後設心理學）保留下來當博物館，而最常用的主要居住空間（基本臨床概念）則被現代化並重新裝潢。薛佛不像肯伯格那樣，藉由重新給驅力理論一個不同的基礎而保留它，他在他認為是佛洛伊德後設心理學中陳舊落伍的特性，和生氣蓬勃的臨床核心之間隔出一道磚牆。

婁沃和拉岡所採取的方式就像是新的繼承人，他們在衣櫃裡仔細搜尋時，發現恩人有一個熱愛的祕密嗜好是沒有人真正知道的。這棟每個人都以最平淡的方式看待的豪宅，事實上用來收藏非常不同的興趣和目的，所以婁沃和拉岡各自以自己的方式著手重新定義，並在根本上重新編製佛洛伊德系統的範圍和結構，使它更正確地表現出他們認為一直存在於那裡的，他的真實目的（對婁沃而言是一個優美而又複雜精巧的客體關係理論；對拉岡而言是發現潛意識的語言特性）。

　　經由這種種方式，肯伯格、薛佛、婁沃與拉岡都能維持佛洛
伊德學派學者的身分，但也從更激進地定義自己的學派那裡，例
如人際關係精神分析、克萊恩理論、客體關係理論及自體心理學
等，吸收許多它們提出的新方法。

　　在許多主要的佛洛伊德學派改革者的策略中，有一個關鍵的
共同元素是對佛洛伊德理論的去生物化。和肯伯格企圖將精神分
析底下的生物學基礎現代化明顯不同，薛佛、婁沃與拉岡都將佛
洛伊德驅力──這個類生物學的概念──轉為其他的術語。在這
些理論家的手中，所有佛洛伊德的基本臨床概念（例如伊底帕斯
情結）都重新放在不同的脈絡中，以相當不同的說法來理解：對
薛佛而言是一個故事情節、一種敘事的型態；對婁沃而言，是一
個對存在於過去和現在關係之間辯證式相互影響的豐富解釋；而
對拉岡來說，是對語言及社會─象徵化結構在塑造經驗上所占有
的決定性角色的說明。

　　這些對佛洛伊德理論去生物化、改革性的解釋，使佛洛伊德
的理論對其他知識學科的發展更為切題、更加引起興趣。古典精
205 神分析宣稱屬於它的東西太多了。其他知識領域的精神分析詮釋
者往往用當代哲學家們稱為「建立的」（foundational）措辭提出
他們的理解：精神分析經由假設它是發掘心靈的生物性根基，彷
彿它能透視所有人類產物──文學、歷史、藝術及文化──最深
刻的潛在意義一樣。但當代精神分析的評論家往往為精神分析做
比較謙虛的宣稱，把它當作是敘述人類經驗故事的一種方式，一
種藉由它能夠追蹤、理解與體會在個體的生命，以及文化中所產
生的意義的方法。

【第八章】理論的爭議

讓我們承認，現下，精神分析還是一門相當凌亂的學科，還在　206
尋找它的路。

　　　　　　　——漢斯·里瓦爾德（Hans Loewald）

在形式邏輯中，矛盾表示失敗；但在真正知識的演進中，它標
示了前往勝利的第一步。這是我們容忍種種不同意見的最佳理
由。

　　　——阿弗烈·諾夫·懷德海（Alfred North Whitehead）

　　評論家們往往在駁斥精神分析時，將它視為一個整合的、同
質的觀點。對漫不經心的觀察者而言，精神分析可能多少看起來
像個單一的思想學派，和其他如行為主義、存在主義等心理學傳
統並列。當然必定有某些信念及原則是幾乎所有的精神分析理論
家及臨床實踐者都同意的，例如心靈的複雜性、潛意識心靈程序
的重要性、持續地探尋主觀經驗的價值等；然而就如先前的章節
中提到的，當代精神分析已經變得相當複雜且多樣，並非團結一
致的思想學派，更貼切的形容是它就像一所大學，許多不同的理　207
論及知識區域在錯綜複雜的關係中並存。
　　事實上，目前很難找到一名分析師不只精通一種學派（例
如克萊恩、拉岡學派、自我心理學或自體心理學），因為每個學
派的文獻數量都極為龐大，而且各自的臨床見解也都經過仔細琢
磨，這對任何企圖消化所有文獻的分析師來說都是莫大的挑戰。

讓事情更加複雜的是，在這所大學中跨學派的課程並不受歡迎，精神分析的思想體系往往激起擁護者強烈的熱情，即便有時反而妨礙了有建設性的思想交流。這些爭議受到政治議題（哪個精神分析學院使用哪種理論可以宣稱它們才是真正的精神分析）、臨床效果的議題（哪個理論產生的治療應用有深入的療效），以及忠誠的議題（對於不同開山始祖相互競爭的效忠）。直到最近，才有「比較精神分析」（comparative psychoanalysis）出現，成為獨立的研究領域。

在之前的章節中，我們一個理論、一個理論地探討精神分析思想的多元化，從歷史、基本原則及臨床應用等面向來細看每個學派。過程中，我們簡短地提到某些貫穿不同學派的共同議題，而在這一章和下一章，我們會將焦點放在這些議題的爭議上，它們是所有精神分析系統都曾搏鬥的基本問題。這個觀點會突顯各個學派之間的關係，而精神分析內部的辯論方式，往往反映出西方思想歷史上更廣泛的戰役和潮流。我們將看到這些共同的議題結合、也分割了各個精神分析思想學派，創造出必須透過截然不同的想法和重點之間不斷加深的辨證去探索的難題。

創傷或幻想：什麼才是心理病態的起因？

如果一定得選出一個使精神分析的理論家和臨床實踐者分裂最嚴重的爭議，一個引起最激烈、刺耳及最鮮明對比信念的單一議題，那麼只有一個候選人，而且沒有接近它的第二名，那就是有關心理病態的起因：心理病態是創傷的結果，是摧毀性的事件及實際的經驗將健康的發育拋出常軌嗎？或者，它是由童年早期幻想造成的扭曲影響，引發對早年經驗的錯誤詮釋的結果？不只

208

精神分析師和這個問題搏鬥，在創傷的擁護者與幻想的擁護者之間的精神分析辯論，也反映出盛行於整個西方思想歷史中，一個有關天性相對於環境更為廣泛的哲學辯論。

當我們追蹤目前支配精神分析討論的爭議，經常發現在佛洛伊德思想發展的不同點上，他常以極為敏銳與確定的方式在不同的立場上爭論時呈現爭議的這一方或那一方。一八九七年，佛洛伊德將他的理論從幼兒誘惑轉為幼兒性慾的理論，這個重大轉變開始讓當代精神分析理論家之間仍持續進行的辯論變得明確。

佛洛伊德理解心理病態的第一個方式——誘惑理論——強調由環境造成的影響，也就是經驗塑造心靈。在可預期經驗的一般範圍內，佛洛伊德相信心靈不會變為防備，或是造成歇斯底里及強迫型官能症（如折磨那些他早期治療的病人的症狀）。創傷造成根本無法被整合的情緒和想法。有著正常、無創傷童年的成人，能涵容「性」的感覺並將它吸收進連續的自我感受中，但早在童年就經驗到早熟性誘惑的成人，卻倍受組成經驗的主要想法和感覺互不相容的回憶及感覺之苦。因此心理疾患是無法被吸收的經驗所造成的直接後果。

之後，佛洛伊德從來沒有否認過有些兒童的確受到虐待，而且有些精神官能症患者在童年就被虐待過。但在一八九七年，他放棄只憑著誘惑的本身就能引起精神官能症的解釋，從此他的重點從環境轉成對天性的強調，並成為最後的「佛洛伊德的」觀點。他認為，所有成人都有衝突的性衝動困擾，不只是那些在童年受到性騷擾的兒童而已。性並不是只有當過早開始時才成為問題；在人類性的本質中，有某些東西造成問題、造成必然且普遍的衝突。

　　實際經驗的重要性在心理病態中從未減弱，但對佛洛伊德而言，它的角色從起因，轉變成能加重或改善驅力本身的衝突性特質[1]，而驅力本身的衝突性特質是在所有實際經驗發生前就已存在的問題。從這個觀點來看，心理病態並不是從外界闖入的，而是裡面東西的扭曲。這個針對心理疾病的觀點強調天性——衝突性的驅力及伊底帕斯情結的普遍性——支配整個古典精神分析，而且往往被誤認為也代表一般的當代精神分析。

209　　佛洛伊德對幼兒性慾的探索，以及古典理論對本能驅力必然的衝突特質的強調，最後導致一整個世代的關係理論，又擺盪回這個辯論的另一邊，再度強調經驗的重要[2]。這個轉變的關鍵特徵就是重新定義「創傷」，從一個單一且激烈的童年事件（例如性騷擾），轉變為父母長期地無法滿足發育中孩子的心理需要。這種重新定義的重要性在溫尼考特的「妨礙」概念中清楚可見，在此我們把它當作描述這整個世代精神分析理論建構的思想方式的原型。

　　溫尼考特提出，脆弱的嬰兒個人經驗，一開始只有在保護性的「支持性環境」中才能維持，而這個環境由一般「夠好的」母親關懷的注意力創造出來。藉由滿足嬰兒的需要以及實現他自然的表達，母親緩衝所有來自內在與外在的打擾，因此嬰兒能自由地做他需要做的，也就是漂浮在「繼續存在」的狀態中，等待自然出現的個人的衝動。但接著，母親會以很多種方式讓他感到失

1　佛洛伊德瞭解天性與環境的運作相互補，在任何個體身上，天性占的分量越重，就越不需要有衝突的經驗造成固著；天性所占的分量越小，就越需要有衝突的經驗才能造成固著（參考Freud, 1905b, pp.170-171）。

2　葛林伯格和米契爾（1983）將「關係」（relational）一詞，用來強調在人際互動精神分析、英國客體關係理論學派及自體心理學間，共同的理論架構基礎。

望，例如讓外在的刺激達到痛苦的程度、經由闖入慵懶的漂流的基本狀態，或者讓嬰兒內在的需求累積到挫折產生的程度。在溫尼考特的看法中，這些在保護心理成長和心理健康必然的脆弱狀態上的失敗，都會帶來妨礙。

對經驗成為創傷性的看法，溫尼考特的理解和佛洛伊德相當不同。對他而言，創傷不只引進強烈的負向、恐怖與有害的東西（例如過早的性刺激）；在最根本上，創傷是無法維持某些正向的東西——也就是健康心靈發育——的必要環境。因此，瑪殊·汗（1963）將溫尼考特對缺乏夠好的母親照顧造成的擾亂影響的理論稱為「累積性創傷」（cumulative trauma）理論，它和佛洛伊德較早的誘惑假設共鳴，但方式不同。

而大致上，後古典理論的特色是轉向支持辯論中的「環境」這一方，其中包括客體關係理論（費爾貝恩、岡崔普與溫尼考特）、自我心理學（從哈特曼到史畢茲，到賈克森與馬勒都越來越強調母性照顧），以及自體心理學（同理失敗的創傷性影響）。在這些理論中，佛洛伊德在一八九七年之前的誘惑理論的成分，都被改革成一種新的、更隱微和精緻的型態。孩子並非受到性的事件的創傷，而是受到父母性格病態的創傷，因為父母不能提供必需的東西，因為父母自己的困難與焦慮所造成的妨礙性影響，擾亂了孩子成為人的脆弱工程，他的注意力反而變得過早地分散到生存、父母的需求與對外在世界自我扭曲的適應上。

在精神分析以外的知識領域中，那些根據天性與環境所發展出來的理解的典型強烈兩極化，在現在看起來太單純了。「天

3　克萊恩與後來的克萊恩學派理論家，是這個普遍轉變主要的例外。克萊恩學派對於心理病態起源的瞭解，保留了一種更甚於古典佛洛伊德學派的態度，幾乎只強調天生的本能驅力。

性」這個概念的本身被許多人理解為是人的（也因此是文化的）建構（參照Butler, 1990），被這個社會視為理所當然或自然的，可能被另一個社會視為禁忌；即使是動物的「天性」，不同的時代也有不同的理解。也有人認為我們對自然世界的想法，就像所有其他的想法一樣，是在當今社會背景中建構而成的，並反映著當今的社會脈絡。

反過來說，「環境」不再像以往那樣被視為絕對全能，儘管了不起的科技持續進步著，但人類的痛苦仍如此棘手又無所不在；儘管有征服大自然的極限運動，仍然有生態災難的反撲，這些都顯示出人類命運不完全在我們的掌控中，我們被自己的生理機能所綑綁，受當下觀點的侷限及所處世界的束縛。當代普遍認為天性和環境並非如此清楚分明的起因，反而更像是互相影響、相互創造的程序。

同樣地，雖然在創傷與幻想、在真實的過去和被發明的過去之間的辯證，仍然對當下精神分析文獻中的辯論帶來塑造性的影響，但這兩個位置間的兩極化變得柔和了，互相之間的關係也獲得更複雜的理解。

在天性這一方，當佛洛伊德對病人被誘惑的回憶的可靠性失去信心時，他發展出（特定精神分析型態的）本能驅力的概念，開始相信不是所有的回憶都是真實的。如果這些事件並沒有真的發生，這些回憶的精神現實一定是自發性地從孩子心靈的裡面製造出來的。因此，驅力的概念正是為了和真實、外在的事件分開的程序定位而設計，驅力是自發形成的內在的壓力。佛洛伊德描述的本我是驅力的容器，事實上受到庇護，從來不和外在的、人際的世界有直接接觸。在本我和外在世界之間，所有的接觸都經

由自我居中幹旋。

當代驅力理論家（即選擇以佛洛伊德後設心理學為基礎的當代精神分析作者）認為驅力受外在的、人際世界的影響極大。當代佛洛伊德學派理論家，例如婁沃、肯伯格（參考第七章）與在他們之前的賈克森（參考第二章），都認為驅力不只是對外在世界起作用，而是最初與外在世界的互動中，經由父母的照顧方式、提供滿足的方式和挫折的方式等塑造而成。由此看來，他們認為環境從一開始就建構在天性裡。

在環境的這一方，關係理論家們如蘇利文、費爾貝恩、溫尼考特與寇哈特等人，最初的構想傾向於將心理病態幾乎完全歸咎於外在的因素，也就是各種父母的不當行為。他們描述所有嬰兒的自然狀態都是好的，是「真實的」自我，如果被激勵而且不被干擾，它會以一種整合且無衝突的方式發育。心理病態的起因因而直接了當地歸咎於環境的失敗（用溫尼考特的話來說，就是「環境的不足」）。

當代的關係理論家們（那些選擇將理論建構在關係上，而不是驅力概念上的現代精神分析作者們）傾向於更考慮到天生內在的因素。他們不把這些因素當成驅力，而是氣質的特性，例如易激動性、對樂趣與滿足的敏感性等。這些更為新進的作者們（例如史登、李希登伯格）比較不是就一個健康的嬰兒受到父母的協助或是不足的影響，而是就兒童與照顧者之間適合或不適合彼此的複雜互動來討論早年的發育。他們認為個體具有不同的敏感性與韻律，父母的照顧型態可能對某個孩子相當有用，但是用在另外一個孩子身上卻遭到極大的困難。以此觀點來看，父母的照顧是在父母和孩子雙方天生氣質特性的脈絡中塑造而成，也就是說

211

天性一開始就被建構在環境當中。

天性—環境的爭議繼續激起精神分析文獻中新的思考；而幻想—創傷的辯證雙方都受到挑戰，但也因此變得更加豐富，不過重要的區別仍然存在，並清楚地表現在對最初導致佛洛伊德提出誘惑理論的問題——童年的性侵害——重新感興趣所採取的立場上。

當代佛洛伊德學派的態度，比佛洛伊德本人（在他拋棄誘惑理論後）賦予真實虐待的衝擊更大的重要性。就像倫納德·申郭（Leonard Shengold）的書名《靈魂的謀殺》（*Soul Murder*, 1989）所暗示的，真實的虐待以及後來造成混亂的不承認，對發育造成有毒且具毀滅性的影響。然而，他和佛洛伊德一致的地方是，使真實的虐待變得如此具有創傷性的機制，在於虐待加強並惡化了本來就已存在的，和伊底帕斯情結與（對於父母性交）原初場景幻想連結的施虐—被虐衝動，這些衝動自然地在所有兒童身上出現。倫納德·申郭認為，想要完全療癒就得將孩子的幻想與願望從壓抑中釋放出來。

戴維斯（Jody Messler Davies）與弗雷（Mary Gail Frawley）合寫的《治療童年性侵害的成年倖存者》（*Treating Adult Survivors of Childhood Sexual Abuse*, 1993）從關係角度出發，針對同樣的問題提出一個部分重疊但明顯不同的處理。對這些作者及其他關係作者們而言，最重要的議題是經驗本身的真實情況，以及將嬰兒必然的解離經驗接合起來的困難，因為嬰兒對迫切地愛著，但又同時使他們備受折磨和恐懼的父母產生痛苦且不一致的認同。此外，戴維斯和弗雷也和更大眾化的作者如傑佛瑞·麥森（Jeffrey Masson, 1984）不同，麥森透過單純的受害者觀點來看經歷過虐

待的人，並完全否認任何主動幻想的重要性；但戴維斯與弗雷相信，雖然孩子最初可能是性侵害中被動的受害者，但是後來經由各種幻想主動地闡述遭遇，包括對神奇的幫手修復性的渴望，以及對施虐者本人的認同，也都是讓問題變得非常複雜的部分。

倫納德·申郭認為心靈的痊癒及自由仰賴承認「我想要這件事發生，而且暗中享受它」的願望；對於戴維斯和弗雷來說，心靈的痊癒及自由仰賴表達、涵容，以及在最後整合不一致的關係與自我經驗：「那個我所愛的（並且變得像他的）父親，也是那個（用我後來常常虐待別人的同樣方式）殘酷地虐待我並利用我的父親。」

對倫納德·申郭而言，開始的假設是亂倫的幻想是共通的，而亂倫的關係大多是想像出來的，病人有提供證據的責任，去說服分析師虐待的確發生過；分析師最大的風險就是確認病人的幻想是真的，因而和病人共謀承認幻想的正當性。對戴維斯和弗雷而言，開始的假設是受虐孩子遭受的最根本傷害是破壞他們的現實感，以及他們使用連貫、整合的方法來處理經驗的能力；除非有理由不去相信，否則分析師以願意相信病人作為開始。如此一來，最大的危險就是分析師宣告病人的經驗無正當性，並因此與病人共謀否認自己的經驗；然而還有一個危險是，由分析師單純地斷言病人曾被虐待，因而過早地阻斷病人努力從創傷造成的混淆且往往相互矛盾的自我和他人影像、幻想和現實中理出頭緒，並做出自己的決定，而治療的目標是讓病人能相信自己心靈的完整性。

是幻想或是創傷？雖然大多數的當代的理論家們已越來越常考慮到兩者，但在兩者之間的選擇，仍然為目前的精神分析提供 213

兩組不同的重點與重心。佛洛伊德對天性「染紅的牙齒和爪子」的想像，經由推翻人類是造物者根據祂自己的形象特地創造出來的傳統觀點，在創造現代的意識上扮演了極為重要的歷史性角色。他假設的野蠻而原始的人類意圖的泉源，在二十世紀前半段鼓舞了好幾個世代的藝術家、社會科學家與社會評論家努力掙脫西方制式思想狹隘而又種族優越的特性，以及柏拉圖的—基督教式的，對於理性和控制的強調。

藉由在每個人的裡面裝置一個原始的、本能的核心，佛洛伊德提供一個有力的屏障，藉此對抗適應、社會風俗與對傳統規範的服從，因此文化歷史學家道格拉斯（Ann Douglas）在她的現代主義研究《可怕的誠信》（*Terrible Honesty*, 1995）中提出，佛洛伊德是二〇年代，在曼哈頓白人和黑人次文化會合所產生出來的現代主義的敏感性嚴峻考驗下最重要的思想存在。被佛洛伊德本能理論引發的原始主義觀念，對反映出赤裸、脈動的自然力量的野獸的迷戀，在藝術領域與一般的社會習俗上提供了違背維多利亞傳統的概念鷹架，而在精神分析的一開始，個體追求屬於自己的深刻個人意義、自己真實的聲音一直是臨床程序的核心。

不過，從當今的觀點來看，佛洛伊德將天性設定為正好和社會與歷史的傳統相反的這個看法的本身，就是佛洛伊德那個時代社會與歷史的傳統。在達爾文的革命湧流中，佛洛伊德與同儕們所製造的動物形象，是被貪婪的性慾與侵略性驅策的生物，和當代動物學家所理解的動物沒有太多相似處。在某種程度上，佛洛伊德利用動物作為投射的螢幕，描繪人類在一個太常鎮壓個體活力，並將他們扭轉為攻擊自己的社會中所感覺到的挫折與憤怒。

後佛洛伊德精神分析則提出對天性侷限較少的解釋，認為嬰

兒的經驗從一開始就受到照顧者的韻律、價值觀與性格強烈的影響，並認為對大自然及人的天性的看法反映出我們身處的社會與歷史脈絡。不過，後佛洛伊德精神分析對於社會習俗的根本顛覆不比佛洛伊德的精神分析少，就如同我們已看到的客體關係理論家如費爾貝恩與溫尼考特、後自我心理學家如艾瑞克森、佛洛伊德學派改革者如婁沃與拉岡，以及之後的自體心理學家寇哈特的貢獻的精華，都使分析程序裡最重要的部分，成為讓被分析者從內化的社會力量及重要他人中發展並產生真實且個人化的聲音。

214

衝突或是被阻斷的發展：是什麼妨礙了康復？

是什麼妨礙了心理的成長與康復？為什麼人帶著生命早期所遭遇的痛苦經驗，困在他們的症狀和關係中？有兩種基本概念模型及它們之間創造性的張力，支配著精神分析有關心理病態的韌性的思考，而在某種程度上，它們來自於先前我們在理解生命中困難的起因時追溯過的，介於創傷與幻想間的辯證。

保羅（Paul）是一位二十多歲的年輕人，因為一組從童年早期就困擾他的問題而尋求治療。他是獨子，母親心中充滿恐懼、個性黏人，而父親身體孱弱又疏離，在他六歲時去世了。雖然保羅極為能幹且反應靈敏，卻往往受到一種缺乏自信、不斷發現自己被處於完全還沒準備好要應付的世界的感覺所折磨。

雖然在學校與事業上一直很成功，他卻覺得自己是個冒牌貨，總有快被揭穿事實真相的恐懼，而在社交與性方面，也有類似的恐懼跟隨著他。他能建立並維持豐富的友誼及性關係，但往往完全不知道或是感覺不到別人認為他哪裡有吸引力或是

有價值。他被一種性能力不足的感覺折磨，並偶爾出現短暫的性無能。他常常幻想其他的男人，他們更強壯、更有力量，以及有更大的陰莖，能輕鬆優雅地完成所有他笨拙地試圖努力進行的活動。

　　主宰古典佛洛伊德學派精神分析思想的傳統心理學模型，以衝突的概念為中心，認為精神官能症是心理戰爭的產物，心靈與它自己作對。心靈被內在的衝突撕裂，因為不同部分的精神生活互不相容，而來自童年的性與侵略性驅力的衝動不僅彼此衝突，也和壓抑的力量相衝突。當這種概念上的策略應用在像保羅這種病人所呈現出的困難時，很快就產生了以下的假設：

215　　保羅受到性與侵略性衝動被普遍抑制的困擾，他因為罪惡感（超我）及焦慮（自我）而阻擋自己，不允許自己知道事實上他多麼地強大有力。他很害怕自己會做出來的事情，而這種材料非常適合傳統的伊底帕斯故事：保羅幻想自己是伊底帕斯的勝利者，隨著父親的死亡他贏得了母親，但他的勝利使他非常恐懼自己的性與侵略野心。因為擔心自己的性是致命的，為了讓自己無害，他有系統地否認它；因為恐懼自己的侵略性與野心是致命的，為了讓別人能安全地和他在一起，所以他有系統地否認它們。經由這種大規模地和自己有衝突的力量與活力切斷，他讓自己無法擁有自我或內在資源的感受。

　　在古典分析架構之內工作的臨床實踐者，可能會推測這種正向伊底帕斯情結伴隨著負向的伊底帕斯渴望：在保羅對更強壯、更大的男人的強制幻想之下，是一種被動的同性戀渴望，想在與一位強大的父親角色的關係中採取女性的位置。他不僅恐懼自己危險的力量，也害怕如果允許自己擁有屬於自己的能力，將會迫

使他失去被一位更強大的男性所愛的渴望。

在這個傳統的模型中，保羅在生命中遭遇到的困難和他的心理病態是潛意識衝突的後果。身為一個人，他無法繼續成長或是克服困難，因為他的有意識經驗被那些他無法知道的、潛在的且耗盡能量的掙扎所左右；但解除壓抑會對他有所幫助，讓他看到並理解造成他心理癱瘓的潛在衝突力量。覺察潛意識衝突，以及這些衝突在童年經驗中的起源將會釋放他，他將瞭解到，他的性與侵略性不像它們出現在被幻想支配的童年心靈時那麼危險，與此同時，他也會放棄對父母的童年渴望，因為它們對於成年成熟的愛是不適當的。

支配後古典精神分析的另一個心理病態模型，提出「中斷的發育」（arrested development）原則，他們不認為衝突是生命中困難的根源。在這個觀點中，保羅根本的問題並不是他在（潛意識中）與自己作對，而是他的早年發育缺乏心靈成長必須的某些關鍵性父母供應──一個他能敬仰的人；一個欣賞保羅是這種小男孩的人、一個能在保羅憑著本身的條件成為一個男人時，給他祝福的人──而受到阻撓。

這種理解保羅問題的方式，事實上更接近保羅對自己的困難的有意識理論。保羅在童年時花很多時間渴望一個能依賴的父親，一個能教他打棒球、其他當一個小男孩的方法，以及後來能教他當一個男人的父親。他感覺到他和別的男人不一樣，因為他從來都沒有得到其他男孩從他們父親那裡得到的東西──一個男性化的模範、成為一個男人時父親給予的祝福，以及讓他是誰的影像更為豐富的認同機會。直到被分析之前，保羅從來不曾明白，他在幻想中羨慕的男子漢就是童年時渴望的父親的象徵。在

216

被阻斷的發育模型中，保羅心靈的癱瘓不再被視為潛意識衝突的結果，而是由不足的成長條件造成的。在保羅發育歷史中缺乏的東西，現在在保羅這個成年男性身上依舊缺乏。

不同的後古典理論家們以不同的方式概念化這種發育上的不足。自我心理學家可能強調對父親認同的不足，無法在已經很困難的分離—個體化過程中提供外在的靠山協助保羅；客體關係理論家可能會強調缺乏自由存在的經驗，以及能在不需要警覺並服從他人願望的情況下發現自己的經驗；自體心理學家可能會說明一種能維持發展的關係上的缺乏，在這些關係中，他人能對保羅新興的自體感到情緒共鳴及興奮。

這些都是複雜而又多面的理論，共通的部分是它們都假設，潛伏於保羅生命困難底下的不是衝突，而是環境不足對自然的發育程序造成阻礙，因此不能單憑洞察來幫助保羅（雖然所有的方式都在尋求理解），還得在精神分析中找到不同種類的經驗。在這些理論中，沒有一個認為分析可以在現實中實現父母的功能（岡崔普在將分析描述為涉及「再撫育」〔reparenting〕時最接近這個說法）；反而認為分析關係提供了能比擬為父母養育的經驗，相似的程度能使中斷的發育努力再度恢復生氣，並讓病人對於早先所失去的有所覺察，並哀悼它們。

這是兩種對於心理困難起源非常不同的、看起來互不相容的解釋，就像創傷和幻想這兩種選擇一樣，它們在當代精神分析理論架構中創造出一種動力的張力。最近的精神分析文獻則有朝向更複雜的合成的傾向，主要根據衝突概念思考的作者們越來越注意到長期衝突導致的重要經驗匱乏對生命造成的傷害。例如，以衝突為基礎的性抑制可能導致對性情境的恐懼逃避，因而喪失在

正常青春期親密關係脈絡中學習如何協調性需求的機會，於是衝 217
突導致了發育經驗的缺失，而單純的解除壓抑及創造洞察，可能
還不足以製造新經驗。

反過來說，某些作者們（例如米契爾〔1988, 1993〕）認為
發育的中斷之所以一直維持在那個狀態，不只是缺乏必要的父母
給養，也是因為在對父母的忠誠（如費爾貝恩所說，與壞客體的
連結），以及根據有限的童年選擇而形成的修復性幻想之間的衝
突。

例如，保羅對男性力量及父親的祝福的渴望，也能視為是
由他艱難的童年境遇所引起的對神奇的、善意的父親修復性的希
望，他渴望有一天父親能回來將他帶入成年期，這個希望變得非
常珍貴，因為它成了他所有困難的神奇解決。

相反地，我們也可能進一步地將保羅貶抑自己的自責，當
作是為了保存那個希望而繼續運作。如果他能和自己身為一個男
人的力量與資源相連結，他所幻想的父親就不再是必要的；事實
上，這將使得他很難相信有這麼一位神奇的、像父親的人有可能
存在，因此他必須接受他是一個分離的個體的狀態，像個凡人一
樣和生命的經驗搏鬥。

所以，保羅有意識忍受的抑制與壓迫，可視為是他為了保
存一套有衝突的潛意識幻想所付出的代價。就像作曲家大衛・布
朗伯格（David Bromberg）說的：「如果你想唱藍調，你就得
受苦。」以這個觀點來看，衝突和中斷的發育並非兩個獨立的程
序，而是持續相互影響的動力：最初發育上的不足，導致變為衝
突的渴望及幻想；而這些衝突導致在獲得必要發育經驗上的重要
障礙，繼而製造出更多有衝突的幻想。

在古典的衝突模型中，最核心的防衛就是壓抑。以驅力為基礎的本能幻想必然地彼此衝突，同時也與調節它的自我功能相衝突。它們必定被排除在覺察之外，不准接近行動，並且埋葬於心靈深處。中斷的發育模型往往與以「解離」（dissociation）為中心的防衛程序的理解相呼應，而不是壓抑；發展理論家們想像，是存在於還未整合的不同自我狀態間的垂直分裂撕裂了心靈，而不是存在於有意識及被埋葬的衝動之間的水平分裂[4]。

某些發育上的需要或渴望，可理解為以解離的型態在心靈中運作，就如同溫尼考特的真實自我和占優勢的假我組織分裂；其他的可能更像是未發展的潛力，從來都沒有得到恰當的促進環境。其他理論家（布倫伯格〔1993〕、戴維斯〔1995〕、米契爾〔1993〕）所發展出來的想法是在多重自我組織及自我狀態之間的解離，它們不是由未滿足的發育需求造成，而是由和重要他人之間無法被整合、有時創傷性的早年互動造成。戴維斯提出，從強調壓抑的驅力理論變成強調解離的關係理論的轉換，導致對潛意識有非常不同的想像：

> 不是一顆洋蔥必須被小心地剝開，或是一個考古的遺跡需要被一絲不苟地挖掘並重建為原本的狀態；而是像孩子的萬花筒一樣，每分每秒都能從小洞中看到獨特的景象。在一種複雜的結構裡，一組有固定顏色、形狀和質感的元素不斷地重新排列，成為由無限的相互連結途徑所決定的、獨特的清晰結構（且正在印刷中）。

4　可參考寇哈特（1971）。從某方面來看，這代表一種以更精緻的形態重新回到布魯爾的看法，認為改變的意識狀態是歇斯底里結構的基礎。

就像天性—環境的爭議一樣,衝突與中斷的發育之間的兩極化,同樣構成理論建構中兩個不同的重心,並開始生產出更為複雜的合成體。

性別與性

在精神分析的理論爭議裡,再沒有一個領域比性與性別更能清楚反映更廣泛的知識潮流及文化的變化。佛洛伊德對性與性別的理解是他的時代的產物,畢竟在達爾文主義出現後的數十年間,在物種演化的自然選擇及適者生存的大背景中思考人類的性是極為令人信服的。同樣地,後佛洛伊德學派對於性及性別的理解是我們這個時代的產物,此時女性主義、同性戀權利的運動和一般的後現代主義,都對精神分析文獻之內及之外的性與性別的重新概念化有極大的影響。

然而,這種影響的方式是更複雜的。雖然精神分析對於性的思考受到更廣泛的知識與通俗文化的影響,但精神分析對性的思考也和形成大眾的理解有很大的關係。佛洛伊德對於性的理論,變成在西方文化中對於性占優勢且大眾化的理解(Simon & Gagnon, 1973);而大部分當下女性主義和性別與性有關的思考,不論是在精神分析之內或之外,都被定義成是對佛洛伊德古典理論的反應。

佛洛伊德在幾十年間說了很多有關於性的東西,光是充分地 219 論述這些想法就可以寫成厚厚一本書,不過佛洛伊德觀點中某些基本、一致的元素,支配了西方對於性的一般思考及經驗。對他而言,性是完全自然的現象,是所有人類經驗中最深刻自然的現

象。文明以許多複雜的方式轉化我們的生活，但總是反對我們被性所支配的、在固執的動物天性中那黑暗而又獸性的拉力。

在現代，性與性別之間的區別仍是許多討論的主題。最近數十年間，對於性別的文化起源的強調，可能讓我們很不容易從當下的有利位置體會，正是因為他們所理解到的性別有動物性根源，所以佛洛伊德與他的同儕們將性別當成如此根本且不可改變。因為佛洛伊德理所當然地將性別視為「根底」，所以有關於性別的部分著墨不多，他認為生理結構是天命，而且性別的發育只不過是性發育必然的結果。

在佛洛伊德的解釋中，男孩認為他們的陰莖——作為達成驅力滿足的必要工具——比什麼都重要。他們假設所有人都有陰莖，而在發現兩性構造上的差別時所感受到的震驚，組織起整個人生中最主要的恐懼：他們害怕會失去陰莖（閹割焦慮）並因此變得女性化。這個恐懼構成許多後來精神官能症衝突的基礎。

佛洛伊德認為，女孩也同樣假設每個人都是一樣的，並且像男孩一樣將男孩的生理結構當成基本的身體模型，而當她們發現兩性構造上的差別時所感覺到的震驚，使她們感覺自己被閹割並次於男性。佛洛伊德認為，女性渴望得到陰莖的代替品（在比較健康的情況下是一個嬰兒），同時只能勉為其難地接受她們被生物性支配的性別角色，以及這個角色帶來的心理結果。

日後的精神分析理論家在佛洛伊德所理解的性與性別的性質上有所添加，而且在許多方面戲劇性地轉化了絕大部分。不過，因為對佛洛伊德性慾理論的忠誠度一向是政治的試金石，所以許多改變中激進的特性往往不被公開地承認，例如性在克萊恩系統中的位置。

　　在第四章中，我們追溯克萊恩如何以根據內在及外在客體關係組織而成並在發育上依序展開的「位置」，取代佛洛伊德的性慾階段。性對克萊恩而言仍是強大的自然力量，但她認為性是從孩子努力在妄想分裂心理位置，以及憂鬱心理位置上整合愛與恨的脈絡中浮現的。佛洛伊德的思考是以生理為基礎，認為性和減少張力有關，並且充斥著伊底帕斯掙扎；對克萊恩而言，身體仍然是重要的，但它是心靈中象徵化意義的來源，而性主要是另一種表達基本人類兩難情況的路徑：在一個人期望表達善意的修復力量時，愛與恨的感覺的整合。 220

　　佛洛伊德認為，生殖對男孩而言是陰莖完整性的表示，對女孩而言則是經由接受幻想的被閹割狀態，獲得自戀的補償。克萊恩認為生殖提供證明，儘管有毀滅性的感覺，某些東西仍然能在內在生存下來並成長，懷孕反映出一個人內在客體的生存能力與善意。

　　當克萊恩理論架構中更主要的特色改變時，她對性與性別角色意義的理解也轉化了。佛洛伊德認為性格根據性及其自然的、事先存在的網絡形成，克萊恩與後來的關係理論家們則認為，性格是根據與他人的早期關係所形成；性必然會浮現出來，但基本上是不成形的，而是在那個脈絡中獲得它的意義。

　　過去幾十年來，在精神分析與非精神分析領域中出現龐大而又成長迅速的文獻，批評且直接挑戰佛洛伊德對於性別發展的理解，並提出不同的選擇。在這些多元、由不同成分形成的修正與批評中有一個共同的元素：它們都駁斥佛洛伊德假設兩性必然且普遍地給予男性特質較高的價值，以及男性化的影像可以提供關於思考女性化的基線。唯有這兩個基本前題被挑戰，才可能更充

分地思考在幻想、心靈構造及社會程序中的性別。

當代精神分析充斥著對於性別發展與性別本質的解釋，我們可以粗略地根據概念上的策略將它們分成好幾類。

與佛洛伊德古典的生物化相對應的，是在一九三〇及四〇年代，在荷妮、湯普森與其他人際關係的作者們的工作中出現的古典文化主義。他們的工作預示了當代女性主義文學，他們認為性別在最根本上是文化的產物，角色的建立是經由把社會意義指定給生物性的差異，因此對湯普森來說，對於女性想得到陰莖的願望最好的瞭解並不是將它當作是必然的、受命於生理結構的自卑感的表達，而是由於男人在文化中占據優勢的地位，這樣一個願望「只不過以這種象徵化的方式，要求與男人有某種形式的平等。」（1942, p.208）[5]。

湯普森認為——這個觀點預告了心理學家吉利根（Carol Gilligan）被廣泛閱讀的實證工作（1982, 1992）——對女孩而言，最困難的階段不是在伊底帕斯時期感知到身體結構上的差異，而是在青春期感覺到社會的束縛及權力。在這個模型中，性別的特性反映出文化的狀況，因此她提出，因為經濟的不平等以及誘惑力被用來當作一種可以被理解的補償性商品，「女人被宣稱的自戀，以及對於被愛更強烈的需要，可能完全是經濟需求的結果。」（p.214）。

最近幾年[a]，有一個根據新生物學模型形成的、對於性別非常

5　有一個笑話，以諷刺的方式反映出生理構造和社會性的關聯。在接受變性手術後，阿杰（Joe）現在成了珍妮（Jane），他的男性朋友們問道：「哪道傷口最痛（Which cut hurt the worst）？」同時說出他們對手術的生動想像，珍妮悲傷地回答：「還是薪水被砍最痛（The cut in salary）。」

a　編注：本書初版於一九九五年發行。

不同的看法浮上檯面。相對於純粹的文化主義者，這些作者復興了佛洛伊德從與生理結構的現實有關的普遍幻想中衍生出性別的策略。他們相信，佛洛伊德認為身體結構是天命的看法是對的，只不過他誤解了身體結構以什麼方式注定我們的命運。

例如，斯密格爾（Janine Chassequet-Smirgel, 1988）及其他的法國佛洛伊德學派學者們主張，佛洛伊德的陽具中心主義（phallocentrism）不僅是錯誤的，而且是一種有動機的錯誤，抗拒更深刻且普遍的真相：對於幻想中的前伊底帕斯母親，以及她貪婪的陰道的懼怕及否認。這種懼怕為伊底帕斯議題的普遍現象提供了更深刻的解釋，陰莖是如此重要，因為它使男性可以逃離前伊底帕斯母親包住他們的威脅，因此對古典閹割焦慮概念最深刻的理解，不是對於失去這個器官本身的恐懼，而是恐懼他們會屈服於吞噬。女孩們則是幻想經由伊底帕斯的性交獲得一個陰莖——她們想竊取父親的陰莖；因此在生理結構上具有或缺少一個陰莖，註定個體在應付共通的前伊底帕斯恐懼時的選擇及資源。

但是從生理結構上讀取天命的遊戲可以有許多不同的玩法。例如艾瑞克森（1950）認為，男性的生殖器讓他以外在空間為方向，而女性性器官使女孩以內在空間為方向。男孩建造高塔，用以探索他們的身體注定要進行的生產性及生殖性的擴展與穿透；女孩建造保護性的圈地，藉此探索她們的身體注定要進行的生產性及生殖性的包含與撫育。

艾瑞克森的看法和佛洛伊德相反，他假設小女孩體驗到她的內在空間是豐富的存在，而不是一種缺失。費斯特（Irene Fast, 1984）宣稱男性與女性都因為他／她們的生理結構而注定嫉妒對方獨特的優點：女孩會嫉妒男孩的陰莖，而男孩嫉妒女孩生孩子

222 的能力[6]，因此身體被賦予了比佛洛伊德宣告的「根底」更多的意義。

　　和這些以生物學為基礎的觀點相反的，是由吉利根、密勒（Jean Baker Miller）與喬登（Judith Jordan）等作者發展出的「發育本質論」（developmental essentialism），她們特別關切在有關發育的研究中，未被充分表達的女性性別。在這個理論中，比較不強調性別差異的**起源**，反而強調被認為與之相當的、根本上不同的**感覺力**（sensibility）。佛洛伊德以他對男性的道德態度及功能所做的結論為基線，決定女性缺乏一個強壯的超我，因而在道德價值觀上是不足的。在佛洛伊德的解釋中，男性的超我是在閹割焦慮的威脅下建立起的，它迫使男孩放棄他的伊底帕斯野心，但因為小女孩體驗到自己早已被閹割，因此比較沒有動機去抑制原始的本能衝動，於是有較少的能量可以用來激起較高層級的組織並追求昇華。

　　吉利根（1982）開創性的著作，從曾被認為只不過是沒有充分發育的男性意識中，救出一組她認為顯然是女性的價值觀；而密勒與喬登也認為女性因為氣質及發育的因素，更能與別人形成關係並理解他們：「女人通常比男人更能與其他人的情緒狀態產生情感／生理上的共鳴。」（Jordan, 1992, p.63）

　　另一個密切相關但也極為不同的策略，導致了或許能稱為「發育結構主義者」（developmental constructivist）的模型出現，它強調性別的差異並非必然，而是社會結構的加工品，尤其是在養育孩子過程中，男性—女性參與的不平等。因此，女性主義作者喬多羅（Nancy Chodorow）認為：「性別差異不是絕對

6　　荷妮（1926）曾論及男性的子宮羨慕。

的、抽象的或是無法簡化的，它並沒有牽涉到性別的本質。性別差異及對於差異的體驗，就像在女性之間的差異一樣，是社會的及心理的創作，並且也位於社會與心理之中。」（1980, p.421）。喬多羅感覺到在許多方面，女性照顧者為主的情況讓事情對女孩來說比較容易些，因為她們不需要像男孩那樣，在發展出性別認同時放棄最初對母親的認同。然而她也強調，她相信這些差異是文化不平等的加工品，而不是男性—女性差異的本質。

同樣地，班傑明（Jessica Benjamin, 1992）主張，像喬登這種本質主義者只不過是經由提昇女性特質並輕視男性特質，逆轉在文化中被創造出來的性別兩極化的價值。班傑明提倡一種存在於堅持（在我們的社會中，男孩比較容易對他的女性照顧者做到）及連結（女孩比較容易做到）之間有創造力的張力。

有關於性別理論建構最一致的特性之一，就是在生物的／本質主義的解釋，以及文化的／建構主義者的解釋之間持續的辯證。前者將性別的根基放在某種天性或自然的概念中，後者根據後現代的前提，認為自然與文化之間沒有張力，因為就其本身而論，自然純粹是一種社會建構的範疇（Gagnon, 1991, p.274）。

在當代精神分析文獻中，許多關於性別的議題也都反映在近來和性傾向有關的強烈爭議中。佛洛伊德認為性傾向大致上是天生的[7]，他認為在很多情況下同性戀並非主要是防衛性的，或是起源於心靈動力，因此改變病人的性傾向並不是精神分析治療中恰當的目標。這種對性傾向的態度，是佛洛伊德思想中少數被美國精神分析主流幾乎完全忽視的特性。

---

[7]　佛洛伊德將同性戀稱為性倒錯，他認為只有異性戀的性交才是「正常的」性的結構。在佛洛伊德學派的詞彙中，性倒錯就是由天性（某個驅力要素的過量）或衝突所引起的前生殖器固著。

　　當精神分析被顯然害怕同性戀的美國社會接納時，也建立了一種不同的生物決定論。在一九五〇和六〇年代，支配美國精神分析文獻的立場是每個人在天生體質上都是異性戀，而同性戀是一種從閹割恐懼中病態、防衛性與恐懼的撤退。同性戀被各種不同的觀點討論，包括前伊底帕斯固著、中斷的發育、自戀的動力、控制的母親或疏離的父親等，並鼓勵分析採用一種指導的／建議的方式（Bieber, 1965; Hatterer, 1970; Ovesy, 1969; Soccarides, 1968），堅持要同性戀的病人放棄他的性傾向，並積極地引導他們轉成異性戀。這反映出那些形成這個立場的人們的熱情，他們完全沒有注意到這樣的熱情使他們多麼遠離佛洛伊德對性傾向的看法，以及「非指導性」這個核心的精神分析理想。

　　自一九八〇年代中期以來，大部分精神分析界的人已不再相信對性傾向指導性／建議性的方式。就像對性別的解釋一樣，新生物學對於性傾向的解釋也浮上檯面，近來有許多研究的主題是針對性傾向的神經生理學，而某些具爭議性的早期研究指出，同性戀及異性戀男性的腦部結構有所不同。在主張性傾向基本上是天生的且無法被改變的人之中，艾瑟（Richard Isay）[b]是倍受注目的，而有些激進派的女性主義者認為，如果不是因為強制性的異性戀，所有女人都會是自然的雙性戀或同性戀。

　　另一方面，大部分當代的作者們往往將性傾向與性別當成複雜的心理與社會建構，而非單純以生理結構為基礎的生殖能力或腦部生理狀況的延伸。一旦性與體質及生殖的功能分開，對同性戀的病態化就不再合理。反過來說，異性戀不再被視為人類生物性自然的發展，而是我們需要探索及解釋的對象。

224

b　　編注：艾瑟是美國康乃爾大學的精神病學教授，著有《身為同性戀》（*Becoming Gay*）。

經驗主義或解釋學

過去數十年間，在學術界及通俗文化中有個極大的騷動，已經包圍思維本身的特質。當今世界的異質性、觀念與觀點的激增、意識形態及理解的快速轉變，都造成極深刻的動亂、相對主義及變遷的感覺，這些往往都可以和當今世界是「後現代」世界的描述聯想在一起。

即使是科學，這個佛洛伊德一心一意相信的世界觀，以及以古典精神分析理論形成的原則，都以佛洛伊德無法預測的方式改變了。許多科學哲學家們現在以極不同於佛洛伊德那一輩科學家的方式，思考有關科學知識的特性。對佛洛伊德而言，科學是知識的漸次積累，使我們更能理解和控制大自然；對許多當代哲學家而言（例如那些被庫恩〔Thomas Kuhn〕的工作所影響的人），科學提供一系列不同而又不連續的世界觀、解決與某個特定文化及歷史時代有關的問題的範例。

然而，目前有相當多的辯論和這個問題有關：是否科學範例能完全根據理性的選擇及實證的證據而被否決或確認？或者它們能否構成一種不同的信念系統？在所有騷動下，我們一點也不驚訝地發現，精神分析文獻中也充滿了關於思考精神分析作為臨床治療及知識學科的強烈辯論。

精神分析的實踐及理論建構到底生產出哪一類的知識？對於這個問題，其中一個答案是佛洛伊德最初的答案（1933）：精神分析是一種經驗性的學科，它所生產的科學事實可以經由清楚定義的程序測試。佛洛伊德一直把精神分析當成科學的一支，而精神分析情境的本身就是一種實驗室的環境，對他而言，精神分析

的方法能允許客觀的調查者（分析師）接近一個自然的領域（病人心靈中潛在的結構與力量）。

225　　就如同稱職的顯微鏡學家看著同一片載玻片時，應該都能看到同樣的資料，佛洛伊德假設接受過精神分析恰當訓練的臨床工作者，也能對同一位病人的自由聯想有相同的詮釋性理解。另外，佛洛伊德相信病人對於一個詮釋的反應，提供關於它的正確性的肯定或否定的證明（Freud, 1937b）。立即的口語同意或反對並不是最重要的，佛洛伊德相信正確的詮釋應該會解除壓抑，並因此開啟新的潛意識材料，例如新的豐富的聯想、證實的夢和領悟等。

　　佛洛伊德也相信，原則上，精神分析能被分析情境以外的實證證據確認。在一開始，他是一位實驗神經學家，對心理程序的生理關連產生興趣，他一直相信最後一定會發現和性慾的精神動力概念相呼應的生理物質，這預言了後來在性荷爾蒙上的發現，而他對精神分析外的其他實驗也同樣感到樂觀[8]。

　　許多當代精神分析師也和佛洛伊德及他的同儕一樣，相信精神分析最好被當成一種實證的學科，不過因為科學原理上的進展，有關於精神分析實證確認的問題，在現在以更為複雜的觀點來處理。哲學家昆邦（Adolf Grünbaum）經由指出分析師從病人那裡尋求詮釋確認牽涉到的暗示問題，影響了當代精神分析對這些議題的討論。由於認為分析師自己也嵌在分析程序中（就他直接與間接地影響這個程序，以及他瞭解正在發生什麼而論），當

8　　佛洛伊德對榮格有強烈的興趣（直到一九一三年才在強烈的憎恨中結束），有一部分是基於他希望榮格發展出來的「單字聯想」（word-association）測驗能提供實驗性證據，證實精神分析的概念。關於這點，可參考克爾（Kerr, 1993），他引人入勝及富有洞察力地描述佛洛伊德與榮格的關係。

代的科學家們很難把分析程序當成一種實驗室，或是將分析師當成單純的中立觀察者。於是，那些就實證來討論精神分析的人，只好依賴其他資料確認精神分析的假設[9]。

在實證方法的旁邊，出現一個非常不同的觀點，它代表其他知識學科轉向解釋學對於精神分析造成的衝擊。讓我們先瞭解在歷史學研究中解釋學運作的方式，以此帶入在思考關於就解釋學來討論精神分析時，所牽涉到的議題。

以往的歷史學家們相信，他們只是單純地提供對於「發生了什麼」的正確解讀。羅馬帝國瓦解了，而原因是什麼？有很多可能的假設，而好的史學包括蒐集資料並找到最適合這些事實的假設，照這樣看來，史學的運作就像一門社會科學，透過事實來確認或否定假設。每個世代的史學家都對許多歷史情境有不同的理解（例如羅馬帝國的瓦解），而每個現行的學派都假設他們的理解最符合事實，也因此在史學上是最正確的。 226

近幾十年中，史學家與歷史哲學家們開始覺得，他們再也無法相信這些接替的歷史版本代表越來越靠近某種客觀的真相。我們清楚看見，理解與書寫歷史的方式不只和歷史事實有很大的關係，也和史學家身處的當下背景有關。這些不同的方式（就經濟、社會力量、審美觀、權力等等而論）是由世代不斷接替的歷史學家接力而成的，而在任何特定的時代，理解歷史的方式大多反映出那個特定世代的史學家是什麼樣子。如今，對史學的理解

9　有非常多的實證方法都嘗試過，有些研究實際分析會談（使用錄音或錄影），把這些材料拿來做種種語言學的分析（Dill & Hoffman，Gerhardt & Stinson），在這個研究中，分析師是需要被理解的資料的一部分，而不是一個外在的客觀觀察者。其他的人研究關於治療結果的資料，檢視不同類型的治療對病人的長期影響；也有些人對特定的理論概念進行測試，例如利用速讀訓練機（tachistoscopes）及下意識的（subliminal）知覺，測試種種和壓抑有關的假設（例如蘇利文、拉赫曼及米利克〔Milich〕）。

不只是單純地發現及組合事實，而是在過去和現在之間一種活躍的過程，牽涉到對某些事實的選擇及重新排列，從一組無限的可能性中創作出眾多可能的一種理解。

在羅馬帝國的末期到底發生了什麼事？事實的數量是無限的。今天在華盛頓特區、巴黎或東京發生了什麼，是可能影響國家命運的？要對歷史過程有所理解，不可能不殘忍地選擇與刪去，我們根本不可能把所有的事實都考慮進去，而一個人考慮的是什麼，多半取決於他是誰、在哪裡、在什麼時候，以及他要找的東西是什麼。研究遙遠過去的史學家們擁有的資料比較少，而尚存的材料可能是倖存的主角隨機或有偏見地保留下來，我們不能假設倖存的資料就任何客觀的意義上就是最重要的。

很重要的是，研究史學的解釋學方法（詮釋的系統，而不是對客觀知識的堆積）不能被摺疊成相對主義。對於羅馬帝國的衰落有很多可能的詮釋，但不全都是好的史學。好的史學必須適合我們當下對世界、以及世界如何運作的理解；好的史學一定得和發生的事實一致，並且不能以任何清楚的方式被它們反駁；好的史學必須令人信服地解釋已知的事實，能說明得越多，歷史就越令人信服。有關於羅馬帝國的衰落，依據經濟、社會及政治動力所做的史學解釋，是比（在現在這個時間點上）仰賴外星人入侵的解釋要來得好的歷史，因此在歷史學家和小說家之間有極大的差別。將史學看作是詮釋性的，而不是單純的揭露，並不會使它227 脫離現實；相反地，解釋學認為現實可以經由不同的可能理解被知道，而且有一部分是由理解者所建構的。

將精神分析想成是解釋學的學科，很類似於如此思考歷史。在某個特定病人的早年生命中，到底發生了什麼事？現在在和分

析師的會談中，還有病人在會談以外的人生中，實際上發生什麼事？答案有無限多種。事實有無限多個，需要被考慮的最重要區域是什麼？而在無數的片斷資料中，哪些是最切題的？在許多方面，分析師的立場可比擬為史學家或是當代的政治分析師，面臨無數的可能資料並尋求一種理解，而為了讓這種理解能實際幫上忙，分析師必須選擇與刪減資料。

對於解釋學觀點的賞識，主要是由哲學家哈伯瑪斯（Jürgen Habermas）和保羅・利科（Paul Ricoeur），以及精神分析師史班斯與薛佛引入精神分析的。史班斯主張，精神分析處理的比較多是「敘事的事實」，而不是「歷史的事實」，病人的自由聯想不僅包含潛在動力的表達，同時一定是在某方面被建構起來的，而史班斯認為它們通常是根據分析師信奉的、先入為主的理論所組成。對於病人的聯想很容易地就充斥著分析師先入為主的想法，史班斯的解決方法屬於激進的懷疑態度，他會暫時停止建構理論及形成結論，直到能從實際的會談中獲得更多可以研究與公開辯論的完整資料[10]。

薛佛以一種非常不同的方式應用解釋學。在他的觀點中，所有的精神分析理解都是可還原的，並且沿著他稱為「敘事的故事情節」運作，每個理論都用自己偏好的方式看待現實並理解生命；每個理論都預先選擇了壞人、英雄與痊癒的旅程。對薛佛而言，精神分析的理解基本上是一種敘事的程序，而且必然如此；這並不會讓精神分析的詮釋是隨機的、相對的或是捏造的。

就像好的史學一樣，好的精神分析詮釋必須要有道理，盡可

10　正因為他相信必須以經驗證實的重要性，某些評論家認為史班斯的立場並非真正的解釋學立場（Sass & Woolfolk, 1988），而是一種「誤入歧途的實證主義」（Bruner, 1993）。

能將已知的資料兜在一起，提供一個條理清楚而又令人信服的解釋，同時也促進個人的成長。精神分析的故事是在臨床工作者的社區中發展出來的，而且在臨床上的用處也經過了時間的考驗，不過到最後，相互競爭的精神分析詮釋不會僅根據理性或實證被判決。

對於這些議題，可看霍夫曼（Irwin Hoffman）的社會建構主義（social constructivism），以及史登採用高達美（Gadamer，與哈伯瑪斯的觀點相對）的解釋學版本的另一個發展。在這個觀點中，分析師的貢獻基本上是在移情與反移情稠密的動力互動中製造出來，持續的臨床選擇與詮釋性的理解，是從分析師充滿情感地參與病人時的推拉中產生，而大部分的時候，理論不會像一個獨立的因素一般運作（像對薛佛而言那樣）。一般來說，理論會滲透到分析師的經驗中，而且有時會在後來成為一種事後的解釋。

因此在根本意義上，當代精神分析是一種追求基本理由的方法。有些人相信一個合乎時代的實證主義仍能提供那個基本理由；其他人為了尋求一種不同的架構，已經轉向解釋學；還有一些人提出精神分析應該建立以一門獨特學科存在的權力，不需要根據其他的參照標準（參考Greenberg, 1991, chap. 4; Schwartz, 1995）。例如，史匹桑諾（Charles Spezzano〔1993〕引用理查‧羅堤〔Richard Rorty〕對基礎主義〔foundationalism〕的批評）就主張，精神分析已經依據自己的條件，生產出顯然對人類經驗有用的理解。作為新的想法來源及切題的考慮的重要性，這種看法不一定看輕各種實證研究，但的確排除了實證的確認是精神分析真相最終的宣判者。

【第九章】技巧的爭議

如果治療在寫作中看起來是如此具推論性又理智、圓滑熟練且　229
沉著冷靜，那麼實際上，治療或許真的在每個治療師日常感受
到的基礎上──個人的掙扎，難以形容、無理論可言且變化無
常的大量互動──起了作用。

──勞倫斯・佛里曼（Lawrence Friedman）

對別人的感覺，我們真正瞭解的僅限於那些我們自己也有的感
覺。

──安得烈・紀德（André Gide）

　　在本章中，我們將藉由一位精神分析訓練候選人的真實經
驗，透過他與名為哈維（Harvey）的病人工作時面臨到的臨床問
題與選擇，來介紹並討論當代精神分析技巧的主要爭議。

　　哈維是一位技巧嫻熟，但成就卻極為有限的藝術家，因為各
種問題──包括投入工作、人際關係以及性，在能力上感到的限
制以及抑制──而進入治療。

　　哈維的第一位分析師似乎以自我心理學為取向，在退休前治
療哈維已有五年之久。分析讓哈維對自己感覺比較好些，同時也
稍微改善症狀，他將自己獻給極為欽佩的分析師與分析工作，並　230
且十分投入；他對精神分析非常著迷且廣泛閱讀相關文獻，而且
採用精神分析的概念作為人生的哲學，甚至極為熟練地使用其專
業語言。

　　雖然分析師在即將退休前已妥善告知哈維，然而當治療結束的那一刻終於來臨時，他還是非常心煩意亂。他用了將近一年的時間來哀悼這個失落（這是分析師曾建議他的時間長度），接著決定再度尋求治療。由於他想每週分析好幾次，卻又無法負擔自費費用，因此他到一所精神分析訓練機構的診所申請，成為一名候選人的訓練案例。

　　第一次見到哈維時，分析師很快就推斷他是理想的訓練案例。大部分來到診所的病人都沒有分析經驗，而且大多數都對接受治療感到衝突，他們會以明顯的方式「抗拒」，且由於不知道分析可以提供什麼，因此對分析程序抱持懷疑的態度。然而哈維很投入，他對於精神分析曾經為他做過什麼，以及可能繼續為他做什麼有堅定的信心。身為病人，他可謂表現優異，而在某些方面，他比正在接受訓練的分析師知道得更多，也更有經驗。

　　當分析師和其他病人工作時，他發現自己不太知道要做什麼，例如什麼時候該說話、要說些什麼、要把焦點放在哪？但他和哈維工作時，通常知道要做些什麼、要將注意力集中在什麼上、在特定的時刻該說些什麼。分析師與病人都覺得，第二次的分析似乎正好銜接上前一個分析停下的地方，一拍也沒遺漏。

　　哈維在第一次分析中產生的自我瞭解，幾乎完全集中在他與母親的關係上。他的母親是一位非常聰明又有創意的女人，但一輩子都和嚴重的憂鬱症搏鬥。就在哈維最小的哥哥出生後，她被憂鬱症完全擊倒並住院好幾年，在那段期間裡她大多是不能動的，而且幾乎完全不說話。根據哈維在幾十年後從母親那裡誘出的說法，她決定再生一個孩子，而這個決定讓她恢復生氣並重回醫院外的生活中。

　　在現實生活中，她的確再生了一個孩子，也就是哈維。照顧哈維成為她生活的重心，雖然哈維的父親多少也會照顧其他年紀較大的孩子，但總是將他留給太太照料。當哈維還是個孩子時，他完全不知道母親嚴重的心理問題和她曾經住院過，這是家裡的祕密，但他仍感覺到母親有某些深刻的問題而且極為脆弱。他變成母親非常喜歡的兒子，讓自己屈服於她過度保護且極為焦慮的照顧之下。

　　哈維與第一位分析師瞭解到，他的種種心理困難來自與母親非常親密而又壓迫的關係，以及他害怕父親的不贊同與懲罰的伊底帕斯恐懼。他害怕真正充分地發展自己，因為他害怕母親（真實的人物與一個內化的存在）會感覺被他遺棄並因此而遺棄他，把他從她的英勇且重要的拯救者位置上刪掉。

　　分析師與他都理解到，他們兩人的關係在最根本上牽涉到對父親的移情：他常感覺被分析師遺棄及忽視，就像他對父親的感覺一樣；有時候他也享受身為分析師特別且偏愛的病人的幻想，這是他與真實的父親在一起時從來無法感覺到的。會談中，許多時間都花在從童年早期挖掘出有關寂寞、被父親忽略及被母親占有的感覺與回憶，以及這些經驗如何讓他在當下的生活中感到焦慮與害怕。

　　哈維的第二次分析也沿著類似的路線發展，以一種似乎很有收穫的方式繼續進行對童年的探索，他與分析師的關係似乎也根據分析師是一位他渴望的、理想的父親形象所形成，有時哈維感覺分析師很冷漠並遺棄他，有時卻又給予他十分珍貴的關注。

　　不過，大約在分析開始後的第三年，竟然有了戲劇性的轉變，出現的議題直接和許多當下精神分析作者與之搏鬥且爭論

231

的，精神分析技巧的主要爭議有關。

　　某些跡象顯示，哈維對分析關係的體驗比表面上看起來的更為複雜。當哈維對分析師做了或沒有做的某些事情感到憤怒或失望時，他會以尖銳而諷刺的幽默表達憤怒，例如說分析師根本就不是這個機構的候選人，也許他只是打掃辦公室的工友，偶然撿到哈維的資料夾，然後冒充自己是分析師並打電話給他。然而，分析師企圖處理由這種幻想表達的感覺和擔心總是無法成功，當他試著嚴肅看待這些幻想時，哈維會指責他缺乏幽默感。

232　　另外，由於分析師現在有分析更多病人的經驗，他開始瞭解不能將在和哈維工作時獲得的極為勝任而又有智慧的感覺視為理所當然。經過反省後，他瞭解這種情況與哈維在會談中運作的方式有極大關係，和其他病人不同，哈維總有很有趣的東西可以談論，像是在會談前他就開始反省的經驗部分，而且一定都有某些重要的特性是他沒注意到的，這讓分析師能提供重要的貢獻，此外分析師的回應總是受到哈維極大的感激，並且有效地發揮。

　　哈維很常作夢，其他病人的夢往往混淆不清且模糊，但他的夢一定很容易理解，而且關於這些夢，分析師總能說出有用的東西。分析師開始對他們之間互動的隱微特性感興趣，他明白哈維呈現材料的方式有種一致的韻律，他會說出一個夢並提供有意思的聯想，然後暫停，暗示分析師該是他說些話的時候了，而且需要被說出來的東西是什麼通常很明顯。不論分析師提供的是什麼，哈維都欣然接受且認真地發揮。

　　分析師後來也明白，為什麼他和哈維在一起時，會比和其他病人在一起時更覺得自己是有才華的分析師，不過這些和兩人關係有關的觀察，並沒有讓分析師準備好面對接下來的事件。

有天哈維的心情很好，談論著最近的某些經驗並精神奕奕地聯想，分析師則偶爾針對不同的地方做評論。突然間，哈維以一種極為緊迫而又焦慮的方式說話。顯然有什麼事讓他的情緒開始變化，他看起來很害怕。分析師注意到這個改變，詢問他發生了什麼事，但哈維否認，不過分析師確定有**某件事**發生，並解釋為何他會如此認為。一開始哈維繼續否認，但在分析師堅持地催促下，他終於承認的確有些事情發生，但他不打算討論。

雖然分析師完全不知道到底發生了什麼事，但是這個變化的感覺很怪異，幾乎是令人毛骨悚然的，因此最好不要輕易放過。所以他追問哈維，為什麼不討論發生了什麼事情？哈維最初堅決不解釋為什麼他不能討論，接著卻啜泣並向分析師保證，即使分析師可能**以為**他想要知道，他其實並不想知道。最後，分析師終於明白，自己在一個簡短的解釋中用了一個哈維從沒有聽過的字，哈維害怕是他發明了那個字（一個精神分裂症的「新語」〔neologism〕），而那個字事實上並不存在。 233

這件事讓哈維非常害怕，因為他已經暗中擔心分析師心理不正常有好一段時間了。哈維很確定，分析師如果知道哈維竟然發現自己的瘋狂，一定會感到非常驚恐，而哈維有種想保護分析師的感覺。似乎一切都維繫在哈維絕對不能表現出他知道分析師事實上有多麼地病態之上；但因為告訴分析師這件事，他已經很可悲地讓分析師失望了，他怕自己傷了分析師，摧毀了繼續治療的可能性。

他們兩人花上好幾個星期充分討論哈維的恐懼，這麼做讓哈維感覺夠安全，可以完整解釋他的焦慮。哈維說分析師是個冒牌貨的諷刺笑話，其實一直將某些事實包含在內，即使他從不讓自

己深入思考。他曾有一閃而過的幻想，這和分析師其實是工友無關，而是分析師自己患有嚴重的心理失能，而且或許也曾經住過院；他甚至更進一步地幻想，分析師藉由進入心理衛生的領域來處理自己的問題。在過去這幾年間，哈維敏感地覺察到分析師各種短暫的焦慮及憂鬱，這使得他更確信分析師仍為這些嚴重的困難所苦，並藉由幫助別人來阻止它們靠近他。

另外，哈維相信自己是分析師最喜愛的病人，同時也是一個幫助分析師覺得自己最有能力、最像一個專業人員，而且最不瘋狂的病人。這讓哈維覺得非常特別，只有他知道分析師的祕密，而不讓分析師發現他已經知道祕密，就是他用來表示對分析師的愛和支持的方式之一。哈維相信對分析師而言，最重要的是認為自己的問題沒有被發現，並讓病人認為他十分能幹又專業；因此當他讓分析師發現他知道祕密時，哈維大為驚恐，他很害怕這會摧毀分析師的信心，這個職能復健的計畫會瓦解，而分析師會退縮並遺棄他。

當他們討論哈維對分析師的看法時，哈維以他對分析的熟稔不斷地提醒分析師，這整個故事事實上完全和分析師無關。哈維堅持這是移情，他的母親曾經很瘋狂，她是一個冒牌的母親，用她助人的角色維持自己的組織及功能。他出於對母親的奉獻及被遺棄的恐懼，透過做她的好兒子來維持母親的穩定，而所有這些對分析師的感覺與想法，一定是從他對母親的體驗上轉移過來的。

過去與現在

　　根據精神分析程序的古典理論，哈維基本上是對的，分析情境是使存在病人裡面的心靈內容得以表達的媒介。哈維童年的問題是他的母親，現在的問題依然是他的母親，他在生活中遭遇到的各種衝突與抑制，全都來自童年對母親的依附與幻想。在這個觀點中，所有在分析情境中出現的內容，都是從病人的心靈中製造出來、從過去轉移過來的。

　　在傳統的模型中，精神分析程序像時光機一樣運作，在移情中經由感受將病人帶回到他的童年掙扎中。分析師就像時光機的操作員，藏在控制台的後方，他唯一重要的貢獻就是正確地引導程序進行，而他是誰或者他是怎樣的人並不重要。然而，當傳統的技巧被熟練且精密地操作時，當然不會只涉及病人和分析師談到的過去；僅是經由討論重訪過去，病人對過去的體驗可能只是一種知識，而重要的議題仍然是抽象的、沒有被深刻地感覺到或是被再次體驗。

　　另外，佛洛伊德發現，最重要的童年問題通常不會出現在討論中，而是以偽裝的形態出現在分析關係裡。對病人來說，感覺到自己想謀殺所愛的父親太令他不安，因此這個感覺最初是在他與分析師的關係中被感覺到的；同樣地，由於對母親感覺到的性吸引力太令他不安，於是在最後防線的努力中，「抗拒」將病人的感覺偽裝成眼前對分析師的衝動。

　　雖然佛洛伊德在最初接觸移情時把它視為阻礙，不過後來卻覺得將被禁止的衝動與幻想轉移到分析師身上是必要的，它能幫助病人把這些議題當成經歷過且深刻感覺到的現實，而不是知識

性的抽象概念與回憶，並藉此去經驗及修通。

　　當哈維堅持他事實上並不相信分析師是瘋狂的，他母親的瘋狂才是問題時，他同時是對的也是錯的（在古典的模型中）。對的是，最後他還是將他對母親的體驗轉移到分析師的身上。我們會假設——除非有強烈的證據能反駁——分析師並沒有發瘋，無論哈維察覺到的是分析師的何種困難或尷尬，都會被當成不重要的鉤子，讓轉移的童年經驗能夠鉤上去。就像單純的清醒經驗在夢中被扭曲，它提供了接觸壓抑的童年願望的必要入口，而由於病人對分析師的觀察也扭曲了，這使他們事實上和早年照顧者有關的童年經驗有機會暴露出來[1]。

　　然而，哈維似乎是為了防衛的目的而使用這種（根據古典模型而言是正確的）理解。最有力的證據是，當分析師允許哈維宣稱這個議題只和他母親相關時，哈維的焦慮（及分析師的焦慮）就驟然下降了。在古典的模型中，分析師不應該太快就轉到真實、歷史的脈絡中，經驗**需要**在此時被經歷[2]，所以在這種情境下，好的古典技巧會要求分析師鼓勵哈維繼續將注意力集中在他對分析師瘋狂的焦慮幻想中，而分析師繼續相信，在適當的時間點上，它們將能重新被放進事實上所屬的歷史背景與關係的脈絡中。

　　另一個選擇，是以互動觀點思考分析過程及移情，這在近年

235

1　在佛洛伊德的夢形成的理論中，潛意識的幼年衝動迫切地想獲得承認，因而附在日間殘留物（day residue）上，也就是來自前一天有意識經驗的具體片段，它藉此靠近前意識，因而可以在夢中作為象徵表達。

2　移情型精神官能症（transference neurosis）這個一度流行的詞和以下信念有關：為了讓童年的動力議題能充分解決，治療中一定要強力活化病人的問題，使分析師及治療的本身成為病人最關心的事情與痛苦的來源。

越來越受重視[3]。與其將精神分析程序當成上演過去（經由當下）的劇院，互動的模型將病人定位為堅定地（使用他在過去所學到的）參與當下。

人從反覆出現的早年經驗中獲得偏愛的關係型態，因此很可能根據過去關係所發展出的期待來靠近分析師，並將他們對分析師的觀察，編織進自己慣有的互動型態，是以病人對分析師的體驗不可能全部都是從較早的關係中轉移過來的。病人（在這個模型中更極積地參與現在）很可能對分析師有非常多的觀察，並（根據病人自己的過去，以及他特有的持續經驗結構）建構一個和分析師有關且看起來很有道理的觀點。

讓我們就這種當代的互動方法來討論哈維。童年時期他最重要的關係就是和母親的關係，這讓他發現人們依賴的掌權者雖然看似強壯且威風，事實上可能相當不穩定又脆弱，儘管看起來好像是他們在照顧你，事實上卻是你需要去照顧他們。哈維日後人生中的重要關係，也同樣沿著這些路線建構而成，他的妻子相當有成就，是他極為欽佩的女性，然而他卻擔心妻子是脆弱的，而且往往對妻子隱瞞自己大部分的經驗，因為他覺得妻子如此敏感，一定無法承受哈維（覺得自己像惡魔般）的激烈情緒。他從來沒有真的對太太生氣過。 236

所以在分析中，哈維合理地維持著他對分析師的缺點與脆

3　這個模型是在芮克爾、李文森與吉爾等人發展性的工作中提出的，並在其他人的著作中更進一步地發展，包括山德勒（Joseph Sandler）、霍夫曼、葛林伯格、米契爾、布倫伯格、亞隆（Lewis Aron）、瑞連克（Owen Renik）、史登與史匹桑諾；此外也能在革新的當代佛洛伊德學派文獻（雅各斯〔Theodore Jacobs〕、楚斯特〔Judith Chused〕）、自體心理學更為互動式的版本（史托羅洛、福斯奇），以及一些當代克萊恩學派的文獻（約瑟、史匹利爾斯）中找到稍微被修訂過的型態。詳情可參考霍夫曼（1983）有關這個觀點出現的早期歷史，以及對它所做的敏銳評論。

弱的典型警惕。哈維學習了很多有關於人們呈現自己方式的複雜性，也學會熟練地讓他依賴的人能在他的面前感覺安全。哈維留意他們的脆弱、優雅地支持他們，並熟練地幫助他們相信沒有人看見他們的問題。

根據互動的模型，如果分析師假設哈維對和分析師有關的焦慮與憂鬱的觀察是扭曲的，他就錯了。從哈維的人生經驗來看，我們會假設他很清楚如何與焦慮及憂鬱搏鬥，因此若貿然地假設哈維將分析師經驗為瘋狂的，是一種他對母親的移情替代，會出現以下幾點問題：

第一，這會武斷地讓分析師成為現實的判官，並假設只有一種方式能正確地理解某個東西（這在當代，比在佛洛伊德的時代更讓人懷疑，就如第八章所討論的，當代傾向以詮釋的、解釋學的方式理解真相的動向）。

第二，它促成削弱病人的現實感，鼓勵他放棄自己的觀點，並順從地屈服在分析師想必較為優越的洞察下。它排除一種可能性：哈維可能已發展出某種敏感度，使他能注意到其他人，包括他的分析師都無法注意到的東西。

第三，這有可能會被病人經驗成，早先關係裡某些使他最扭曲的特性再度重演。一旦分析師堅持（或甚至同意哈維的懇求）哈維認為分析師心理不正常的想法不過是種扭曲、是從過去對母親的經驗中轉移過來的，很諷刺的是這將使分析師的行為變得和哈維的母親一模一樣。這種看法向哈維透露出，分析師對他的觀察與感知的封閉態度，以及對探討他所關切的事情有多不情願；同時這也非常有可能讓哈維確認自己的懷疑沒錯，讓他認為分析師的確是脆弱的，而且需要很小心地保護著。

因此，在當代的互動理解中，會假設病人根據過去學到的策略活在當下。好的技巧需要深度探討哈維對分析師的觀察，追蹤 237 他如何將這些觀察放在一起以達成結論的方式讓他變得非常熟悉在別人身上注意到某些東西，以及他如何處理這些觀察。哈維必須知道的个是分析師沒有瘋，而是不管分析師有什麼樣的心理症狀，都和哈維母親的瘋狂不同，而且不需要哈維為了維持連結而放棄自己真實經驗的愛的（與恨的）犧牲。

詮釋與關係

到底是什麼使病人得以改變？關於分析程序，佛洛伊德有許多不同的說法，不過對於什麼才是改變的中心機制他一直很確定，那就是經由詮釋產生的「領悟」來解除壓抑。病人的問題是壓抑的結果，痊癒包含從壓抑中釋放衝動、幻想與回憶，而分析師詮釋壓抑的內容與病人抗拒這些內容的方式。分析師能精確理解是很重要的，因為病人有很強的動機想逃避他所壓抑的事物。

在古典的概念中，差一點就成功的詮釋會擦過衝突性的隱藏內容，並彈向不同方向，而且事實上它們很受「抗拒」的歡迎，因為接受它們能暫時解除壓力，並讓病人持續逃避真正的問題。適時的詮釋被引進準備好的心靈範圍，分析師已慢慢地從表面往深處工作，只詮釋病人在那一刻能夠承認是屬於自己的材料。

從古典觀點來看，哈維將一組和母親的精神疾病有關的感覺轉移到第二位分析師身上，這表示，雖然哈維在先前的分析中獲得對早期動力特色知識上的理解，但真正的領悟並沒有發生，主要被壓抑物的特徵仍被壓抑著。因此，以古典模型為根據的技巧會使用對

分析師新產生的移情感覺為指引，藉以發覺早期與母親關係中仍然隱藏的特徵，如祕密的伊底帕斯勝利、閹割的恐懼等。

史崔齊與超我

對於佛洛伊德將領悟理解為分析中的基本治療力量，過去幾十年間出現許多不同的挑戰，其中最尖銳的挑戰之一是由史崔齊在一九三〇年代早期形成的，而這個主張的清晰度，直到現在仍是用來思考與治療有關的當代立場十分有用的架構。

史崔齊指出，佛洛伊德有關技巧的貢獻（根據詮釋導致領悟的原則）是在一九一〇年代寫成的，而佛洛伊德在一九二三年提出超我的概念，這大量豐富人們對心理動力的瞭解，但他卻沒有修訂有關技巧的理論，將超我也納入考慮。

超我的概念會造成什麼影響？佛洛伊德認為壓抑是兩股力量——被壓抑的內容與防衛——之間的鬥爭，當分析師做出詮釋，他是對病人描述這個鬥爭的兩方（在哈維的例子中就是：你感覺自己在面對母親時是性的勝利者，因為父親留給你一個自由出入的場所，但你不能允許自己在意識上知道這件事，因為你過去覺得，而且現在仍覺得這是危險的）。

經由超我，佛洛伊德引進一個壓抑的強大同盟，他相信壓抑的設立及維持不再只是因為被禁止的衝動是危險的（自我所關切的），而是因為孩子認為他們是錯的、邪惡的或壞的（超我所關切的）。

當分析師詮釋時，對超我有什麼影響？史崔齊的推論是，如果被禁止的衝動從壓抑中釋放出來，但超我卻未受影響，那麼痊癒只會是暫時性的，因為沒有被改變的超我最後還是會將仍被禁

止的衝動拉回壓抑中（也就是哈維會短暫地承認他對母親帶有性意味的占有，但因為他仍認為這種感覺如此令人嫌惡，所以會很快地再度壓抑它們）。因此史崔齊認為，為了讓分析有效，必須對佛洛伊德稱為超我的部分帶來永久性的影響。這要如何運作呢？

就在克萊恩剛抵達英國的那幾年裡，史崔齊在英國工作，而他引用了某些克萊恩在探討佛洛伊德超我概念中的新觀點，尤其是她對投射與內射程序的強調[4]。史崔齊提出，要瞭解超我可能如何改變，我們可以仔細思考在平常的狀況下它是如何維持的。當人進入新的情境，他的期待是由過去的經驗所決定的，這被內化到他的超我中，我們若將哈維對母親的依附當成反映他對伊底帕斯議題的逃避，可能會做出以下這種解釋：哈維假設他新認識的人（例如他的分析師）會反對他有關於母親的性幻想，就像他預期他的父親會反對它們一樣（就克萊恩的理論來看，病人將他的超我或原始的內在客體投射到人際範疇中）。

很重要的是，我們得注意到史崔齊和佛洛伊德、克萊恩一樣，假設銘記在超我上的父母形象並不單純地是對真實父母正確的描寫，而是包含孩子的侵略性投射在父母身上後的再次重新被內化，因此哈維對父親的憤怒仍會回到原處，讓他感覺父親更危險、更具威脅性。

人們通常會找到他們在尋找的東西，新的經驗也常根據慣有的期待出現，因此哈維會循著種種線索，結識和父親一樣注重道德並時常譴責他人的新朋友。另外，人們通常會選擇讓對方的反

4　史崔齊認為為了讓分析產生長期的效果，超我一定得改變的這個想法，類似安娜‧佛洛伊德給予自我改變的重要性，兩者都是出現在一九三〇年代早期的著作，只不過安娜‧佛洛伊德處理的是自我功能，史崔齊處理的是內在客體。這個對內在轉化重要場景觀點上的差異，後來擴展為在自我心理學傳統與客體關係傳統之間的分歧。

應一如自己預期的行事方式，這些新的經驗又繼續被內化並加強最初的預期（超我的形象被重新內射進入超我中）。這種方式使超我通常維持不變，並且持續地被加強。

史崔齊認為在精神分析方法中，一定有某些東西不只能將潛意識的材料從壓抑中釋放出來，還能證明病人最深刻的期待是不正確的（一種能打斷投射／內射循環的東西），進而讓超我本身產生改變。他斷定這不會發生在分析師任何有目的的企圖中，而是發生在做出移情詮釋的平常過程裡，當分析師對病人說：「你和我在一起時所經驗到的感覺和態度，事實上是很久以前你和父母在一起時所經驗到的感覺與態度。」時，同時也強烈地傳達出另一個隱藏的訊息：「我和你心中父母的形象是不一樣的，我感覺不到、也不相信那些你認為是屬於我的東西。」

因此在詮釋中，分析師清楚說明的訊息揭露病人過去的某些東西，而未言明的訊息則將分析師確立為一位在病人眼前非常不同的人（打破超我藉以維持的投射／內射的循環）。史崔齊認為正是這種雙重的影響連結了過去與現在，使移情詮釋成為分析過程中真正帶來變化的影響力。

史崔齊提出，病人不會只因為衝動與幻想從壓抑中被釋放出來而改變；病人會改變是因為發展出對自己不同的態度，這一部分來自出現於病人內在世界中不一樣的人物，儘管他們堅持價值標準與期望，但嚴格的要求會少一點，也更能諒解人性的弱點及誘惑。另一部分在態度上的改變，來自病人接受與分析師實際關係中的某些特性，史崔齊認為分析師不需要特別做什麼去讓它發生，只要做移情詮釋就好。

不過，史崔齊帶來一個讓之後的理論家與臨床實踐者不斷思

考的問題：分析師要如何才能變成一個不同類型的客體，造成不同種類的內化？到底是病人與分析師關係中的什麼東西，可以讓它發生？

分析關係中的轉化

　　有好幾個關於這個問題的主要想法已經形成，而這些立場之間的爭論，以及它們複雜的相互影響，組成了當代精神分析文獻中相當可觀的一部分。

　　英國客體關係理論家、佛洛伊德學派自我心理學家，以及自體心理學家共同分享這樣的想法：和伊底帕斯階段的解決，以及價值觀、標準與自我期待的獲得有關的超我形成，並不是內化他人的唯一途徑。從出生的那一刻開始，孩子都在與他人的經驗脈絡中發展，所以分析師──特別是因為他擔任某種關鍵性父母的功能──有潛力成為病人以各種方式接受的各種客體。病人被困住了，因為在支持性環境、鏡射、同理環境、分離—個體化與恢復邦交的機會等狀況中，不足的父母給養阻撓了正常的成長過程，因此分析關係中分析師所提供的──而病人在早期錯過的──基本父母回應型態會帶來療效。

　　然而在這種發展的思考路線中，出現一個主要的分歧。有些理論家主張分析師並不需要**做**任何跟他原來只是在說明病人過去時不一樣的事情。許多發展學家們不把正常的分析視為「缺席」（就像史崔齊）[5]，而是一種「出席」，實際上在分析運作的細節

---

[5]　史崔齊始終強調分析師絕不應該做任何除了詮釋外的事情：「要確保（病人的）自我能區分出幻想和現實，最好的方法就是盡可能地不給他現實。雖然這是一個弔詭的事實，卻是真的……只有給予極少量的現實時，他才應付得了；而這些劑量的現實，事實上正是分析師以詮釋的型態給予他的。」（1954, p.350）

中提供缺少的父母回應。在這個觀點中（例如派恩〔1985〕），正是可靠的出席、專注地傾聽及仔細考慮過的詮釋等行動——通常都夠像體貼的養育——可以用來讓中斷的發展過程重新恢復生氣。

分歧的另一條道路，是另一派理論家所採用的，他們認為分析師有時一定得做些不同於平常的傾聽及詮釋行動，目的是為了在分析情境中製造出能引起童年缺乏的特定給養的真實經驗。為了讓病人確知自己和造成創傷的父母不一樣，分析師可能得在某種型態上對病人更有幫助，並以更為個人化的方式回應他們的需241要，就像第五章提到溫尼考特提出一種處理更嚴重病人的方法，也就是由分析師根據病人自然產生的願望及表達來改變環境；寇哈特（第六章）則建議給予在自體形成上有某些特定困擾的病人鏡射的回應。根據古典技巧方法操作的分析師，總是（正當地）注意不讓病人再度遭受創傷。

另一種對分析關係具有療效的特性的理解，在人際關係傳統中發展出來，它不認為分析師對病人的回應是順著父母—孩子關係的路線組織而成，而是由成人—成人的關係路線形成，對此佛洛姆有重要的影響。作為一位存在主義及馬克思主義者，佛洛姆認為當代生活中最深刻的問題之一就是根本的不誠實，不僅對自己，對別人也是，我們為了適應社會的常規而粉碎真實的經驗。佛洛姆相信，人們隨時都在對自己及彼此撒謊，而尋求精神分析的病人最深刻的需要之一就是誠實的回應，因此在分析關係中具有療效、被內化後能解放病人的，正是能更真正的誠實與聯繫的能力。

思考以上種種對分析關係的理解，哈維的分析師能在移情的

議題變得極為明顯時，運用不同的選項（就介入的種類，以及我們如何理解分析師的涉入及影響而論）。其中一個介入的途徑是分析師做出一些詮釋，首先是關於哈維抗拒體驗他對分析師的感覺：「現在，你擔心實際上是個瘋子而且很脆弱的那個人——需要你的支撐，同時讓你得犧牲獨立性及自我發展的人——是我；而你很難讓自己留在那個經驗裡。」

等到最後哈維能以較不是知識性的方式，更充分地感受到那些困擾他的感覺之後，才能轉換到對移情的歷史性起源的詮釋：「在你和我之間的這些感覺，是你和母親在一起所感覺到、同時讓你過度興奮與害怕的融合的再度展現，在這個融合裡，你同時感覺自己是她的拯救者與無助的受害者，而且你的人生仍然潛意識地根據和她的這個協定而組成。」

假設這一連串的詮釋能有效地讓哈維投入更深入的探討，其他學派的分析師很可能對它的治療作用有相當不同的理解。根據 242 古典的技巧理論，分析師引發病人對過去的領悟，並從壓抑中釋放潛意識有衝突的願望，藉著最初讓它們在與分析師的關係中活躍起來，促使他與這些議題有充分地情緒性聯繫。

根據史崔齊的重新概念化，分析師除了造成這種領悟外，在做這種詮釋的過程中，他動搖哈維認為（超我投射）分析師就像他內化的母親形象的假設，而未被言明的是，分析師傳達出：「我不像你母親那樣瘋狂；她無法像這樣敞開心胸地傾聽，而不感覺到自己被壓垮了。她絕對不可能輕鬆地思考你對她的感覺，她無法提供這種非譴責性的理解。」

使用以發展理論為基礎方法的分析師，極有可能對這種處置方式中的面質特性提出異議，他們推論它之所以有效，可能是因

為病人使用了在分析關係中其他極有修復性的特性。分析師很專注地傾聽、非反擊性的興趣，以及對哈維的感覺和關注的事情積極地追蹤，都提供哈維（母親因為心理病態而無法提供的）能形成自我肯定的基本父母回應，使哈維能接受分析師處置中所隱含的重要溝通。

分析師同理地理解了哈維對於再度受到創傷的深刻恐懼，以及發育過程中由父母不可靠的支持引起的痛苦經驗所造成的後果。這種恐懼表現在哈維和分析師相處時自我保護的警覺，也表現在他持續地操縱分析經驗，而不是允許自己依賴分析師。

或者，哈維的分析師可能感覺除了做標準的移情詮釋之外，有些不同的行動是必要且有用的。從發展的觀點來看，他可能感覺到哈維與「照顧者是穩定且有所幫助」的所有真實經驗擦身而過，也可能覺得當自己變成一個和他母親不同類的客體時，必須留意哈維猶豫地表達自己需求的現象——例如允許額外的會談與電話聯絡，或是鼓勵病人對於分析師的好奇——等方面。或者，要確立分析師對哈維而言是一種不同於他母親的人，不只需要暗示性的反證，還要極積地鼓勵某些謹慎挑選出的與分析師之間類似父母的經驗。

根據更為人際取向的選擇，哈維的分析師可能會感覺到，自己被要求透過更積極而直接的方式與哈維互動，因而超越了一個較為詮釋性的立場。分析師有幹勁且堅定地追問哈維的反應，就是朝這個方向踏出的第一步；若要更深入，可能需要更公開地討論當哈維將他當成如此脆弱的對待時，分析師有何感受。

佛洛伊德相信，因為心理病態的核心是衝突性原始衝動的壓抑，它們以許多不同的型態企圖從分析師那裡尋求偽裝過的滿

足,所以分析師**不去滿足**病人是非常重要的,滿足會使衝動得到釋放而不是被回憶起、思考或放棄。尤其是美國佛洛伊德學派的技巧,採用了更明顯的嚴格節制,種種分析師與病人非正式的互動如回答問題、親切的談話、透露任何私人的資料等都是嚴格禁止的,因為這很可能滿足需要與渴望,使病人永遠無法清楚地表達它們。如果一個人能不時地偷一點現金,他絕對不會被迫去搶銀行!根據這個美國的古典模型,只有挫折才有可能促使分析的領悟發生。

這種清楚存在於滿足和挫折之間的二元化,對當代分析師來說是不可能的,他們不再就單純的壓抑的衝突去理解病人的問題,而是加上失敗的發育,以及對於舊客體關係的依附來理解。

反移情

在整個精神分析思想的歷史中,有關反移情概念的不同想法,明顯地與移情有關的精神分析思考呈平行發展。

我們已經注意到,佛洛伊德最初認為移情是不受歡迎的障礙,他最初概念化的精神分析任務是回憶的工作,也就是盡快觸及被壓抑的童年回憶、衝動與幻想。在這個過程中,有些別的東西發生了:病人對分析師突然發展出強烈的感覺,而它不可避免地打斷分析的工作,分析師成為敵人或是可能的愛人,分析工作對病人似乎不再那麼重要。

然而,在企圖瞭解這些干擾的移情性質時,佛洛伊德逐漸明白它們和病人童年的動力,也就是分析所尋找的目標有關,他開始相信,當病人對分析師的移情感覺得到正確的理解時,表達出病人對

童年早期人物被壓抑的感覺現在轉移到分析師身上。於是，移情不再是工作中的阻礙，反而成了促進分析過程的有力媒介。

244　　　有關反移情的想法，也在稍後重複著完全一樣的過程。佛洛伊德以及最早幾代的分析師所想像的分析師，其理想的風度是沉著而又客觀的，「平均地懸浮的注意力」（evenly hovering attention）是佛洛伊德常用的句子。由病人製造出來的移情材料，即使是針對分析師或似乎和分析師有關的，事實上都和分析師無關。分析師只不過是時光機的操作者，以一種關心卻理性的方式詮釋出現的經驗，並重新將它們放在最初的歷史脈絡中。

但是，如果分析師發現自己對病人有強烈、激昂的愛或恨怎麼辦？這不應該發生，如果發生了，一定是有什麼不對勁了。這是反移情（病人移情的鏡像），亦即從**分析師**自己的過去置換到分析情境中的感覺。雖然病人的過去對分析的主題有意義，分析師的過去卻沒有，所以反移情被當成一種障礙，一種對分析程序的打擾，此時分析師必須藉由自我分析，或是回到自己的分析師那裡尋求協助來擺脫這些感覺。

過去幾十年間，在所有精神分析思想學派中都發生了重新思考移情的激烈轉變。這種重新思考是伴隨在精神分析概念中，從古典分析理論的一人（one-person）架構，轉向包含大部分當代精神分析理論的雙人（two-person）架構的普遍轉變，而如此理解反移情的先鋒，正是費倫齊、芮克爾與人際關係理論家們。

就像我們在第三章中注意到的，蘇利文認為心靈的基本單位是互動的範疇，而不是有界限的個體。不同的人在彼此心中激起不同種類的反應；人並非攜帶一個靜態的「性格」，然後在所有人際情境中表現出來，不同的情境會喚起人（包括分析師這個

人）不同的特點，這是和在那個情境中的其他人彼此互動造成的（當然，這並不表示性格有無限的可塑性，而且還是現場即刻建立起的）。

　　雖然在與病人的互動中，對於分析師允許自己怎樣的經驗會對分析有幫助的這一點上，蘇利文本人的態度保守而謹慎，但佛洛姆認為，分析師坦白與誠實的反應正是病人需要知道和理解的。為什麼病人的人生總是發展成相同的、反覆地與人糾結？到底他做了什麼讓他的困難連續不斷？與其透過設計過的「專家氣質」將它們推進祕密的角落，佛洛姆相信分析師應該重視自己對病人的私下反應（專業地約束並且不採取行動），並認為它們包含了重要的分析資料。

　　佛洛姆認為，社會中的人們很難真實地說出對彼此的真正感覺，許多病人在進入分析時的主要希望，就是能找到一個人可以坦白地告訴他們，他們是怎樣的人、他們如何影響別人，以及他們和別人之間到底發生了什麼問題。但傳統分析式的保留在這些情況中具有破壞性；相反地，明智審慎及有建設性的揭露分析師私人的感覺與反應，反而可能是必要的。 `245`

　　第二代的人際關係理論家，也以許多方式延伸這種對反移情的使用[6]，他們認為「分析師」是分析師自己和病人都要試圖瞭解的、互動領域的一部分。病人反覆出現的人際困難一定會對分析師產生影響，而在分析師與病人之間發展出來的互動模式，一定會反映出病人家庭中過去的模式。因此，分析師經驗到的病人，以及分析師和病人在一起的經驗，都是精神分析程序中的關鍵區域，它們不再是障礙，而是促進分析工作的媒介。

6　　這個第二代中，包括李文森、辛格（Singer）、陶伯及沃斯坦（Wolstein）。

　　至於其他精神分析思想的學派，都以自己的語言及概念，與此極為類似地發現反移情是個重要的工具。克萊恩學派的人因為近來在投射性認同想法上的延伸，也把分析師的經驗當作是發現並辨識病人動力的重要依據；客體關係理論家們則將反移情當成靠近病人內在世界中重複的自我—客體型態的關鍵工具；而某些佛洛伊德學派的人終於開始認為反移情縱使不是非常有幫助，卻也是無法避免的（例如西佛曼〔Martin Silverman〕、亞本德〔Sander Abend〕）；至於其他佛洛伊德學派的人，也看到在分析師的反移情中病人的動力有助理解出現，以及病人的人際關係歷史被聯手重新上演（例如楚斯特、雅各斯）。雖然寇哈特本人對反移情的態度相當保守，某些第二代自體心理學家們（尤其是史托羅洛及他的合作者們）卻逐漸將反移情當成和重複的（以及自體客體）移情有關的重要資料來源。

　　然而，雖然對反移情漸增的興趣，以及對精神分析程序更為互動的觀點的變化已相當普遍，但是關於怎樣才能最佳使用分析師的反移情，精神分析的作者們各有不同的看法。接下來，讓我們回到哈維和他的分析師身上，示範這些不同的選擇。

　　分析師對哈維普遍的情緒反應是什麼？一開始，他發現自己
246　對這個工作很滿足，或許有一陣子還太滿足了，以至於沒有注意到哈維忙著讓他覺得自己特別能幹、有智慧。分析師帶著對自己的能力有相當焦慮地開始進行分析，而這點哈維一定注意到了。哈維扮演分析病人的方式是將他的智慧轉讓給分析師，這有某些讓人非常安心的地方，但後來，當分析師發現哈維小心地不讓他對分析師精神健全的懷疑曝光時，分析師感到焦慮而且無所遁藏。到底自己有多少精神官能衝突，被哈維對問題的敏銳感覺偵

測到？最後，發現哈維全心照顧他的程度後，分析師很感動，但也有被施予恩惠的感覺。哈維的保護像一種深刻的愛，其中帶著隱微的、瞧不起人的優越感。

我們該如何瞭解這些反移情的反應？之前的世代認為它們是不恰當的，於是可能不會繼續注意，也因猶豫不決而未發展[7]。當代精神分析的臨床工作者則可能用幾種不同的方式處理它，而這些不同的立場可以根據兩個密切相關的問題來整理：為什麼分析師有這些感覺？他該怎麼做？

為什麼分析師有這些感覺？有些人會說分析師的反應很平常，這是對哈維建立的那種人際關係位置及壓力的平常反應，幾乎任何人和哈維在一起時，都會出現這樣的感覺（溫尼考特所謂的「客觀的反移情」就是這個意思）；某些人會說，哈維與他的分析師一起重演哈維與母親的關係，分析師在重演中的動機並不是太重要，最重要的是過去的上演。

當代克萊恩學派的人可能會說，分析師的經驗是一種更複雜的、病人投射性認同的結果。哈維擔憂自己脆弱的精神健康，他無法單純地解決這個恐懼，因而將它投射到分析師身上，然後從一個安全的距離去照顧分析師。這和分析師沒什麼關係，他基本上成了一個容器，涵容住哈維經驗中被解離的部分。

如果以更充分的雙人觀點來理解反移情，焦點會從哈維對分析師做了什麼，延伸成分析師的何種敏感情緒被觸動了[8]。哈維

7　參考亞本德（1986）解釋古典精神分析對反移情的觀點，如何導致分析師自己對病人必然的反應感覺到羞恥。

8　這個方法是以拉克爾與席爾斯（Searles）為先驅，並且進一步由霍夫曼、肯伯格、米契爾、田歇（Tansey）、柏克（Burke）、奧格登、亞隆、瑪洛達（Maroda）及其他人發展。

對分析師的脆弱及瘋狂的搜索與照顧，很可能會引起和哈維的投射相呼應的、分析師自己的經驗片斷。我們都有脆弱和瘋狂的部分，這種思考路線如下：分析師的反移情不只反映出表面而普通的社交反應，而是像所有病人一樣，哈維激怒分析師的方式激起了即使是整合得最好的分析師也會感覺到困難的動力。在這個觀點中（例如威納〔Winer, 1994〕），任何涉入很深的分析都可能發展成被分析者（在移情官能症中）及分析師（在反移情官能症中）都牽連在內的危機，而此時分析工作的核心，一定包括雙方努力有建設性地解決這個危機。

有些近代的作者提出，不應該只參考分析師對反移情的看法。所有人對自己動力的理解都不完整，而病人可能察覺得到，分析師自己的防衛（反抗拒〔counterresistance〕）阻擋他察覺到的反移情特性，因此某些理論家們（例如霍夫曼、亞隆與布勒希納〔Blechner〕）強調深入地探討病人對分析師經驗的體驗及假設的用處。許多病人在成長的過程中，覺得自己對父母的看法是被禁止的、危險的，他們學會懷疑自己往往很敏銳的觀察，結果對於在自己和他人間發生了什麼事感到迷惑。允許病人真正探討和接觸身為他人的分析師，有時被認為是病人學會對自己的經驗感到自在的先決條件。

至於第二個問題，要如何處理分析師的感覺？在當今使用反移情的諸多方法中，最重要的分隔線是分析師的感覺是否該以任何方式向病人揭露，這種介入稱之為「透露」（disclosure）。

許多作者採取的立場是，反移情的用處在於它提供互動中有關病人那一方的資料。藉由探索自己的感覺，分析師蒐集病人可能有的感覺及行動的線索，如果分析師在自己心裡注意到惱怒的

感覺升起,他可能會推測病人察覺到那個惱怒,導致病人似乎表現得小心翼翼;而如果分析師發現自己在病人面前感到性興奮,也可以藉此得知在病人行為舉止中未被注意到的情慾部分。

在技巧的古典模型中,禁止分析師透露的根本理由是相當清楚且有說服力的:分析師的感覺只和自己的問題有關。分析師有強烈的感覺(違反了中立)已經夠糟了,如果還表達出那些私人的感覺,會讓問題變得更加複雜,他會將病人投射移情的空白螢幕弄模糊了,他會污染分析程序。除了詮釋病人聯想的潛在意義外,分析師應該保持沉默。

不過就像我們提到過的,大部分當代的分析師都認為,分析 248 師的經驗和他與病人努力理解的東西關係重大,因此當代和「透露」有關的討論反映出新的興趣及複雜的程度,其中有一個共同的關切是,任何時候焦點都得放在病人的經驗上,而不是分析師身上。雖然反移情可能是理解病人移情動力的重要工具,然而分析師一旦公開談論自己的感覺,可能會使分析偏離兩人互動對於病人的意義的深刻探究。

另外,認為反移情可能包含有用的資料,並不表示它就像神諭(Racker, 1968, p.170);分析師很可能專注在自己的議題及問題上。許多認為雙人架構有效的臨床實踐者從反移情中尋找有關於病人的假設,但也需要從病人的經驗中找出足以確認的證據。而強調探討病人對於分析師參與的體驗很重要的人則指出,有時候分析師可能不在知道自己做什麼,以及為什麼做了這些事的最佳位置上。因為分析師對自己並不是完全透明的,因此透露他對於自己的經驗的解釋,可能會防衛性地阻撓,而無法探討病人有時候反而更為敏銳的看法(參考Greenberg, 1991; Hoffman,

1983）。

最後，肯伯格（1994）曾經提出，謹慎地嚴守不透露的技巧原則，是讓分析師有足夠的自由去探討他的反移情幻想的必要條件，這種探討方式讓分析師的反移情能經由詮釋而對病人有所幫助。如果分析師能選擇透露或不透露，可能比較不會覺得可以自由地允許自己有更私人的幻想。

有關分析師揭露反移情感覺的動機的擔心，常表達在對於「反移情告解」（countertransference confessions）的警告中。如同這個詞所暗示的，分析師透露自己的感覺，目的很可能是藉此承認自己的罪過，而這很可能會讓病人難以充分地探索自己的感覺。

讓我們透過一位分析師在會談中遲到十分鐘的例子，讓這些不同的選擇變得更具體：分析師遲到十分鐘，病人為此很生氣。分析師應不應該告訴病人遲到的理由，以及遲到背後的可能動機？分析師該道歉嗎？

處理反移情透露比較保守的方式，根據的是以下這種假設：任何透露都極有可能妨礙或破壞病人表達，以及探索自己對於遲到的感覺——而這才是分析最根本的工作。其他作者及臨床實踐者們則主張，選擇性的反移情透露是有用的，但沒有人建議持續地揭露分析師的經驗，它不僅是不可能的，而且即便是可能的，也會產生不良後果。

然而，許多當代的分析師認為在明智且審慎的選擇下，反移情透露在某些情境中可能是必要的，而且有非常大的幫助。或許在這個分析師遲到的例子中，對於自己經驗的探討暴露出他對病人長期遲到逐漸增加的惱怒。分析師所透露的和自己與病人遲到

有關的想法，可能和病人的家庭牽涉到等待、渴望，以及從未被實現的承諾的權力鬥爭有關，那些早年經驗塑造了他現在和別人交往的方式。當代關係理論分析師（例如葛林伯格〔1991〕、霍夫曼〔1994〕、米契爾〔1988〕和瑪洛澤〔1991, 1993〕）認為，經驗瀰漫著在早年重要關係中建立的、重複的自我—他人型態，而它很可能經由移情—反移情互動出現在分析中，因此「透露」可以提供分析師與被分析者重要的材料，並藉此理解它。

依據病人的背景及動力，許多病人可能會感覺古典精神分析簡要的風格其實相當危險，反而完全不是中立或是讓人安心的。在有強烈情感的時刻，當病人感覺到分析師的確深情地或是憎恨地、深刻地涉入了，此時技術上的不透明以及拒絕討論正在發生什麼事，反而可能讓病人感覺迷惑、武斷與防衛（像在《綠野仙踪》裡，男巫懇求桃樂絲「不要去注意在布幔後面的男人」一樣）。

在哈維的例子中，當他還是一個孩子時卻被重要的大人當成是不重要的，因此他極有可能將分析師未解釋的遲到體驗為冷酷無情及不尊重待遇的新版本。從另一方面來說，分析師表達出對於自己的遲到以及讓病人等候他時感到的苦惱，可能會打開病人直到此時仍封閉的生命區域——渴望但又防衛性地被否認的願望，希望實際上有人在乎他有沒有出席——但一個中立、詮釋的態度可能抹滅了這種可能性。

近代的精神分析文獻充滿了關於選擇性透露分析師的經驗，促進了分析關係裡的真實與合作精神、解決棘手的僵局與加深過程，並開啟先前在病人經驗中難以接近的區域的例子。

那些採取表達更豐富，以及更坦率的互動風格的分析師，傾

向強調病人與分析師發展出一個新的客體關係是放棄舊有的移情
關係的必要條件。雖然史崔齊覺得分析師只需要做出詮釋就能成
250 為新客體，現在許多分析師卻認為，分析師通常需要某些更主動
及直接的涉入，讓自己的存在更可以被直接碰觸到，並讓他的情
緒涉入更有效用。

例如，當哈維和他慣有的——如今在分析關係裡也可識別的
——與重要他人建立密切連結的模式搏鬥時，他很難想像除了成
為分析師的拯救者之外，還有別的方式可以讓他對分析師而言是
重要的。如果分析師真的不需要哈維維持他的情緒穩定，那麼他
對分析師還有什麼重要性？在這個長期的探討中，分析師有時感
覺自己為哈維的奉獻所感動，並且誠實地告訴哈維，他很感動哈
維是如此想幫助他，甚至願意犧牲自己的人生，只求分析師能感
覺到，哈維可以讓他覺得自己稱職且完整（當然，哈維對此也會
感到怨恨，覺得他沒有其他可以令他信服的選擇）。

在後來的分析中，哈維表示，能感覺到分析師在乎他、而且
他感動了分析師，對他來說很重要，這同時也釋放了他，讓他能
比較安心地，順著允許他以較少融合及較多自主性的路線重新協
商他們的關係。

精神分析與其他治療

所有在最後兩章中追蹤的理論及技巧上的爭議，都伴隨著對
精神分析的定義，以及精神分析和其他心理治療的關係的騷動。

佛洛伊德和他的歐洲同儕們，以一種有彈性且通常相當不正
式的方式實踐精神分析，例如有的時候治療只持續幾個月，許多

病人在簡短的時間間隔後再度回到分析中，而佛洛伊德也以許多
不同的方式和病人互動，從說教到殷勤接待都有。

　　但在美國，精神分析呈現出非常不同的氛圍。一部分是因
為醫療化（這是佛洛伊德〔1927〕本人反對的）的結果，一部
分是因為要讓它和許多來自精神分析的其他心理治療形成對比
（Friedman, 1988）。在美國，「正統」的佛洛伊德學派精神分析
變得相當形式化，而分析師的角色極為儀式化且往往很冷淡，在
此精神分析的定義是根據一套狹隘的標準：每週至少四次會談；
一開始就使用分析躺椅；以及一位基本上是沉默、只做詮釋的
匿名分析師。這些都是允許病人的移情官能症充分發展的必要條
件，能讓病人在精神分析的時光機中回到他的過去。

251

　　然而最近數十年，分析師與病人工作的方式有了戲劇性的
改變，這樣的發展有兩個主要的來源：第一，有些精神分析實踐
上的修改是由一些理論發展所引起（我們已在本書中追蹤過）。
當各個精神分析思想學派以不同的方式，朝著雙人架構方向前進
時，他們認為分析師不管做什麼都會對分析程序產生影響，並認
為病人不只是再度經歷過去，而是在某種程度上對當下的經驗有
反應。讓一位病人感覺安全及「被支持」的方式，可能讓另一名
病人感覺受到威脅；激起一位病人更深地進入內在經驗與過去的
情況，反而讓另一位病人逃離分析。

　　所以，許多分析師以各種不同的方式工作：每週一次或兩次
分析，也有的是三或四次；病人坐著或是躺在分析椅上；一種積
極地、偶爾面質的風格，或者有時表情豐富、有些自我揭露，或
者更為沉默、更為詮釋性的風格等。有些分析師將精神分析的技
巧和其他治療方式結合，例如行為治療的技巧（Frank, 1992, 1993;

Wachtel, 1987）、家族治療、團體治療、社會的介入（Altmann, 1995）等。

第二個對精神分析實踐的影響是在精神分析以外，是社會的、經濟的和政治力量的產物。每週三或四次分析的費用很貴，在一九六〇及七〇年代期間，當時只有少數人尋求治療，因此有些費用可以由保險支付；但當更多人察覺到自己需要種種的心理協助，以及逐漸擔心迅速飛漲的保險費時，精神分析開始被批評是不划算的奢侈品，而不是必需品。

以實務為根據的精神分析辯護者（例如嘉寶〔Gabbard, 1995〕）指出，有相當多的研究顯示精神分析的療效，明顯地降低一個人對於其他身體疾病、成癮及酗酒等昂貴治療的需要。當美國的政治系統重新思考健保及心理保健區域中的優先順序時，這些議題都是熱烈爭論的一環，而這些社會及經濟程序對精神分析師工作的影響，使大部分臨床實踐者的工作擴展到超越了傳統結構的正式精神分析。

252　　較短的治療、較不頻繁的會面以及面對面的工作，是不是還算是精神分析？或者，「精神分析」這個詞應該保留給傳統的、正式的分析設置，而「心理治療」可用於所有現在廣泛修改後的實踐形式上？

文獻中，有很多的辯論和該如何定義精神分析與心理治療的分別有關。吉爾（1994）主張正式、「外在」條件（如每週三或四次的會談、分析椅等）的本身，不能成為一個治療被稱為「精神分析」的依據；對他而言，決定精神分析的是「內在」的條件，例如分析程序的深度，以及對移情—反移情議題有系統的探討等。

　　某些人則主張，深度處理移情現象的真正精神分析程序，不可能發生在每週一次或兩次的會談裡，或是在不用分析椅或只進行短期的治療中。其他人（包括吉爾）認為，最深刻的動力議題與移情—反移情互動，可能在許多不同的情況中出現，只要分析師願意將焦點和精神放在那上面。

　　這個辯論至今仍持續著，而且還會持續一段時間，於是我們回到原點，以一開始所問的問題：「什麼是精神分析？」作為結束。我們希望讀者更能體會作為思考系統，或者更像是種種次思考系統總合的「精神分析」的深度及廣度。

　　佛洛伊德本人在不同的時間點，對精神分析有不同的定義。其中最廣泛引用的（1914b），就是他聲明「使治療成為精神分析的，就是對移情及抗拒的強調」。這個定義上的問題（及長處）就像我們已經看到的，精神分析師們理解移情及抗拒的看法不斷地改變。只有一件事沒有改變，那就是精神分析理論都從一個共同的核心做出承諾，接著才朝不同的方向輻射出去，而這個承諾是對人類經驗複雜結構的持久、合作的探尋，它在過去和現在、真實和幻想、自我和他人、內在和外在、有意識和潛意識的相互作用中進行著。

　　我們希望讀者能經由仔細思考時間、彼此努力的強度和需要的勇氣，對於什麼樣的臨床治療才是真正的精神分析發展出自己的觀點：讓葛蘿麗亞能發展出選擇及承諾的能力；讓安琪拉能從她的牆後面走出來；讓弗雷德能忍受與妻子更多的親密感；讓艾蜜莉能瞭解到她的自給自足所造成的隔離；讓瑞秋能將大便人與花朵的世界編織在一起；讓查爾斯能從不時的憂鬱之外，找到能和父母連結的方法；讓珍能從自我監控的監獄中走出來；讓彼得 253

能進入自己的經驗中，而不是從一個衡量過的距離上去觀察它；讓多莉絲能忍受並享受沉默和獨處；讓愛德華能更充分地感覺自己像個人、能自給自足，而不是母親的木偶；以及讓哈維能從一個被創造以及照顧心理病人的強迫性需要綁架的人生中，重新找回自己。

在我們的觀點中，臨床精神分析最好的定義不是就它所採用的傢俱、會談的次數或是一組行為舉止的規矩而論；在最根本上，臨床精神分析和人及他們在生活中的困難有關，和一個獻給更深刻自我理解的關係、一個更豐富的個人意義感受，以及更多的自由有關。

【附錄一】參考書目

Abend, S. (1986). Countertransference, empathy and analytic ideal: The impact of life stresses on analytic capability. *Psychoanalytic Quarterly*, 55, 563-575

Abraham, K (1921). Contributions to the theory of the anal character. In *Selected papers of Karl Abraham* (pp. 370-392). London: Hogarth, 1973.

Altman, N. (1995). *The psychoanalyst in the inner city*. Hillsdale, NJ: Analytic press.

Arlow, J. A. (1985). The concept of psychic reality and related problems. *Journal of the American Psychoanalytic Association*, 33, 521-535.

Arlow, J. A. (1987). The dynamics of interpretation. *Psychoanalytic Quarterly*, 56, 68-87

Aron, L. (1991). The patient's experience of the analyst's subjectivity, *Psychoanalytic Dialogues*, 1, 29-51.

Aron, L. (1992). Interpretation as expression of the analyst's subjectivity. *Psychoanalytic Dialogues*, 2(4), 475-508.

Aron, L. (1995). The internalized primal scene. *Psychoanalytic Dialogues*, 5(2), 195-238

Aron, L., & Harris, A. (Eds.). (1993). *The legacy of Sandor Ferenczi*. Hillsdale, NJ: Analytic Press.

Atwood, G., & Stolorow, R. (1984). *Structures of subjectivity: Explorations in psychoanalytic phenomenology.* Hillsdale, NJ: Analytic Press.

Bacal, H. (1985). Optimal responsiveness and the therapeutic process, In A. Goldberg (Ed.), *Progress in self psychology* (Vol. 1, pp. 202-227). Hillsdale, NJ: Analytic Press.

Bacal, H. (1995). The essence of Kohut's work and the progress of self psychology. *Psychoanalytic Dialogues*, 5, 353-356.

Bacal, H., & Newman, K. (1990). *Theories of object relations: Bridge to self psychology.* New York: Columbia University Press.

Balint, M. (1937). Early developmental states of the ego. In *Primary love and Psycho-analytic technique.* New York: Liveright, 1965.

Balint, M. (1968). *The basic fault.* London: Tavistock.

Barringer, F. (1988, July 18). In the new Soviet psyche, a place is made for Freud. *New York Times*, p. 1.

Bass, A. (1993). Review essay: *Learning from the patient*, by Patrick Casement. *Psychoanalytic Dialogues*, 3(1).

Beebe, B., & Lachmann, F. (1988). Mother-infant mutual influence and the precursors of psychic structure. In A. Goldberg (Ed.), *Frontiers in self psychology* (Vol. 3, pp. 3-25). Hillsdale, NJ: Analytic Press.

Beebe, B., & Lachmann, F. (1992). A dyadic systems view of communication. In N. Skolnick & S. Warshaw (Eds.), *Relational perspectives in psychoanalysis.* Hillsdale, NJ: Analytic Press.

Beebe, B., & Lachmann, F. (1994). Representation and internalization in infancy: Three principles of salience. *Psychoanalytic Dialogues*, 11, 127-166.

Benjamin, J. (1988). *The bonds of love: Psychoanalysis, feminism, and the problem of domination*. New York: Pantheon.

Benjamin, J. (1992). Discussion of Judith Jordan's "The relational self." *Contemporary Psychotherapy Review*, 7, 82-96.

Bergmann, M. S. (1973). *The anatomy of loving*. New York: Columbia University Press.

Bieber, I. (1965). Clinical aspects of male homosexuality. In J. Marmor (Ed.), *Sexual inversion: The multiple roots of homosexuality*. New York: Basic Books.

Bion, W. R. (1955). Group dynamics: A re-view. In M. Klein, P. Heiman, & R. E. Money-Kyrle (Eds.), *New directions in psycho-analysis* (pp. 440-477). London: Maresfield Reprints.

Bion, W. (1967). Notes on memory and desire. In E. Bott-Spillius (Ed.), *Melanie Klein today* (Vol. 2, pp. 17-21). London: Routledge, 1988.

Black, M. (1987). The analyst's stance: Transferential implications of technical orientation. In *Annual of Psychoanalysis* (Vol. 15). New York: International Universities Press.

Blanck, G., & Blanck, R. (1974). *Ego psychology: Theory and practice*. New York: Columbia University Press.

Blechner, M. (1992). Working in the counterransference. *Psychoanalytic Dialogues*, 2, 161-180.

Bloom, H. (1973). *The anxiety of influence*. New York: Oxford University Press.

Bloom, H. (1986, March 23). Freud, the greatest modern writer. *New York Times Book Review*.

Bollas, C. (1987). *The shadow of the object: Psychoanalysis of the unthought known*. New York: Columbia University Press.

Bowlby, J. (1969). *Attachment and loss: Vol. 1. Attachment*. New York: BasicBooks.

Bowlby, J. (1973). *Attachment and loss: Vol. 2. Separation: Anxiety and anger*. New York: Basicbooks.

Bowlby, J. (1980). *Attachment and loss: Vol. 3. Loss: Sadness and depression*. New York: BasicBooks.

Brenner, C. (1976). *Psychoanalytic technique and psychic conflict*. New York: International Universities Press.

Brenner, C. (1982). *The mind in conflict*. New York: International Universities Press.

Bromberg, P. (1980). Empathy, anxiety and reality: A view from the bridge. *Contemporary Psychoanalysis*, 16, 223-236.

Bromberg, P. (1983). The mirror and the mask: On narcissism and psychoanalytic growth. *Contemporary Psychoanalysis*, 19(2), 359-387.

Bromberg, P. (1989). Interpersonal psychoanalysis and self psychology: A clinical comparison. In D. Detrick & S. Detrick (Eds.), *Self psychology*. Hillsdale, NJ: Analytic Press.

Bromberg, P. (1991). On knowing one's patient inside out. *Psychoanalytic Dialogues*, 1(4), 399-422.

Bromberg, P. (1993). Shadow and substance. *Psychoanalytic Psychology*, 10(2), 147-168.

Brown, N. O. (1959). *Life against death: The psychoanalytic meaning of history*. Middletown, Conn: Wesleyan University Press.

Bruner, J. (1993). Loyal opposition and the clarity of dissent. *Psychoanalytic Dialogues*, 3, 11-20.

Butler, J. (1990). *Gender trouble: Feminism and the subversion of identity.* New York: Routledge.

Casement, P. (1991). *Learning from the patient.* New York: Guilford.

Chassequet-Smirgel, J. (1988). *Female sexuality.* Ann Arbor: University of Michigan Press.

Chodorow, N. (1980). Gender, relation, and difference in psychoanalytic perspective. In C. Zanardi (Ed.), *Essential papers on the psychology of women.* New York: New York University Press, 1990.

Chodorow, N. (1989). *Feminism and psychoanalytic theory.* New Haven, CT: Yale University Press.

Chused, J. (1991). The evocative power of enactments. *Journal of the American Psychoanalytic Society*, 39, 615-639.

Cocks, G. (Ed.). (1994). *The curve of life: Correspondence of Heinz Kohut, 1923-1981.* Chicago: University of Chicago Press.

Coles, R. (1970). *Erik H. Erikson: The growth of his work.* Boston: Atlantic/ Little, Brown.

Coltart, N. (1992). *Slouching towards Bethlehem···* New York: Guilford.

Davies, J. (in press). *Psychoanalytic Dialogues.*

Davies, J., & Frawley, M. (1993). *Treating adult survivors of childhood sexual abuse.* New York: BasicBooks.

Dimen, M. (1991). Deconstructing differences: Gender, splitting and transitional space. *Psychoanaltic Dialogues*, 1(3), 335-352.

Douglas, A. (1995). *Terrible honesty: Mongrel Manhattan in the 1920s.* New

York: Farrar, Straus & Giroux.

Eissler, R., & Eissler, K. (1966). Heinz Hartmann: A biographical sketch. In R. Loewenstein , L. Newman, M. Shur, & A. Solnit (Eds.), *A general psychology: Essays in honor of Heinz Hartmann* (pp. 3-15). New York: International Universities Press.

Ehrenberg, D. (1992). *The intimate edge.* New York: Norton.

Ellenberger, H. (1970). *The discovery of the unconscious.* New York: BasicBooks.

Erikson, E. (1950). *Childhood and society.* New York : Norton.

Erikson, E. (1958). *Young man Luther.* New York: Norton.

Erikson, E. (1959). *Identity and the life cycle: Vol 1. Selected papers, Psychological issues.* New York: International Universities Press.

Erikson, E. (1968). *Identity: Youth and crisis.* New York: Norton.

Fairbairn, W. R. D. (1952). *An object-relations theory of the personality.* New York: BasicBooks.

Fairbairn, W. R. D. (1994). *From instinct to self: Selected papers of W. R. D. Fairbairn* (Vols. 1-2) (E. F. Birtles & D. E. Scharff, Eds.). Northvale, NJ: Aronson.

Farber, L. (1976). *Lying, despair, jealousy, envy, sex, suicide, drugs, and the good life.* New York: BasicBooks.

Fast, I. (1984). *Gender identity: A differentiation model.* Hillsdale, NJ: Analytic Press.

Feiner, A. (1979). Countertransference and the anxiety of influence. In L. Epstein & A. Feiner (Eds.), *Countertransferece.* New York: Aronson.

Feiner, K., & Kiersky, S. (1994). Empathy: A common ground.

Psychoanalytic Dialogues, 4, 425-440.

Felman, S. (1987). *Jacques Lacan and the adventure of insight*. Cambridge, MA: Harvard University Press.

Ferenczi, S. (1988). *The clinical diary of Sandor Ferenczi* (J. Dupont, Ed.). Cambridge, MA: Harvard University Press.

Fogel, G. (1989). The authentic function of psychoanalytic theory: An overview of the contributions of Hans Loewald. *Psychoanalytic Quarterly*, 58, 419-451.

Fosshage, J. (1987). Dream interpretation revisited. In A. Goldberg (Ed.), *Frontiers in self psychology* (pp.161-175). Hillsdale, NJ: Analytic Press.

Fosshage, J. (1989). The developmental function of dreaming mentation: Clinical implications. In A. Goldberg (Ed.), *Dimensions of self experience* (pp. 3-11). Hillsdale, NJ: Analytic Press.

Fosshage, J. (1992). Self psychology: The self and its vicissituedes within a relational matrix. In N. Skolnick & S. Warshaw (Eds.), *Relational perspectives in psychoanalysis*. Hillsdale, NJ: Analytic Press.

Fosshage, J. (1994). Toward reconceptualizing transference. International Journal of *Psycho-Analysis*, 75, 265-280

Fosshage, J., & Loew, C. (Eds.). (1987). *Dream interpretation: A comparative study* (Rev. ed.). Costa Mesa, Calif.: PMA.

Fraiberg, S. (1977). *Every child's birthright: In defense of mothering*. New York: BasicBooks.

Frank, K. (1992). Combining action techniques with psychoanalytic therapy. *International Review of Psychoanalysis*, 19, 57-79.

Frank, K. (1993). Action, insight and working through: Outline of an integrative approach. *Psychoanalytic Dialogues*, 3(4), 535-578.

Freud, A. (1936). *The ego and the mechanisms of defense*. London: Hogarth.

Freud, A. (1966). Links between Hartmann's ego psychology and the child analyst's thinking in psychoanalysis. In R. Loewenstein, L. Newman, M. Shur, & A. Solnit (Eds.), *A general psychology: Essays in honor of Heinz Hartmann* (pp. 16-27). New York: International Universities Press.

Freud, A., Nagera, H., & Freud, W. E. (1965). Metapsychological assessment of the adult personality: The adult profile. Psychoanalytic Study of the Child, 20, 9-41.

Freud, S. (1900). *The interpretation of dreams*. SE, Vols. 4 & 5, pp. 1-626.

Freud, S. (1905a). *Fragment of an analysis of a case of hysteria*. The standard edition of the complete psychological works of Sigmund Freud (J. Strachey, Trans.). London: Hogarth, Vol. 7, pp. 1-122).

Freud, S. (1905b). *Three essays on the theory of sexuality*. SE, Vol. 7, pp. 125-245.

Freud, S. (1908). "Civilized" sexual morality and modern nervous illness. SE, Vol. 9, pp. 177-204.

Freud, S. (1912). The dynamics of transference. SE, Vol. 12, pp. 99-108.

Freud, S. (1913). On beginning the treatment (Further recommendations on the technique of psychoanalysis). SE, Vol. 12, pp. 121-144.

Freud, S. (1913). *Totem and taboo*. SE, Vol. 13, pp. 1-164.

Freud, S. (1914a). On narcissism: An introduction. SE, Vol. 14, pp. 67-102.

Freud, S. (1914b). On the history of the psycho-analytic movement. SE, Vol. 14, pp 1-66

Freud, S. (1914c). Remembering, repeating and working through. SE, Vol. 12, pp. 145-156.

Freud, S. (1915). Instincts and their vicissitudes. SE, Vol. 14, pp. 111-140.

Freud, S. (1916). Some character types met with in psychoanalytical work. SE, Vol. 14, pp. 311-333.

Freud, S. (1920). *Beyond the pleasure principle.* SE, Vol. 18, pp. 1-64.

Freud, S. (1923). *The ego and the id.* SE, Vol. 19, pp. 1-66.

Freud, S. (1927). The future of an illusion. SE, Vol. 21, pp. 34-63.

Freud, S. (1930). Civilization and its discontents. SE, Vol. 21, pp. 59-145.

Freud, S. (1933). *New introductory lectures on psycho-analysis.* SE, Vol. 22, pp. 1-182.

Freud, S. (1937a). Analysis terminable and interminable. SE, Vol. 23, pp. 216-253.

Freud, S. (1937b). Constructions in analysis. SE, Vol. 23, pp. 255-270.

Freud, S. (1985). *The complete letters of Sigmund Freud to Wilhelm Fliess, 1887-1904* (J. Masson, Trans. & Ed.). Cambridge, Mass.: Harvard University Press.

Freud, S., & Breuer, J. (1895). Studies on hysteria. SE, Vol. 2.

Freud, S., & Ferenczi, S. (1992). *The correspondence of Sigmund Freud and Sandor Ferenczi* (E. Brabant, E. Falzeder, & P. Giampieri-

Deutsch, Eds.). Cambridge, MA: Harvard University Press.

Friedman, L. (1988). *Anatomy of psychoanalysis*. Hillsdale, NJ: Analytic Press.

Fromm, E.(1941). *Escape from freedom*. New York: Avon.

Fromm, E.(1947). *Man for himself*. Greenwich, CT: Fawcett.

Gabbard, G. (1995). *Psychotherapy, cost effectiveness, and cost offset*. Oral presentation, W. A. White Institute, New York, NY, April 7.

Gagnon, J. (1991). Commentary. *Psychoanalytic Dialogues*, 1, 373-376.

Gay, P. (1988). *Freud: A life for our time*. New York: Norton.

Gerhardt, J., & Stinson, C. (1995). "I don't know." Resistance or groping for words? The construction of analytic subjectivity. *Psychoanalytic Dialogues*, 5.

Ghent, E. (1992). Process and paradox. *Psychoanalytic Dialogues*, 2(4), 135-160.

Gill, M. (1982). *The analysis of transference* (Vol. 1). New York: International Universities Press.

Gill, M. (1994). *Psychoanalysis in transition*. Hillsdale, NJ: Analytic Press.

Gill, M., & Hoffman, I. Z. (1982). A method for studying the analysis of aspects of the patient's experience of the relationship in psychoanalysis and psychotherapy. *Journal of the American Psychoanalytic Association*, 30, 137-168.

Gill, M., & Holzman, P. (1976). *Psychology vs. metapsychology*. Psychological Issues, Vol. 14, #4, Monograph 36, International Universities Press.

Gilligan, C. (1982). *In a different voice*. Cambridge, MA: Harvard University Press.

Gilligan, C. (1992). *Meeting at the crossroads.* Cambridge, MA: Harvard University Press.

Gray, P. (1994). *The ego and analysis of defense.* Northvale, NJ: Jason Aronson.

Green, M. (Ed.). (1964). *Interpersonal psychoanalysis: The selected papers of Clara M. Thompson.* New York: BasicBooks.

Greenberg, J. (1991). *Oedipus and beyond: A clinical theory.* Cambridge, MA: Harvard University Press.

Greenberg, J., & Mitchell, S. (1983). *Object relations in psychoanalytic theory.* Cambridge, MA: Harvard University Press.

Greenson, R. (1965). The working alliance and the transference neurosis. In *Explorations in psychoanalysis* (pp. 99-224). New York: International Universities Press, 1978.

Greenson, R. (1967). *The technique and practice f Psycho-analysis.* New York: International Universities Press.

Greenson, R. (1968). Disidentifying from Mother. *International Journal of Psychoanalysis,* 49, 370-374.

Greenson, R. (1974). Transference: Freud or Klein? *In Explorations in psychoanalysis* (pp. 519-540). New York: International Universities Press, 1978.

Grosskurth, P. (1986). *Melamie Klein: Her world and her work.* New York: Knopf.

Grosskurth, P. (1991). *The secret ring.* Reading, MA: Addison-Wesley.

Grossman, W. (1992). Hierarchies, boundaries, and representation in the Freudian model of mental organization. *Journal of the American Psychoanalytic Association,* 40, 27-62.

Grosz, E. (1990). *Jacques Lacan: A feminist introduction*. New York: Routledge.

Grotstein, J. (1987). Making the best of a bad deal: A discussion of Boris' "Bion revisited." *Contemporary Psychoanalysis*, 23(1), 60-76.

Gruenthal, R. (1993). The patient's transference experience of the analyst's gender: Projection, factuality, interpretation of construction? *Psychoanalytic Dialogues*, 3, 323-341.

Grunbaum, A. (1984). *The foundations of psychoanalysis*. Berkeley: University of California Press.

Guntrip, H. (1969). *Schizoid phenomena, object relations and the self*. New York: BasicBooks.

Guntrip, H. (1971). *Psychoanalytic theory, therapy and the self*. New York: BasicBooks.

Guntrip, H. (1975). My experience of analysis with Fairbairn and Winnicott. *International Review of Psychoanalysis*, 2, 145-156.

Habermas, J. (1968). *Knowledge and human interests*. New York: Beacon.

Harris, A. (1991). Gender as contradiction. *Psychoanalytic Dialogues*, 1(2), 197-224.

Harris, A. (1995). Envy and aggression: The hidden dilemmas in women's ambition. Paper presented at the winter scientific meeting of the Postgraduate Psychoanalytic Society, New York, January 28, 1995.

Hartmann, H. (1939). *Ego psychology and the problem of adaptation*. New York: International Universities Press.

Hartmann, H. (1964). *Essays on ego psychology*. New York: International Universities Press.

Hartmann, H., Kris, E., & Loewenstein, R. (1946). Comments on the formation of psychic structure. *Psychoanalytic Study of the Child*, 2.

Hartmann, H., Kris, E., & Loewenstein, R. (1951). Some psychoanalytic comments on culture and personality. In G. B. Wilbur & W. Muensterberger (Eds.), *Psychoanalysis and culture*. New York: International Universities Press.

Hatterer, L. (1970). *Changing homosexuality in the male*. New York: McGrawHill.

Hirsch, I. (1984). The rediscovery of the advantages of the participant-observation model. *Psychoanalysis and Contemporary Thought*, 8, 441-469.

Hirsch, I. (1987). Varying modes of analytic participation. *Journal of the American Academy of Psychoanalysis*, 15, 205-222.

Hirsch, I. (1994). Countertransference love and theoretical model. *Psychoanalytic Dialogues*, 4, 171-192.

Hoffman, I. Z. (1983). The patient as interpreter of the analyst's experience. *Contemporary Psychoanalysis*, 19, 389-422.

Hoffman, I. Z. (1987). The value of uncertainty in psychoanalytic practice. *Contemporary Psychoanalysis*, 23(2), 205-215.

Hoffman, I. Z. (1991). Discussion: Toward a social-constructivist view of the psychoanalytic situation. *Psychoanalytic Dialogues*, 1, 74-105.

Hoffman, I. Z. (1992). Some practical implications of a social-constructivist view of the psychoanalytic situation. *Psychoanalytic Dialogues*, 2, 287-304.

Hoffman, I. Z. (1994). Dialectical thinking and therapeutic action in the psychoanalytic process. *Psychoanalytic Quarterly*, 63, 187-218.

Hofstadter, D. & Dennett, D. (1981). *The mind's I: Fantasies and reflections on self and soul.* New York: BasicBooks.

Horney, K. (1926). The flight from womanhood. In K. Horney, *Feminine Psychology.* New York: Norton, 1967.

Horney, K. (1937). *The neurotic personality of our time.* New York: Norton.

Irigaray, L. (1977). The sex which is not one. In C. Zanardi (Ed.), *Essential papers on the psychology of women.* New York: New York University Press, 1990.

Isaacs, S. (1943). The nature and function of phantasy. In M. Klein, P. Heimann, S. Isaacs, & J. Riviere (eds.), *Developments in psychoanalysis.* London: Hogarth, 1952.

Jacobs, T. (1991). *The use of the self.* New York: International Universities Press.

Jacobson, E. (1964). *The self and the object world.* New York: International Universities Press.

Jacobson, E. (1971). *Depression.* New York: International Universities Press.

Jordan, J. (1992). The relational self: A new perspective for understanding women's development. *Contemporary Psychotherapy Review,* 7, 56-71.

Joseph, B. (1989). *Psychic equilibrium and psychic change.* London: Tavistock/Routledge.

Jung, C. (1933). *Modern man in search of a soul.* New York: Harvest.

Kernberg, O. (1975). *Boarderline conditions and pathological narcissism.* New York: Jason Aronson.

Kernberg, O. (1976). *Object relations theory and clinical psychoanalysis*. New York: Jason Aronson.

Kernberg, O. (1980). *Internal world and external reality*. New York: Jason Aronson.

Kernberg, O. (1984). *Severe personality disorders*. New Haven, CT: Yale University Press.

Kernberg, O. (1994). Love in the analytic setting. *Journal of the American Psychoanalytic Association*, 42(4), 1137-1158

Kerr, J. (1993). *A most dangerous method: The story of Jung, Freud and Sabina Spielrein*. New York : Knopf.

Khan, M. M. R. (1963). *The privacy of the self*. New York: International Universities Press.

Kirsner, D. (1982). Self psychology and the psychoanalytic movement: An interview with Dr. Heinz Kohut. *Psychoanalysis and Contemporary Thought*, 5(3), 483-495.

Klauber, J., & others (1987). *Illusion and spontaneity in psychoanalysis*. London : Free Association Press.

Klein, M. (1932). *The psycho-analysis of children*. London: Hogarth.

Klein, M. (1935). A contribution to the psychogenesis of manic-depressive states. In *Contributions to psychoanalysis*, 1921-1945. New York: McGraw-Hill, 1964.

Klein, M. (1940). Mourning and its relation to manic-depressive states. In *Contributions to psychoanalysis*, 1921-1945. New York: McGraw-Hill, 1964.

Klein, M. (1957). *Envy and gratitude and other works: 1946-63*. New York: Delacorte, 1975.

Kligerman, C. (1985). The memorials for Heinz Kohut, M.D., October 31, 1981. *The annual of psychoanalysis* (pp. 9-15). New York: International Universities Press.

Kohut, H. (1959). Introspection, empathy and psychoanalysis. *Journal of the American Psychoanalytic Association*, 7, 459-483.

Kohut, H. (1971). *The analysis of self*. New York: International Universities Press.

Kohut, H. (1977). *The restoration of the self*. New York: International Universities Press.

Kohut, H. (1979). The two analyses of Mr. Z. *International Journal of Psychoanalysis*, 60, 3-27.

Kohut, H. (1984). *How does analysis cure?* Chicago: University of Chicago Press.

Kohut, H. (1994). *The course of life: Correspondence of Heinz Kohut, 1923-1981* (G. Cocks, Ed.). Chicago: University of Chicago Press.

Kohut, H., & Wolf, E. (1978). The disorders of the self and their treatment: An outline. *International Journal of Psychoanalysis*, 59, 413-425.

Kris, E. (1951). Ego psychology and interpretation in psychoanalytic therapy. In C. Thompson (Ed.), *An outline of psychoanalysis* (pp. 77-93). New York: Random House, 1955.

Kris, E. (1952). *Psychoanalytic explorations in art*. New York: International Universities Press.

Kristeva, J. (1981). Women's time. In C. Zanardi (Ed.), Essential papers on the psychology of women (pp. 374-400). New York:

New York University Press, 1990.

Kristeva, J. (1986). *The Kristeva reader* (T. Moi, Ed.). New York: Columbia University Press.

Kristeva, J. (1992). *The samurai*. New York: Columbia University Press.

Kronold, E. (1980). Edith Jacobson 1897-1978. *Psychoanalytic Quarterly*, 49, 505-507.

Lacan, J. (1977). *Ecrits: A selection* (Alan Sheridan, Trans.). New York: Norton.

Lacan, J. (1978). *The four fundamental concepts of psychoanalysis* (Jacques-Alain Miller, Ed., Alan Sheridan, Trans.). New York: Norton.

Lacan, J. (1988a). *The seminar of Jacques Lacan: Book I: Freud's papers on technique, 1953-1954* (Jacques-Alain Miller, Ed.; John Forrester, Trans.).

Lacan, J. (1988b). *The seminar of Jacques Lacan: Book II: The ego in Freud's theory and in the technique of psychoanalysis, 1954-1955*. (Jacques-Alain Miller, Ed., John Forrester, Trans.). New York: Norton.

Lachmann, F., & Beebe, B. (1992). Representational and self object transferences: A developmental perspective. In *New therapeutic visions: Progress in self psychology* (Vol. 8, pp. 3-15). Hillsdale, NJ: Analytic Press.

Lachmann, F., & Beebe, B. (1994). Representation and internalization in infancy: 3 principles of salience. *Psychoanalytic Psychology*, 11(2), 127-166.

Lachmann, F., & Stolorow, R. (1987). Transference—The organization of experience. In R. Stolorow, B. Brandschaft & G. Atwood (Eds.), *Psychoanalytic treatment: An intersubjective approach*. Hillsdale,

NJ: Analytic Press.

Laing, R. D., & Esterson, A. (1970). *Sanity, madness and the family.* Harmondsworth, Middlesex, England: Penguin.

Lasch, C. (1978). *The culture of narcissism: American life in an age of diminishing expectations.* New York: Norton.

Levenson, E. (1972). *The fallacy of understanding.* New York: BasicBooks.

Levenson, E. (1983). *The ambiguity of change.* New York: BasicBooks.

Lichtenberg, J. (1983). *Psychoanalysis and infant research.* Hillsdale, NJ: Analytic Press.

Lichtenberg, J. (1989). *Psychoanalysis and motivation.* Hillsdale, NJ: Analytic Press.

Little, M. (1985). Winnicott working in areas where psychotic anxieties predominate: A personal record. *Free Associations*, 3, 9-41.

Loewald, H. (1980). *Papers on psychoanalysis.* New Haven, CT: Yale University Press, 1980.

Loewald, H. (1988). *Sublimation.* New Haven, CT: Yale University Press.

Lorenz, K. (1966). *On aggression.* New York: Harcourt, Brace & World.

Mahler, M. (1966). Notes on the development of basic moods: The depressive affect. In R. Loewenstein, L. Newman, M. Schur, & A. Solnit, Eds., *Psychoanalysis: A general psychology* (pp. 152-168). New York: International Universities Press.

Mahler, M. (1968). *On human symbiosis and the vicissitudes of individuation.* Vol. 1. *Infantile psychosis.* New York: International Universities Press.

Mahler, M., Pine, F. & Bergman, A. (1975). *The psychological birth of the human infant.* New York: BasicBooks.

Marcuse, H. (1955). *Eros and civilization.* Boston: Beacon.

Maroda, K. (1991). *The power of countertransference.* Northvale, NJ: Jason Aronson.

Masson, J. (1984). *The assault on truth: Freud's suppression of the seduction theory.* New York: Farrar, Straus & Giroux.

May, R. (1969). *Love and will.* New York: Norton.

May, R., Angel, E., & Ellenberger, H. (1967). *Existence.* New York: Simon & Schuster.

Mehlman, J. (1972). The "floating signifier": From Lévi-Strauss to Lacan. In *French Freud; Structural Studies in Psychoanalysis, Yale French Studies,* 48, 10-37.

Messer, S., Sass, L., & Woolfolk, R. (Eds.) (1988). *Hermeneutics and psychological theory: Interpretive perspectives on personality, psychotherapy and psychopathology.* New Brunswick NJ: Rutgers University Press.

Michels, R. (1988). The future of psychoanalysis. *Psychoanalytic Quarterly,* 57, 167-185.

Mitchell, J. (1975). *Psychoanalysis and feminism.* New York: Vintage.

Mitchell, S. (1988). *Relational concepts in psychoanalysis: An integration.* Cambridge, MA: Harvard University Press.

Mitchell, S. (1993). *Hope and dread in psychoanalysis.* New York: BasicBooks.

Modell, A. (1984). *Psychoanalysis in a new context.* New York: International Universities Press.

Muller, J. (1995). *Beyond the psychoanalytic dyad: Developmental semiotics in*

Freud, Pierce and Lacan. New York: Routledge.

Muller, J., & Richardson, W. (1982). *Lacan and language: A reader's guide to Ecrits.* New York: International Universities Press.

Ogden, T. (1982). *Projective identification and psychotherapeutic technique.* New York: Jason Aronson.

Ogden, T. (1986). *The matrix of the mind.* Northvale, NJ: Jason Aronson.

Ogden, T. (1989). *The primitive edge of experience.* Northvale, NJ: Jason Aronson.

Ogden, T. (1991). An interview with Thomas Ogden. *Psychoanalytic Dialogues,* 1, 361-376.

Ogden, T. (1994). *Subjects of analysis.* Northvale, NJ: Jason Aronson.

Oliner, M. (1988). *Cultivating Freud's garden in France.* New York: Aronson.

Ornstein, A. (1974). The dread to repeat and the new beginning. *Annual of Psychoanalysis,* 2, 231-248.

Ovesy, L. (1969). *Homosexuality and pseudohomosexuality.* New York: Science House.

Panel (1978). Survey of psychoanalytic practice 1976; some trends and implications. S. E. Pulver, Reporter. *Journal of the American Psychoanalytic Association,* 26, 615-631.

Perry, H. S. (1982). *Psychiatrist of America: The life of Harry Stack Sullivan.* Cambridge, MA: Harvard University Press.

Phillips, A. (1988). *Winnicott.* Cambridge, MA: Harvard University Press.

Phillips, A. (1993). *On kissing, tickling and being bored.* Cambridge, MA:

Harvard University Press.

Phillips, A. (1994). *On flirtation: Psychoanalytic essays on the uncommitted life.* Cambridge, MA: Harvard University Press.

Pine, F. (1985). *Developmental theory and clinical process.* New Haven, CT: Yale University Press.

Pine, F. (1991). *Drive, ego, object, self.* New York: BasicBooks.

Pizer, S. (1992). The negotiation of paradox in the analytic patient. *Psychoanalytic Dialogues*, 2(2), 215-40.

Plottel, J. (1985). Jacques Lacan: Psychoanalyst, surrealist and mystic. In J. Reppen (Ed.), *Beyond Freud: A study of modern psychoanalytic theorists.* Hillsdale, NJ: Analytic Press.

Racker, H. (1968). *Transference and countertransference.* New York: International Universities Press.

Rapaport, D. (1958). A historical survey of psychoanalytic ego psychology. In *The collected papers of David Rapaport* (M. Gill, Ed.). New York: BasicBooks, 1967.

Reich, W. (1929). The genital character and the neurotic character. In R. Fliess (Ed.), The psychoanalytic reader. New York: International Universities Press, 1948.

Renik, O. (1993). Analytic interaction: Conceptualizing technique in light of the analyst's irredicible subjectivity. *Psychoanalytic Quarterly*, 62(4), 553-571.

Ricoeur, P. (1970). *Freud and philosophy: An essay on interpretation.* New Haven, CT: Yale University Press.

Rosenfeld, H. (1987). *Impasse and interpretation.* London: Tavistock.

Samson, H., & Weiss, J. (1986). *The psychoanalytic process: Theory, clinical observation and empirical research*. New York: Guilford.

Sandler, J. (1976). Countertransference and role-responsiveness. *International Review of Psychoanalysis*, 3, 43-48.

Sass, L., & Woolfolk, R. (1988). Psychoanalysis and the hermeneutic turn: A critique of *Narrative truth and historical truth*. *Journal of the American Psychoanalytic Association*, 36, 429-454.

Schafer, R. (1968). *Aspects of internalization*. New York: International Universities Press.

Schafer, R. (1976). *A new language for psychoanalysis*. New Haven, CT: Yale University Press.

Schafer, R. (1978). *Language and insight*. New Haven, CT: Yale University Press.

Schafer, R. (1983). *The analytic attitude*. New York: BasicBooks.

Schafer, R. (1992). *Retelling a life*. New York: BasicBooks.

Schafer, R. (1994). The contemporary Kleinians of London. *Psychoanalytic Quarterly*, 63(3), 409-432.

Schneiderman, S. (1983). *Jacques Lacan: The death of an intellectual hero*. Cambridge, MA: Harvard University Press.

Schwartz, J. (1995). What does the physicist know? Thraldom and insecurity in the relationship of psychoanalysis to physics. *Psychoanalytic Dialogues*, 5, 45-62.

Searles, H. (1979). *Countertransference and related subjects*. New York: International Universities Press.

Searles, H. (1986). *My work with borderline patients*. Northvale, NJ: Jason Aronson.

Seligman, S., & Shanok, R. (1995). Subjectivity, complexity and the social world: Erikson's identity concept and contemporary relational theories. *Psychoanalytic Dialogues*, 5.

Shapiro, D. (1965). *Neurotic styles*. New York: BasicBooks.

Shengold, L. (1989). *Soul murder*. New York: International Universities Press.

Silverman, L., Lachmann, F., & Milich, R. (1982). *The search for oneness*. New York: International Universities Press.

Silverman, M. (1985). Countertransference and the myth of the perfectly analyzed analyst. *Psychoanalytic Quarterly*, 54,(2), 175-199.

Simon, J., & Gagnon, W. (1973). *Sexual conduct*. Chicago: Aldine.

Singer, E. (1965). *Key concepts in psychotherapy*. New York: Random House.

Soccarides, C. (1968). *The overt homosexual*. New York: Grune & Stratton.

Sorenson, R. L. (1994). Ongoing change in psychoanalytic theory: Implications for analysis of religious experience. *Psychoanalytic Dialogues*, 4, 631-660.

Spence, D. (1982). *Narrative truth, historical truth*. New York: Norton.

Spezzano, C. (1993). *Affect in psychoanalytic theory and therapy: Towards a new synthesis*. Hillsdale, NJ: Analytic Press.

Spillius, E. (1988). Introductions to *Melanie Klein Today* (Vols. 1-2). New York: Routledge.

Spitz, R. A. (1946a). Hospitalism: a follow-up report. *Psychoanalytic Study of the Child*, 2, 113-117.

Spitz, R. A. (1946b). Anaclitic depression. *Psychoanalytic Study of the*

Child, 2, 313-342.

Spitz, R. A. (1957). *No and yes: On the genesis of human communication.* New York: International Universities Press.

Spitz, R. (1965). *The first year of life.* New York: International Universities Press.

Stern, D. (1985). *The interpersonal world of the infant.* New York: BasicBooks.

Stern, D. B. (1987). Unformulated experience. *Contemporary Psychoanalysis*, 19, 71-99.

Stern, D. B. (1990). Courting surprise. *Contemporary Psychoanalysis*, 26, 452-478.

Stern, D. B. (1991). A philosophy for the embedded analyst. *Contemporary Psychoanalysis*, 27(1), 51-80.

Stolorow, R., & Atwood, G. (1979). *Faces in a cloud: Subjectivity in personality theory.* New York: Aronson.

Stolorow, R., & Atwood, G. (1992). *Contexts of being: The intersubjective foundations of psychological life.* Hillsdale, NJ: Analytic Press.

Stolorow, R., Brandschaft, B., & Atwood, G. (1987). *Psychoanalytic treatment: An intersubjective approach.* Hillsdale, NJ: Analytic Press.

Stolorow, R., & Lachmann, F. (1984/1985). Transference: The future of an illusion. *Annual of Psychoanalysis* (Vols. 12-13, pp. 19-37). New York: International Universities Press.

Strachey, J. (1934). The nature of the therapeutic action of psychoanalysis. In M. Bergmann & F. Hartman (Eds.), *The evolution of psychoanalytic technique* (pp. 331-360). New York: BasicBooks, 1976.

Strozier, C. (1985). Glimpses of a life: Heinz Kohut (1913-1981). In A. Goldberg (Ed.), *Progress in self psychology* (Vol. 1, pp. 3-12). Hillsdale, NJ: Analytic Press.

Sullivan, H. S. (1938). The data of psychiatry. In *The fusion of psychiatry and social science*. New York: Norton, 1964.

Sullivan, H. S. (1940). *Conceptions of modern psychiatry*. New York: Norton.

Sullivan, H. S. (1950). The illusion of personal individuality. In *The fusion of psychiatry and social science*. New York: Norton, 1964.

Sullivan, H. S. (1953). *The interpersonal theory of psychiatry*. New York: Norton.

Sullivan, H. S. (1956). *Clinical studies in psychiatry*. New York: Norton.

Sutherland, J. D. (1989). *Fairbairn's journey into the interior*. London: Free Association Books.

Tansey, M., & Burke, W. (1989). *Understanding countertransference: From projective identification to empathy*. Hillsdale, NJ: Analytic Press.

Tauber, E. (1979). *Countertransference reexamined*. In L. Epstein & A. Feiner (Eds.), Countertransference. New York: Aronson.

Thompson, C. (1942). Cultural pressures in the psychology of women. In C. Zanardi (Ed.), *Essential papers on the psychology of women*. New York: New York University Press, 1990.

Tronick, E., & Adamson, L. (1980). *Babies as people: New findings on our social beginnings*. New York: Collier.

Turkle, S. (1978). *Psychoanalytic politics: Freud's French revolution*. Cambridge, MA: MIT Press.

van der Kolk, B. (1988). The trauma spectrum: The interaction of biological and social events in the genesis of the trauma response. *Journal of Traumatic Stress*, 1, 273-290.

Wachtel, P.(1987). *Action and insight*. New York: Guilford.

Winer, R. (1994). *Close encounters: A relational view of the therapeutic process*. Northvale, NJ: Jason Aronson.

Winnicott, D. W. (1958). *Through paediatrics to psychoanalysis*. London: Hogarth.

Winnicott, D. W. (1965). *The maturational process and the facilitating environment*. New York: International Universities Press.

Winnicott, D. W. (1971). *Playing and reality*. Middlesex, England: Penguin.

Wolf, E. (1976). Ambience and abstinence. *Annual of Psychoanalysis*, 4, 101-115.

Wolstein, B. (1971). *Human psyche in psychoanalysis*. Springfield, IL: Charles C. Thomas.

Zetzel, E. R. (1956). Current concepts of transference. *International Journal of Psycho-Analysis*, 37, 369-376.

Zetzel, E. (1958). Therapeutic alliance in the analysis of hysteria. In E. R. Zetzel (Ed.), *The capacity for emotional growth* (pp. 182-196). New York: International Universities Press, 1970.

【附錄二】英文索引

編註：附錄所標示之數字為原文書頁碼，查閱時請對照貼近內文左右側之原文頁碼。

C

Psychotherapy 31

超越佛洛伊德：精神分析的歷史
Freud and Beyond: a history of modern psychoanalytic thought

作者—史帝芬・米契爾（Stephen A. Mitchell）&
瑪格麗特・布萊克（Margaret J. Black）
譯者—白美正

出版者—心靈工坊文化事業股份有限公司
發行人—王浩威
總編輯—徐嘉俊　執行編輯—林依秀
內文排版—辰皓國際出版製作有限公司
通訊地址—10684台北市大安區信義路四段53巷8號2樓
郵政劃撥—119546215　戶名—心靈工坊文化事業股份有限公司
電話—02）2702-9186　傳真—02）2702-9286
Email—service@psygarden.com.tw　網址—www.psygarden.com.tw

製版・印刷—中茂分色製版印刷事業股份有限公司
總經銷—大和書報圖書股份有限公司
電話—02）8990-2588　傳真—02）2990-1658
通訊地址—248新北市五股工業區五工五路二號
初版一刷—2011年6月　初版五刷—2023年3月
ISBM—978-986-6112-10-2　定價—500元

國家圖書館出版品預行編目資料

超越佛洛伊德：精神分析的歷史／史帝芬・米契爾（Stephen A. Mitchell）、瑪格麗特・
布萊克（Margaret J. Black）作；白美正譯. -- 初版. -臺北市：心靈工坊文化，2011.06
面：公分.--（Psychotherapy；31）
譯自：Freud and Beyond: a history of modern psychoanalytic thought
ISBN 978-986-6112-10-2（平裝）
1.佛洛伊德（Freud, Sigmund, 1856-1939）
2.學術思想　3.精神分析學

175.7　　　　　　　　　　　　　　　　　　　　　　　　　　100009167

心靈工坊 PsyGarden 書香家族 讀 友 卡

感謝您購買心靈工坊的叢書，為了加強對您的服務，請您詳填本卡，
直接投入郵筒（免貼郵票）或傳真，我們會珍視您的意見，
並提供您最新的活動訊息，共同以書會友，追求身心靈的創意與成長。

書系編號—P131　　書名—超越佛洛伊德：精神分析的歷史

姓名 ＿＿＿＿＿＿＿＿＿　是否已加入書香家族？ □是　□現在加入

電話 (O)　　　　　　(H)　　　　　　手機

E-mail　　　　　　　　生日　年　　月　　日

地址 □□□

服務機構（就讀學校）　　　　職稱（系所）

您的性別—□1.女 □2.男 □3.其他

婚姻狀況—□1.未婚 □2.已婚 □3.離婚 □4.不婚□5.同志 □6.喪偶 □7.分居

請問您如何得知這本書？
□1.書店 □2.報章雜誌 □3.廣播電視 □4.親友推介 □5.心靈工坊書訊
□6.廣告DM □7.心靈工坊網站 □8.其他網路媒體 □9.其他 ＿＿＿＿＿＿＿＿

您購買本書的方式？
□1.書店 □2.劃撥郵購 □3.團體訂購 □4.網路訂購 □5.其他 ＿＿＿＿＿＿＿

您對本書的意見？
・封面設計　　□1.須再改進 □2.尚可 □3.滿意 □4.非常滿意
・版面編排　　□1.須再改進 □2.尚可 □3.滿意 □4.非常滿意
・內容　　　　□1.須再改進 □2.尚可 □3.滿意 □4.非常滿意
・文筆／翻譯　□1.須再改進 □2.尚可 □3.滿意 □4.非常滿意
・價格　　　　□1.須再改進 □2.尚可 □3.滿意 □4.非常滿意
您對我們有何建議？

▲您的意見，我們將轉貼在心靈工坊網站上，www.psygarden.com.tw

廣　告　回　信
台　北　郵　局　登　記　證
台北廣字第１１43號
免　貼　郵　票

心靈工坊
|PsyGarden|

台北市106 信義路四段53巷8號2樓
讀者服務組　收

（對折線）

加入心靈工坊書香家族會員
共享知識的盛宴，成長的喜悅

請寄回這張回函卡（免貼郵票），
您就成為心靈工坊的書香家族會員，您將可以——

⊙隨時收到新書出版和活動訊息
....

⊙獲得各項回饋和優惠方案
....